MW01443153

DIARIO DE UN VIAJE SIN RETORNO
Operación Madrid

UNOSOTROS
NARRATIVA

NIDIA PILOTO

© 2021 Nidia Piloto
©UnosOtrosEdiciones, 2022
ISBN- 978-1-950424-44-3
Título: Diario de un viaje sin retorno. Operación Madrid
Edición: Armando Nuviola
Correciones: Manuel Gayol Mecías
Maquetación: Yuliett Marín
© Autores: Nidia piloto
Diseño de portada: Armando Nuviola
www.unosotrosediciones.com

Una publicación de UnosOtrosEdiciones
Prohibida la reproducción total o parcial, de este libro, sin la autorización previa del autor.

www.unosotrosediciones.com
infoeditorialunosotros@gmail.com

Queda prohibido bajo las sanciones establecidas por las leyes escanear, reproducir total o parcialmente esta obra por cualquier medio o procedimiento así como la distribución de ejemplares mediante alquiler o préstamo público sin previa autorización.
Gracias por comprar una edición autorizada.

Hecho en Estados Unidos de America, 2022

Este diario es dedicado a los ciudadanos de países donde se ha implementado una dictadura y sus consecuencias; y al desconocimiento de la misma.
Y a aquellos que por responsabilidades de otros han sufrido la separación de su familia y de su primer amor.

Dedico este diario a mis dos nietos, Diego y Adrián, para que no olviden que desde que llegaron al mundo y me convirtieron en su Tata, han sido mi razón de vivir.
A mi madre, que en paz descanse, ella me pidió que escribiera este diario cuando marché de Cuba para contarle sobre mi viaje y mis estadías.

A mi maravillosa amiga Angelita (la sobrina de la señora Lourdes) que, por su relación con su gran amigo y escritor, Manuel Gayol, me entusiasmaron a escribirlo.

A mi prima Cary que por su cariño, hizo posible esta historia.

*El **pasado** ocupa su lugar en nuestra mente y nuestro corazón, e influye en nuestro presente y futuro porque siempre está ahí.*
*El **presente** nos hace disfrutar los buenos momentos de la vida, y tratar de superar los malos. El presente también nos hace vivir el esfuerzo de preparar nuestro futuro.*
*El **futuro** es incierto por mucho que nos esforcemos en planearlo.*
Solo la eternidad tiene la explicación a lo vivido.
*Solo en la **eternidad** elegimos con quien nos queremos encontrar.*
Solo la eternidad es la esperanza y la fe.

ÍNDICE

PRIMERA PARTE

Amor **/ 11**

Amor pasional y sus componentes **/ 13**

Amar es darlo todo sin pedir ni esperar **/ 14**

Almas gemelas **/ 14**

El amor y la edad **/ 16**

Nidia **/ 17**

Los quince en la Habana **/ 21**

Sentimientos y apego **/ 24**

Revolución cubana **/ 31**

SEGUNDA PARTE

Arribo a Madrid **/ 75**

TERCERA PARTE

Viaje a Asturias **/ 121**

Adiós a la casa pariente, a Setienes, a Luarca **/ 219**

Epílogo **/ 231**

PRIMERA PARTE

AMOR

¿Qué es el amor?
¿Hacia dónde nos conduce?
¿Hasta dónde estamos dispuestos a llegar para entregarnos por amor?
¿Qué fuerza inexplicable nos hace amar a la patria, a nuestros padres e hijos, abuelos y nietos con tanta intensidad?
¿Qué será lo que se siente tan auténtico por el ser que nos provoca querer pasar el resto de la vida juntos para demostrar de mil maneras ese sentimiento?
¿Será que el amor lo puede todo?
¿Por qué en la unión matrimonial se jura un AMOR sincero: «Hasta que la muerte nos separe»; y en muchos casos, a medida que pasa el tiempo, durante la convivencia y las arbitrariedades propias de la vida, ese sentimiento se va desvaneciendo y hasta el juramento pierde validez?
¿El amor es un sentimiento de pertenencia? ¿De ofrecer? ¿De dar o recibir?
Vamos a analizar dónde empiezan y cómo terminan las diferentes clases de amor, o quizás sea *la eternidad* lo que tenga esa respuesta.
En tiempos remotos, los seres humanos vivían en tribus, protegían y defendían ese conglomerado, y sus intereses, como una gran familia. Cuando las tribus se descomponían, se perdía fuerza. Su sentido del amor era un concepto y sentimiento de pertenencia. El amor ya era, desde entonces, un instinto y un sentido; que se transformó en un concepto de unión o de familia. Cuando la familia se aleja, el corazón se quiebra. Para enmendar el corazón, tenemos que recrear esa unión. En aquellos tiempos, se defendía a la tribu a costa de tratos o violencia. ¿Cómo hemos defendido la unión de la familia en nuestros tiempos? Con esta pregunta me viene a la memoria: «El sacrificio».
Cuando hablamos de Dios; y de sus representantes en la tierra, se habla de amor. «Amar a Dios sobre todas las cosas». Pero

¿dónde está ese *Ser* que debemos amar? Esto parece ser parte de la conexión espiritual. Y me surge otra pregunta: ¿pero que es la conexión espiritual? ¿Sera un puente magnético o mágico hacia un Ser desconocido físicamente? La intención de Dios por medio de Jesús fue enseñarnos a amar. El sacrificio fue inmenso; y el resultado fue otra vez «el libre albedrío» que, entre tantas cosas, contiene la ambición del poder y de lo material de la humanidad. Y, a su pesar, sin amor no hay vida. Alguna vez nos hemos preguntado: ¿cómo es el amor? La respuesta quizás sería: *«El amor es dulce como la miel; pero en ocasiones, amargo como la hiel».*

«Los manuscritos de Nog Hanmachi ofrecen una visión distinta del mensaje de Jesús, que no se ajusta con los cañones que la iglesia ha marcado desde hace miles de años. Jesús, en estos textos, habla de ilusión y de iluminación; no de pecado y arrepentimiento como el Jesús del Nuevo Testamento. Jesús, en lugar de venirnos a salvar del pecado, viene como guía para abrir el acceso a la comprensión espiritual». Este es uno de los mensajes de Jesús que representa el amor.

El poder del amor se manifiesta cada vez que entras en el corazón, en lo espiritual del ser humano. Esa luz en tu interior que proviene de la mente, de las emociones, del cuerpo. Esa luz, que se manifiesta, se expresa, se deposita y se acepta, proviene de Dios. Consecuentemente, solo cuando somos controlados por el espíritu de Dios, podemos amar verdaderamente.

«Al amor lo pintan ciego y con alas. Ciego porque no ve, y con alas para salvarlo. Pero el amor de la familia y la amistad sincera es clarividente. Aunque dicen que solo el amor pasional puede romperte el corazón; a veces, te lo rompen los amigos y hasta tu propia familia».

AMOR PASIONAL Y SUS COMPONENTES

El interés por el amor pasional no parece estar limitado a la poesía, la música, el arte en general, o la atracción física y sexual. En general, amar es un concepto o sentimiento que ha sido definido en un gran número de formas y categorizado en muchos tipos y componentes. A pesar de las incompletas definiciones en busca de la razón del amor pasional, los seres humanos, inclusive de diferentes culturas parecen estar fascinados por él.

La ciencia, específicamente la psicología, define el amor pasional como un estado de intensa elevación psicológica, dado el estado de ilusión por la unión con otro ser.

Al parecer, el corazón es uno de los órganos que más demuestra nuestra reacción ante fuertes emociones. Ante el amor pasional, «el corazón tiene sus propias razones, que la verdadera razón, no entiende». ¿Cómo entender sin razón un sentimiento, que, a su vez, logre provocar ternura, pasión, delirio, alegría, tristeza, ilusión?

«El amor pasional no está donde se respira; sino donde el corazón se siente enamorado». Es ese sentimiento, que cuando se experimenta no queremos dejar ir; a pesar de que la relación es inexplicablemente intensa cuando comienza; y, en algunos casos, de gran decepción cuando termina.

La etapa de recuperación como consecuencia del fin de una relación de amor pasional es muy difícil. De quedar resentimiento después del fracaso, debemos tomarnos un tiempo para volver a llenar el vacío y evitar otro fracaso. Una nueva relación apresurada no es recomendable. La crisis va a pasar; y aunque deje un sabor amargo y negativo, también debe dejar un aprendizaje positivo.

La experiencia del fracaso puede ser temporaria o durar toda la vida. Pero, «el sentimiento de fantasía y entrega, que vive en nosotros, no muere, se muda». «En la vida, se puede amar varias veces, y de diferentes maneras, aunque no dejen de existir las sombras». En una próxima relación, debemos hacernos preguntas que tengan respuestas que traten de corregir errores.

El objetivo de un nuevo amor pasional debe ser, traer a alguien especial a nuestra vida. Alguien, que al igual que nosotros crea que «tener sexo es vaciar el cuerpo; pero hacer el amor es llenar el alma». «Todo amor que nace del corazón encuentra respuesta». «La fuerza del primer amor puede hechizarte hasta la eternidad». «Olvidar es fácil para el que tiene memoria, olvidar es difícil para el que tiene corazón». «El que quiere nunca olvida; y si olvida no aborrece; y si ve lo que ha querido, vuelve a querer si se ofrece». El amor no es perfecto. Aunque amar y querer no es igual; y no todos tenemos la misma capacidad para amar; en casi todo se pude encontrar un sentimiento.

Amar es darlo todo sin pedir ni esperar

La comprensión, consideración, el respeto, necesarios en cualquier relación; son indispensables en la de pareja. Los celos absurdos que conllevan a herir, presionar y exigir del uno al otro son sentimientos negativos y erróneos, que destruyen la relación.

El hecho de amar es un compromiso de hacerle entender al ser amado que se le admira y se le debe cuidar; y provocar lo mismo, sin exigencias. Amar es disfrutar de la felicidad del ser amado, haciéndola propia. Es poder conversar, sabiendo escuchar; sin que predomine un punto de vista, en todo momento. Es sentirse a gusto con su cercanía, que su contacto te proteja y su voz te apoye. Es disfrutar con tu pareja, la fantasía de tocar el cielo con las manos en la intimidad. El amor es confiar en un compañero/a, un/a amante un/una amigo/a con quien compartas los buenos y malos momentos en el presente, aun a sabiendas de que el futuro es incierto. «El amor más grande queda impotente, cuando la fuerza del destino se interpone».

Almas gemelas

De una u otra manera, casi todas las personas buscan su alma gemela. Tener la oportunidad de enc ontrar a ese ser especial con quien compartir su vida y un amor incondicional, es como sentirse en una frecuencia elevada con la sensación de que han nacido el uno para el otro.

En sus relaciones, estas parejas están libres de sentimientos erróneos, como la angustia, los celos, las dependencias, la posesión y otros. Es tanta la confianza del uno en el otro, que hay espacio para cierta libertad personal.

EL AMOR Y LA EDAD

El amor no tiene edad. Aun los niños entre los 10 y 12 años tienen una capacidad real para enamorarse y tener sentimientos románticos hacia otros niños, e inclusive hacia adultos. Ya que alrededor de esa edad es también cuando para algunos nace el impulso sexual. «El amor a la mediana edad, es como una flor de verano que florece en el invierno». Después que se ha vivido una niñez rodeada del amor de la familia, se han experimentado logros y perdidas; una nueva ilusión nos brinda la oportunidad de una nueva vida.

La necesidad de compañía, de recibir y brindar cariño y apoyo justifican esa ilusión. Ya no estamos viviendo la responsabilidad de criar, educar y mantener nuestra familia; ya no somos necesitados por nuestros hijos; entonces, ahora, llega el tiempo de pensar en nosotros; y no ser una carga para ellos.

Si trabajamos o estamos retirados, sin una pareja, nuestro hogar se siente vacío. Buscamos vivir lo más sencillamente posible para quitarnos trabajo y responsabilidades materiales. Ya dedicamos más tiempo en ir al médico para cuidar de una salud más deteriorada, o en hablar por teléfono socialmente para mitigar la soledad.

Si aún la persona con quien formamos una familia está a nuestro lado y cumple nuestras expectativas, tratemos de estar lo más conformes posible. Busquemos la forma de compartir lo que nos plazca a los dos.

Si ya esa pareja no está en nuestra vida, tratemos de aceptar un compañero(a) que, como persona con valores, cumpla nuestras expectativas. No solo aceptarlo para calmar nuestra soledad, sino para vivir otra experiencia, si ya no de amor pasional, sí de cariño, respeto y comprensión; siempre y cuando exista afinidad y paz entre los dos. Porque en realidad, la felicidad en la vida, solo se hace de momentos... «Para superar los tiempos malos, no es lo que se interpone en tu camino, sino quien está a tu lado para superarlos».

Tengamos en cuenta que no solo es importante lo que se sienta por otra persona, sino cómo esa otra persona te haga sentir.

NIDIA

Yo me crie rodeada de familiares, en un barrio de clase media de La Habana. Mi casa estaba localizada frente a un parque llamado José Martí y a su alrededor las casas y apartamentos. En ese parque había árboles, bancos para descansar, flores y caminos de cemento donde se patinaba, montaba bicicleta, se jugaba a las escondidas, los pegados, pelota, pon. Para jugar al pon, se usaba una tiza vieja o una piedra; lo que sirviera para escribir las líneas y los números en el suelo. Para tirar al suelo se usaba una lata aplastada. Se empinaban y se arreglaban los papalotes. Se atravesada para ir de un lado a otro; inclusive a las escuelas de algunos niños. Y en ese parque podría nacer el primer amor.

Un busto de nuestro apóstol, José Martí, estaba en el medio del parque. La tarja decía así: «1853-1953. El día 10 de octubre de 1953 honramos la memoria del apóstol José Martí, en la fecha de su centenario. Los niños, vecinos y demás instituciones de la Ceiba y Puentes Grandes, por iniciativa expresa de la Asociación Pro-Mejoras de los barrios de la Ceiba y Puentes Grandes. La Ceiba, enero de 1955».

Una retreta tocaba en el parque los jueves por la noche. El parque de aparatos, rodeado por una reja, construida a un costado, estaba abierto hasta el anochecer. Agustín, el guardaparque regañaba a los niños de vez en cuando, por una u otra travesura. En una esquina se paraba el vendedor de granizado. Enfrente se encontraba la casa de socorro.

Como tradición, una vez al año para la víspera de San Juan, paseaban por el parque un muñeco de tela, forrado con paja, construido por los propios vecinos. El muñeco se llevaba en hombros alrededor del parque y se quemaba al final del paseo. Las competencias de bicicleta, patines y las chivichanas y carriolas que eran transportes rústicos, casi siempre construidos por sus dueños o algún familiar o amigo, salían del parque y rodaban cuesta abajo hasta cerca de la represa de una fábrica de papel, la Papelera de Puentes Grandes. Ahí se hacían las competencias del palo encebado y de natación. Esta última bastante difícil por las condiciones de la corriente de agua.

La mayoría de los residentes de nuestro barrio cubrían su seguro de salud en clínicas o quintas privadas, fundadas por organizaciones de médicos o centros españoles por un valor mensual de $2.00 aproximadamente. Me imagino que el nombre de quintas se basaba en que algunas de ellas, parecían quintas con sus árboles, plantas y fuentes con peces naturales. Las consultas médicas y pabellones para la atención de los pacientes rodeaban aquel lugar.

Mi abuelo fue uno de los fundadores del Centro Asturiano o Quinta Covadonga. Cuando se sentía un poco débil se hacía internar para un chequeo médico, una rehabilitación de reposo, vitamina B-12 con extracto hepático y comida a su gusto, servida por empleados que lo conocían de siempre. Que ironía, mi abuelo había peleado en la guerra contra el ejército español.

Además de esta asistencia de salud, existían médicos que ejercían desde su casa y consultaban a domicilio. Como algunos de esos médicos eran parientes o amigos de crianza, o vecinos de los pacientes, raramente cobraban la visita.

Las bodegas, puestos y quincallas permitían a los niños el acceso a chucherías, que el vendedor anotaba y luego pasaba la cuenta a los padres.

Durante la mañana, el lechero que criaba sus propias vacas, en una finca cercana, repartía litros de leche en las casas a caballo, y pasaba la cuenta más adelante. La leche pasteurizada y homogenizada también se entregaba en casa en un camión de una empresa. Por el barrio pasaba un chino verdulero, con un carretón que cambiaba botellas vacías por pirulís. En la tarde pasaba el tamalero que vendía tamales con picante o sin picante en una especie de carretilla. También pasaba el heladero en un carro de helado que tenía música. En la noche, pasaba otro carro de helado, además del manisero en bicicleta.

¿Qué más necesita un niño para ser feliz en su vida diaria de desarrollo sentimental, mental y físico?

Durante mis hazañas en el parque, mi tía Cuca, por parte de padre, que vivía al lado de mi casa, encontró un par de patines de cuando sus hijos estaban pequeños y nos los ofreció a mi hermano y a mí. Yo acepté encantada, a pesar de que no se encontró la llave que ajustaba las pezuñas. Ahí se presentó el problema de que los patines se salían de los zapatos, pero en busca de soluciones, me los amarraba con una soga, y con eso andaba lo mejor posible. Claro, era mucho el tiempo que tenía que parar de patinar para ajustarlos; pero no me di por vencida.

Después del triunfo de la Revolución todo comenzó a cambiar para mal, pues ya hasta los juguetes escaseaban. A medida que transcurría el tiempo en el país, y se agotaban los productos y las comodidades, el nuevo sistema cubano obligaba a que todo fuera un esfuerzo y a buscar soluciones a las situaciones, de acuerdo con las necesidades.

Un día el esposo de mi prima, por parte de madre, que había contribuido a mi crianza con atenciones y cariño, me dijo que el hijo de un amigo, que se iba del país, me dejaba sus patines con llave y todo. Pensé que bromeaba. Era tanta la felicidad, que no podía dejar de pensar si era real, hasta que me los trajeron. Tanto era lo que apreciaba esa llave, que me la colgaba al cuello en una cadena, aun cuando no montaba los patines. Era como un amuleto. Desde ese momento, me deslizaba con los patines nuevos por todas partes, hasta el punto de olvidar cuánto me gustaba montar mis bicicletas. Y de esto se aprovechaban otros primos, que en cualquier oportunidad que tenían, las usaban para pasear montando a varios niños en ellas.

Yo era una niña feliz. La escuela, las tareas, compartir con mi familia, ocupaba mi mayor parte del tiempo. El resto lo pasaba de un juego o de una actividad en otra., casi siempre acompañada de mi prima Mirta. Durante esa época, el niño más lindo del barrio, un año menor que yo, emparentado con parte de mi familia, jugaba pelota y montaba bicicleta en el parque. Tal era su velocidad con la bicicleta, que yo tenía que estar al tanto, cuando estaba delante suyo, para no pasar la vergüenza de caerme con los patines. Cada vez que lo veía acercarse, me dirigía rápido hacia el césped como medio de protección, así tuviera que ajustarme las pesuñas con la soga o descolgarme la llave y ajustar las mismas pesuñas, una y otra vez.

Una tarde, mientras salíamos de una quincalla de comprar postalitas, ese niño se me acercó y me agarró por el brazo para preguntarme si quería ser su novia. Aquel gesto me tomó de sorpresa, y me dio tanta vergüenza, que le contesté que yo estaba muy niña para tener novio. Desde ese momento, me alejaba de él; me iba hacia otro lugar, cuando lo divisaba.

Un día, ese niño de apenas 10 años y su hermana de 8 se fueron del país, sin acompañante. Sus padres, su familia, amigos, etc. quedaron atrás con la esperanza de que pronto se reunirían en Estados Unidos o de que ellos regresarían, una vez que Cuba volviera a ser libre.

¡Cómo imaginar que aquel niño me alentaría a continuar esta historia 55 años después en Estados Unidos! Él me contó, lo difícil que fue para sus padres tomar la decisión de enviarlos fuera de Cuba, asumiendo que sería una separación temporaria. Me dijo lo difícil que fue, más para él que para su hermana, el hecho de tener que vivir con unas amistades, con dos hijas en Miami; el que también llegaran sus tíos y primos al poco tiempo, en vez de que llegaran sus padres, y tener que vivir con ellos Esto suponía compartir en familia lo poco que los tíos alcanzaban a proveer. En la escuela que asistía se encontraban nada más tres niños que hablaban español. Esta falta de comunicación, le hacía sentirse solo y alejado. Por las noches le agarraba la nostalgia y se dormía llorando.

A pesar de tantos momentos difíciles para él y su familia, más adelante tendría que admitir el hecho de «qué hubiera sido de él y su familia si se hubieran quedado en Cuba». Él nunca hubiera aceptado adaptarse al sistema revolucionario; y al igual que con otros que no aceptaban el sistema, como su padre y demás familiares, se habría metido en la contrarrevolución, y estaría preso o fusilado.

Él recuerda que el día de su viaje, en el momento de su salida del aeropuerto de La Habana, experimentó un momento bastante desagradable, además de la tristeza que sentía, dejando su familia y su país; me contó que después de haber salido de la «Pecera», lugar donde los viajeros se separaban definitivamente del exterior y familiares, a su hermana y a él los llevaron a una habitación, donde fueron interrogados por separado por militares, respecto a «las armas que guardaba su padre en la finca de la familia». Ellos dijeron que no sabían nada de eso; y, finalmente, les permitieron emprender el viaje.

LOS QUINCE EN LA HABANA

*En el camino de la vida, hay que persistir,
insistir, pero nunca desistir*

A los catorce años, protegida y querida por amistades y familiares, no podía dejar de pensar en celebrar mis quince años. La fiesta soñada por cualquier niña, donde lo tradicional era bailar el vals y el danzón, acompañada de una pareja en especial, junto a 14 parejas más, en un salón con mis amistades y familia.

Los preparativos para la ocasión debían comenzar, pero mi situación hablando de situaciones, la mía se puso difícil, y no solo por la escasez de todo. Pocos meses anteriores a esa fecha ocurrió una situación familiar que hubo que enfrentar. Mi tía y madrina, hermana de mi madre, siendo muy joven, y mucho antes de la Revolución cubana, viajó a Nueva York a casarse con su prometido, ahora mi padrino quien había emigrado a EE. UU. para unirse al ejército americano. Ahora ella se encontraba de regreso en Cuba y quedándose en mi casa con sus tres hijas para gestionar su estadía permanente.

Su vida de casados había transcurrido, con los esfuerzos normales de un emigrante que quiere superarse fuera de su país de origen. En el ejército, él había tenido la oportunidad de estudiar para desarrollar su talento en artes manuales; lo que le valió, para una vez terminado su compromiso militar, establecer un negocio y mi madrina quedar como ama de casa. Cuando Cuba reía, ellos viajaban en las vacaciones a visitar a sus respectivos familiares, y disfrutar de lo que su país de origen ofrecía. En uno de esos viajes, ya con sus tres hijas, compraron un terreno junto a otros comprados por familiares, donde en un futuro planeaban construir su casa.

Pocos años después del triunfo de la Revolución; mientras que muchos residentes cubanos añoraban la posibilidad de dejar su país, huyendo de un régimen totalitario, mi padrino le prepara un viaje a Cuba a mi madrina y las tres niñas, con el propósito de repatriarse. Su plan era viajar más adelante, después de vender su casa y el negocio. Esta decisión fue tomada, persiguiendo un ideal, apoyado desde Cuba por su cuñado, hermano de mi madrina, quien era un fiel simpatizante de la Revolución, y muy integrado, por sus antiguas ideas comunistas. El plan le pareció descabellado al resto de la familia, pero con esta situación había que lidiar y superarla dentro del seno en lo familiar de la mejor forma posible.

Consecuentemente, para mi madrina e hijas, el abandonar un país de libertad y progreso, acostumbradas a una vida económicamente holgada, con el fin de reestablecerse en «su patria», significaba comenzar a sufrir las presiones de un régimen completamente diferente. Esta situación creó tal ambiente de tensión, que provoco en ellas el deseo de regresar a EE. UU. lo antes posible. A su deseo se unía el apoyo de algunos familiares que estaban de acuerdo que: «Esa no era una vida para ellas».

Esta decisión, de querer regresar, contraria al compromiso de mi padrino con la Revolución, pero a distancia, provocó que mi madrina y las niñas fueran víctimas de la vigilancia castrista y del control para impedir su regreso, por parte del Gobierno. Nuestros pasos eran vigilados y espiados por el Comité de Defensa y oficiales del Estado. Los vecinos y amigos se acercaban a nosotros constantemente por curiosidad, comentarios, envidia, recelo, o como medio de información.

Al conocerse que mi padrino ya había vendido su casa en Nueva York, la situación en casa empeoraba. Esto era otro sufrimiento y preocupación para mi madrina y para las niñas, que habían perdido su casa, y con ello sus amigas vecinas y el barrio en que se criaron. Además, que seguía pasando el tiempo y no podían reintegrarse a sus escuelas…

Mientras que mi padrino, desde su comodidad de abundancia y libertad, les hablaba por teléfono, consolándolas para «que tuvieran paciencia, que era cuestión de adaptación», su esposa, hijas y familiares tenían que vivir en un país, donde comprar cualquier artículo de primera necesidad, se dificultaba muchísimo, por la falta de todo, las colas y la libreta de abastecimiento.

¿Cómo coordinar una fiesta de quinceañera, presionada por estos acontecimientos? ¿Cómo plantearle a mi familia que los días para el cumpleaños iban pasando, mientras mi madre no sabía qué iba a poner de comer en la mesa; y mientras mi padre no podía disimular su disgusto con tantos inconvenientes? Para él, tener que aceptar esta situación, trabajando a expensas del Gobierno, con escasos recursos en la Cuba que sufría, después de haber luchado por tener su negocio (intervenido por la Revolución), y echar su familia adelante era absolutamente difícil.

Todos estábamos afectados, pero yo no perdía mis esperanzas. En algún momento, Dios se tenía que acordar que esa fecha solo se daba una vez en la vida. Entonces, hasta fui capaz de negociar con Él. Le prometí que no quería más celebraciones por el resto de mi vida, solo esa. Y el Señor me respondió que los preparativos para la celebración de mis añorados quince, solo se podrían lograr con paciencia, perseverancia, esfuerzo y oraciones.

Después de muchos inconvenientes, y próximo a mi fecha de cumpleaños, mi madrina recibió la noticia de su permiso de salida del país, que significaba su regreso a Nueva York con sus hijas. La mezcla de emociones fue estremecedora. Ellas se alejaban con mucha ilusión y nosotros nos quedábamos con la pena. Pero junto a esto había llegado la liberación para mi fiesta. Ahora los preparativos podían comenzar y apurar, mientras mi madre extenuada y disgustada se quejaba de «cómo podía haber ilusión para fiesta cuando su hermana y sobrinas se arriesgaban la vida en un barco mercantil con destino a Canadá y sabe Dios lo que les esperaba en Nueva York...».

Finalmente, se consiguió el salón, las 14 parejas, la música, el compañero buen mozo, los trajes, el fotógrafo, la comida y la bebida, etc.; y se pudo celebrar la fiesta tan deseada de mis quince años. Durante la fiesta, se olvidaron los conflictos, las diferencias políticas y las amarguras recién sufridas y por sufrir. De los ensayos de mis quince salieron tres parejas de novios y una ocasión para recordar.

Después de mis quince comencé a valorar, las buenas y malas experiencias de la vida.

La fiesta de Mis Quince años

SENTIMIENTOS Y APEGO

*Para el logro del triunfo, siempre ha sido necesario cruzar
la senda del sacrificio*

Es diferente y triste al mismo tiempo, el hecho de tener que progresar en un país extranjero porque el de origen te prive de esa oportunidad. Se estudia, pero ¿a dónde se llega y qué obtienes? Me pregunto si vale la pena el sacrificio de vivir sometido a un régimen totalitario. Un régimen que, para los jóvenes, a cambio de una educación gratuita, controla hasta la autoestima, quitándote el derecho de ser uno mismo. Como parte de los estudios recibes el adoctrinamiento comunista; te obliga a salir del trabajo o la escuela para asistir a manifestaciones a cualquier hora; te obliga a ir a trabajar al campo. Te envían a países como la Unión Soviética a completar los estudios. La vida se convierte en una obligación para servir al sistema.

Yo no podía comprender, dada mi crianza, a que extremo puede llegar un régimen de Gobierno semejante. Si te quedabas en tu país estabas forzado a vivir despojado de derechos humanos, a vivir en hogares destruidos por el efecto que causaba la intervención de negocios de padres y familiares, la pobreza, las diferencias ideológicas, los movimientos militares, las manifestaciones obligatorias, el control de los vecinos, tres años de servicio militar obligatorio, etc.

En muchos hogares, incluyendo el mío, se hablaba de salir del país hacia Estados Unidos, pero por el momento no teníamos apoyo en el exterior. Con quienes único hubiéramos podido contar era con mis padrinos, pero su inestabilidad familiar los mantenía disgustados y alejados. El regreso a EE. UU. de mi tía y primas parecía haberles costado el matrimonio, la pérdida de su casa y, por ende, un gran cambio en sus vidas. Desafortunadamente, durante ese período, mi abuela se enferma del corazón y se viene a vivir a casa para ser atendida por mi madre.

Mientras tanto, mi vida social y estudiantil en el último año de secundaria básica continuaba en Carlos de la Torre, que había sido mi escuela primaria católica con el nombre de San Francisco de Sales, donde asistí desde *kindergarten* hasta la intervención de las escuelas. La capilla, donde hice la primera comunión, se había convertido en un taller, para que alumnos tomaran clases de carpintería y electricidad. Debido, quizás, a mi carácter jovial, e interesada porque me ayudaran con las matemáticas, la química, la física y el taller, creamos un equipo de estudio muy animado, donde yo aportaba mis conocimientos de inglés, y las meriendas que lograba preparar mi madre.

Yo no me sentía capaz de atraer a ningún muchacho seriamente. Ya fuera porque era bastante inmadura o porque físicamente no estaba desarrollada como debía. Apenas había dejado de montar la bicicleta y los patines, y las risas y niñerías. Pero en mi clase y grupo de estudio estaba Raúl Crespo, un muchacho alto y atractivo. Mientras le copiaba las respuestas de los exámenes, y le pedía que me ayudara con los proyectos a completar en la clase de taller, me iba encariñando, hasta darme cuenta de que él, a pesar de todo, tenía un interés especial por mí.

En el mismo grado estaba mi prima segunda, Magaly, a la que le decíamos, Magaly la Gorda, de cariño. Ella me recogía para ir las dos juntas a la escuela, a pesar de que siempre se enojaba porque yo no estaba lista, ella también disfrutaba la compañía y las bromas con Raúl.

A los 13 años, Juanito, mi único hermano, fue enviado, por el programa obligatorio de La Escuela al Campo, a un albergue cerca del central azucarero, Amancio Rodríguez, antes Central Francisco, localizado en la provincia de Camagüey, cerca de Oriente. Dadas las condiciones en que se desenvolvían aquellos alumnos y maestros, necesitados desde alimentación hasta higiene, se le ocurrió a mi madre visitarlos pero ¿cómo llegar hasta allá y qué llevarles? Si en las casas predominaba la escasez, y ni que decir de conseguir lo más esencial para un enfermo de corazón y mayor como mi abuela.

A pesar de todo, la madre de Raúl y la mía planearon la visita a los muchachos. Junto a mi hermano estaban mi prima Mirta, Raúl y Dávila. La idea de separarme de mi mama, en esas condiciones, yendo a un lugar desconocido y a un viaje complicado, sin comunicación, aparte de mi ilusión por ver a los muchachos y demás compañeros, no me dejaba quedarme atrás, a pesar de los inconvenientes que esto representara.

Fina hizo una panetela, con la idea de dejársela a su hijo, pero solamente le llegó una parte, pues la otra nos la tuvimos que comer durante el viaje, que resultó largo y complicado. Estuvimos de un autobús en otro; pero lo peor fue la espera en la estación de transferencia, donde tuvimos que hacer noche. Mi madre había hecho sus famosas croquetas de carne rusa, que hubo que devorar por el hambre, y antes que se echaran a perder. Después de ese autobús, el camino hacia el albergue resulto tan intrincado, que tuvimos que transportarnos desde coger un tren, hasta una carreta tirada por un tractor, pues al parecer, los bueyes no estaban localizables. La llegada al albergue fue una mezcla de alivio, descanso y emoción. Por mucho que una se imagine, los cuentos del trabajo del campo, las incomodidades, el aseo, la comida, etc., fueron sorprendentes. ¡Qué abuso físico y psicológico para aquellos estudiantes, maestros y familiares! La estadía fue corta porque había que regresar antes que anocheciera, y no sabíamos qué otras sorpresas de transporte nos esperaban.

En 1829 Cuba era la primera nación en usar barcos y máquinas de vapor; y en 1837, fue la tercera en el mundo, tras Inglaterra y Estados Unidos, que tuvo ferrocarril.

Para los estudiantes, era la tristeza de ver marchar a sus familiares, sin poder regresar a casa con ellos. Para ambos, la sensación de desapego y lejanía. Los maestros ocultando su verdadera opinión. Para enseñar bien no era necesario pasar por esta prueba. ¿Hasta dónde quería llegar ese sistema? La impotencia de no poder hacer algo por aquellos estudiantes, en semejante situación, nos destrozó el alma.

El regreso a casa fue parecido a la ida físicamente, pero algo había cambiado en mi concepto de la vida, que tocaba a la juventud a los niños y a los adultos. Me sentí más madura y realista. Ese viaje me hizo pensar si valdría la pena seguir viviendo en tu patria; y sin haber hecho mal a nadie, sufrir maltrato físico y moral, ser engañados, explotados y humillados por una dictadura.

A toda esta realidad, sumémosle que mi hermano y yo nos estábamos criando en un ambiente familiar bastante contradictorio. De una parte, la familia materna estaba integrada al sistema revolucionario; mientras que la paterna estaba en contra.

La destrucción familiar, la situación sentimental y económica, la falta de lo más elemental y la represión creaban cada vez más disgustos y desesperación en las familias Si la mía quería salir del país debía actuar lo antes posible porque la edad del servicio militar estaba comprendida entre 15 a 27 años. En este caso, la edad de mi hermano se convertiría en un obstáculo. Dada esta situación, mi hermano trato de salir ilegalmente por lancha o balsa por Varadero, pero el plan no tuvo éxito por una u otra razón.

Un día recibimos la noticia en la secundaria, que el padre de Manuel Dávila, un amigo de Raúl, y compañero nuestro, aunque de otro grado, había fallecido. Como era lógico, un pequeño número de estudiantes asistimos al velorio. Me impresionó mucho ver a ese muchacho, tan joven, frente al ataúd de su padre con aquella carita que expresaba y contenía tantos sentimientos.

A partir de ahí, Raúl, mi inseparable prima Mirta y yo, nos acercamos a Dávila y tratamos de subirle el ánimo de cualquier forma posible. Los cuatro comenzamos a asistir a bailes de quince, como parejas del vals. Mirta con Dávila, y Raúl conmigo hacíamos de punta, como los mejores bailarines. Como para todas las salidas, un adulto tenía que acompañarnos, mi madre estaba ocupada con mi abuela, y la madre de Mirta no estaba para eso, Fina, la madre de Raúl se ofreció a acompañarnos. Con ella comenzamos la salida a los ensayos, y los cinco la pasábamos bien. Después de los ensayos, ella nos invitaba a tomar un helado o un bocadito en un restaurant del Vedado.

En cambio, durante los encuentros, se creó una atracción entre Dávila y yo, un poco rara, y mi prima Mirta por él. Mientras tanto, Raúl y ella mostraban más empatía. Ellos constantemente se buscaban para bailar, reírse y echar bromas.

Raúl, con sus ocurrencias, junto a las de mi prima Mirta, hacía los ratos más graciosos y divertidos. Muchos de esos ratos eran compartidos en la casa de él, donde conocimos los abuelos por parte de madre. Beba, su abuela materna, una gallega maravillosa, se ofreció a enseñarme a tejer a croché. Mientras que en las casas había tanta escasez de comida, ella nos convidaba con algo. Su abuelo, que entraba y salía de vez en cuando con algún comentario, su padre meciéndose en su sillón fumando tabaco, y haciendo los comentarios de la situación del país; y su hermano con la novia, que alguna vez entraron vestidos de uniforme militar. Raúl y su hermano eran descendientes de asturianos por parte de padre y gallegos por parte de madre.

Yo tenía un deseo tremendo de tener unas medias negras tejidas a *croché*; y Beba me enseñó. El inconveniente fue que solo pude terminar la primera media; pues para la segunda se había terminado el hilo que mi mamá me dio y no había manera de conseguir más en el mercado. Para consolarme, Beba me dio un hilo rosado y terminamos de tejer un pañuelito. Esta familia fue algo tan especial en mi vida, que nunca la he olvidado.

A pesar de que yo sentía un cariño sincero por Raúl, nuestra relación no se definía. Cómo no lo iba a querer si siempre estuvo ahí para mí, en las buenas y en las malas; sobre todo aceptando los defectos y las virtudes de una familia problemática. Mi padre llego a decir que yo no estaba enamorada de Raúl, sino de todos los miembros de su familia.

Fina y mi madre llegaron a llevarse tan bien, que sin siquiera ser novios Raúl y yo, ellas hablaban de los manteles y ropa de cama que poseían respectivamente, en caso de boda. Mientras tanto, en mi casa se hablaba en secreto de nuestros planes de salir del país por las intenciones de mi hermano. Era como si esa relación me estuviera conduciendo a algo que no tenía sentido, porque la idea verdadera, del futuro de mi núcleo familiar estaba fuera de Cuba.

Casualmente, un día los padres de Raúl invitaron a los míos y a los cuatro muchachos a ver un *show* en Tropicana. Para los mayores fue una salida especial, después de mucho tiempo sin una noche social. Para nosotros, los jóvenes prometían la emoción de lo desconocido y divertido. Afortunadamente, el carro de mi padre funcionó. El espectáculo, la música, el baile y la compañía fue muy agradable, pero la noche termino en «pagar la novatada», pues los jovencitos bebieron de más, y terminaron debajo de la ducha, y tomando una taza de café caliente en casa de Raúl.

Me gradué de la Secundaria Básica, pero me libré de cumplir con ir a la Escuela al Campo por obra de Dios. No matriculé en el preuniversitario, pero empecé a tomar clases de inglés y francés particular con un pariente de la familia.

A ese señor, tan culto, lo echaron de su trabajo, al presentar su intención de irse del país con su esposa diabética, tuvo que integrarse a las labores obligatorias del campo, por mandato del Ministerio del Interior si quería irse. Él se iba de madrugada a su trabajo obligatorio cada día, y de regreso, hacia la cola para comprar los alimentos y después cocinaba para los dos. Más tarde, comenzaba a dar las clases particulares en el comedor de su gran apartamento frente al malecón. Recuerdo que cuando era pequeña, desde el balcón de su casa veíamos pasar los carnavales. También recuerdo, que paseábamos disfrazados por allí en el convertible de mi padre.

Al parecer, Dávila se dio cuenta de la relación sentimental, pero inestable entre Raúl y yo; y empezó a mostrar cierto interés por mí, más que por Mirta. Durante ese tiempo, llegó el momento temido por los jóvenes y familiares. A Raúl lo reclutan para el servicio militar obligatorio; lo cual causó la separación de nuestro grupo. Al principio, como la Unidad Militar no estaba tan lejos de casa, lo fuimos a visitar los domingos que se permitía en el carro de mi padre. Pero en un corto plazo, a los reclutas los destinaron para Oriente. Ya no podíamos visitarlo.

Mi abuela continuaba enferma en casa, bajo los cuidados de mi mamá. Esto detenía los planes de salir del país, pues a pesar de que su familia estaba integrada al sistema, y no les convenía visitar nuestra casa, que estaba identificada como «contra». Mi madre, siendo la más pequeña de nueve hermanos, no solo se había interesado siempre por su propia familia, sino que había hecho suya también, la de mi papá. Pero, así y todo, ¿en manos de quien podía dejar a su viejita?

Analizando la situación, y el tiempo que corría hacia la edad militar de mi hermano, se comienza a debatir la posibilidad de viajar mi hermano y yo solos por un tercer país. Consecuentemente, a medida que progresa ese plan y la ausencia y lejanía de Raúl, se enfría la relación nuestra y de nuestras familias.

Un día, Dávila llega a mi casa de sorpresa, para dejarnos saber de sus trámites, por una beca para estudiar veterinaria. A la vez, nos trae, unas baterías para nuestro radio portátil, que era nuestro tesoro, y hacía tiempo no funcionaba. Cuando abrí la cajita donde venían las baterías, me llamó la atención encontrar un papel con mi nombre. El me pidió que lo leyera después que él se fuera. Yo estaba loca por enterarme de lo que contenía, pero esperé con paciencia. Luego descubrí que era una carta. Él se me declaraba, y mencionaba las razones por las que no lo había hecho antes. Él sabía que con el apoyo de mi familia no podía contar, pues de comprometerme con alguien, era a Raúl a quien querían para mí. Yo quería a Raúl y a su familia lo suficiente como para no causarles daño; y por mi parte, no creía que una relación entre Dávila y yo, podría llegar a ser seria.

Más adelante, Dávila vuelve a casa para usar la máquina de escribir; y casi delante de todos escribe que no podía irse a la beca sin mi respuesta. Yo le escribo también diciéndole sobre nuestra idea de salir del país; y él contesta que, si yo lo aceptaba, él soportaría la separación, si llegaba; y que al menos, lo dejara irse a la beca con la ilusión del «¡sí!». Mientras tanto, la máquina seguía tecleando.

Ahí comienza, no sé cómo, uno que otro encuentro de Dávila y mío a escondidas, hasta el día de su partida para la beca. Yo no lo pude despedir, pero desde su albergue me enviaba cartas de amor. Yo vigilaba al cartero o preguntaba a mi tía Cuca si ya había pasado. Pero, desafortunadamente alcancé a recibir pocas; pues me enteré por mi prima Mercedes, que vivía al lado de mi casa, que mi madre había hablado con el cartero para que entregara esas cartas a mi tía, y ella a su vez dárselas a mi madre a mis espaldas. Hasta que un día, al parecer, a mi tía le dio pena, y me empezó a entregar las cartas a escondidas. No llegué a confrontar a mi madre por esto; por vergüenza o el sentido de culpa de ambas.

Un día me arriesgué a pedirle a mi prima Mercedes que me acompañara al albergue donde Dávila estaba becado, sin decirle a nadie, donde íbamos. Fue difícil, pues no era día de visita ni nosotras figurábamos como familiares; pero, conseguimos verlo y al menos, fui capaz de darle esa alegría. Lo encontramos triste, demacrado y delgado.

REVOLUCIÓN CUBANA

Primero de enero de 1959

Los cubanos eran generalmente reconocidos por su inteligencia, por sus ansias de superación personal para su propio beneficio, su familia y su país, por su alegría y hospitalidad. Así mismo, según la historia, la belleza de la mujer cubana prueba su mérito con el hecho de que, en el año 1933, el hijo de Alfonso XIII, el príncipe de Asturias, Alfonso de Borbón y Battenberg, renunció a sus derechos como sucesor del trono español para casarse con la cubana, Edelmira San Pedro Rebato.

En marzo 10 de 1952, el ejército cubano guiado por el general Fulgencio Batista interviene en las elecciones que se realizarían el 1 de junio de ese año, para dar un pronunciamiento militar o golpe de estado y derrocar el gobierno del Dr. Carlos Prío Socarrás electo en 1948. De esa forma, el general viola la Constitución e instaura prácticamente una dictadura.

El 26 julio de 1953, un movimiento compuesto por 150 jóvenes dirigidos por Fidel Castro que contaba con oponentes al sistema de Gobierno del presidente Fulgencio Batista, ataca el Cuartel Moncada, localizado en Santiago de Cuba, Oriente. Fidel Castro, un joven revolucionario, estudiante de leyes, yerno de un político influyente resulta detenido durante la operación.

De una manera sin precedentes, al señor Castro se le permite actuar como su propio abogado defensor durante su juicio, donde pronuncia un discurso de cuatro horas. Sus palabras fueron tituladas: «La historia me absolverá». Crean entonces la edición de un libro con ese título, que constituye el alegato de la autodefensa.

Algún tiempo después, Fidel Castro es liberado y junto a otros revolucionarios se marcha hacia México para preparar un desembarco en Cuba e instalarse en las montañas a poner en práctica una Revolución.

El 1 de enero de 1959 triunfa la Revolución cubana con su ejército irregular de alzados en las montañas de la Sierra Maestra y el Escambray, dirigidos principalmente por Fidel Castro, Camilo Cienfuegos, y Che Guevara. Consecuentemente, el ejército revolucionario avanza desde oriente hasta occidente con Fidel Castro, como máximo dirigente, y los alzados, ya ahora con el nombre de rebeldes, van tomando posesión de pueblos y ciudades de las provincias, dirigidos por otros combatientes de mando.

Una de las razones del triunfo de la Revolución cubana fueron las buenas intenciones de algunos de los participantes, que cooperaron con pasión y sacrificio, antes y después, con el propósito de que hubiera un cambio positivo en su país, bajo la Constitución pretendiendo realizar parte del sueño de nuestro apóstol, José Martí, en la isla que según Cristóbal Colón fue «la más hermosa que ojos humanos vieron».

El «antes» representaba el derrocamiento del entonces gobernante, general Batista, que conducía un Gobierno supuestamente corrupto. Batista había violado la Constitución cubana quedándose con el poder de una Administración ya tomada por la fuerza, sin permitir la celebración de elecciones. Además, su Gobierno apoyaba la intervención de Estados Unidos, así como la dependencia a este, como también el apoyo de la política extranjera al partido comunista, con o sin sentido. **El «después»** era apoyar el triunfo de un movimiento, que creían era, por el que habían luchado.

La ideología comunista no se puede adaptar a la realidad. Reclaman que entregan el poder al pueblo, en cambio, usan al pueblo para aplicar su ideología. Una vez conseguido esto, la ideología comunista somete al pueblo a una dictadura.

En 1959 el Gobierno de la Revolución cubana implementó la pena de muerte, y no por medios legales u oficiales. A pesar de que algunos soldados y policías pertenecientes al Gobierno de Batista aceptaron el nuevo sistema de Gobierno, se creó la pena de muerte por fusilamiento, al aire libre, como escarmiento para los que sirvieron al régimen anterior, o que no estaban claros en sus ideas.

A principios de 1959, el comandante en jefe, Fidel Castro es nombrado primer ministro. A medida que transcurría el tiempo del nuevo Gobierno, se celebraban manifestaciones junto a la Plaza de la Revolución, para celebrar los discursos del comandante. Estas gigantes manifestaciones fueron disminuyendo, a pesar de que gran parte del público estaba compuesto por trabajadores y estudiantes, que paraban sus responsabilidades para asistir a esas manifestaciones en el transporte reservado por el gobierno.

Durante uno de esos discursos, Fidel Castro se atrevió a expresar de acuerdo con su doctrina, lo siguiente:

«Revolución es sentido del momento histórico, es cambiar todo lo que debe ser cambiado, es igualdad y libertad plenas de ser tratado y tratar a los demás como seres humanos; es emanciparnos por nosotros mismos y con nuestros propios esfuerzos; es desafiar poderosas fuerzas dominantes dentro y fuera del ámbito social y nacional, es defender valores en lo que sé que se cree al precio de cualquier sacrificio; es modestia, desinterés, altruismo, solidaridad y heroísmo, es luchar con audacia, inteligencia y realismo, no mentir jamás ni violar principios éticos, es convicción profunda de que no existe fuerza en el mundo capaz de aplastar la fuerza de la verdad y las ideas. Revolución es unidad, es independencia, es luchar por nuestros sueños de justicia para Cuba y para el mundo, que es la base de nuestro patriotismo y nuestro internacionalismo».

Era confuso y difícil entender lo que estaba sucediendo en mi país. Mis padres (que de por sí, nunca estaban de acuerdo) crearon su propia lógica de que «El Dirigente, actuando en contra de las promesas de justicia y abundancia, planes y predicciones de sus famosos discursos, trataba de conseguir crear esa confusión y aceptación, por medio de impactos psicológicos; pero el que se daba cuenta de la manipulación, los entendía al revés».

La realidad es que la Revolución cubana es un sistema de especial falsedad y perversidad; que convierte a las personas en objetos manipulados, sin tomar en cuenta su condición humana. El que ese sistema, que corto tiempo después se declaró socialista, basado en las ideas comunistas del Marxismo-Leninismo, y el ideal de Fidel Castro y su camarilla, subsistiera y se mantuviera en un país a 90 millas de los Estados Unidos, es algo inconcebible.

La verdadera intención de la Revolución cubana era controlar al pueblo por medio del llamado: «Poder Popular». Para lo cual se crearon una serie de movimientos, que ocasionaron intencionalmente, el caos y la división entre los ciudadanos, vecinos y familiares. La destrucción de una sociedad envidiable, la destrucción de la familia y amistades, de la arquitectura y de la tierra, por citar algunos. La abolición de la religión. La emigración de ciudadanos profesionales y capacitados. Como consecuencia, se deformo el concepto de la disciplina laboral y social, la ética y la honradez. Esto trajo consigo, una perdida enorme de valores y una violencia inusitada. Cuba se convirtió en un país de ideas y creencias encontradas. Una verdadera revolución implementada: «A río revuelto, ganancia de pescadores».

*Las leyes no valen nada
si se interponen a la justicia*

Ley de reforma agraria -17 de mayo de 1959

Esta es una de las primeras leyes, que comprende el control del Gobierno o intervención sobre las empresas privadas. El mito era «La tierra es de quien la trabaje». Parte de las tierras privadas, fueran de quien fueran, incluyendo empresas extranjeras, se repartirían a los campesinos, mientras que la mayor parte pertenecería al nuevo Gobierno. A su vez, se implementaría un sistema para llevar el desarrollo de la salud, la educación y el urbano a los más recónditos lugares del campo.

Comité de defensa de la revolución - 28 de septiembre de 1960

El comandante Fidel Castro expone en un discurso a raíz de los detectados movimientos contrarrevolucionarios, la idea de una vigilancia colectiva para hacer frente a la contrarrevolución. Entonces, se crean los Comités de Defensa de la Revolución que serían sus ojos y oídos. «En cada cuadra, un Comité».

A partir de la creación de esta organización, comienza oficialmente el «poder de la desconfianza», la agresividad, la falta de privacidad y respeto, entre familiares y vecinos. La autoridad de esta organización creó un caos, pues el propósito de proteger a los residentes se convirtió en una vigilancia entre los vecinos.

Ley de reforma urbana -14 de octubre de 1960

Esta ley incluye la expropiación de propiedades o bienes raíces, a cualquier nivel y a cualquier precio. Lo mismo en la propiedad que has heredado, construido o comprado para uso personal o familiar, que la que ha sido construida como inversión por el esfuerzo de la clase media con miras a un futuro. Los dueños eran obligados a vender sus propiedades al Gobierno al precio estipulado por el Gobierno, que se las pagaba en cuotas. Los inquilinos se las pagaban al Gobierno; y una vez saldada la deuda por el valor de su vivienda, los inquilinos se convertían en dueños.

Bloqueo/embargo -19 de octubre de 1960

El embargo económico, comercial y financiero de Estados Unidos en contra de Cuba, que prohíbe la exportación de productos hacia Cuba (exceptuando comida y medicinas) se crea, en respuesta a la expropiación y nacionalización de empresas, tierras, negocios e industrias extranjeras estadounidenses.

Religión católica-octubre de 1960

A raíz de las transformaciones inmediatas en el sistema nacional de educación y, como consecuencia de la nacionalización de las escuelas privadas, en las cuales se sustituirían las clases de religión por textos comunistas, y los curas, monjas y maestros fueron convertidos en simples empleados del Estado, se hizo responsable a la Iglesia católica de refugiar contrarrevolucionarios en sus templos.

La ironía de estas acusaciones fue que desde los años 50, los católicos consideraban un cambio en la política del país y apoyaron, protegieron y refugiaron a personas perseguidas, por estar en contra del Gobierno de Batista.

Entre estos llamados «contrarrevolucionarios» habían jóvenes católicos que junto a otros se oponían y repudiaban el nuevo sistema. Esos jóvenes católicos se hacían activos en contra del sistema a causa de la frustración que les producía, el hecho de vivir dentro de un cambio en el país que no era al que aspiraban.

Como consecuencia, mayormente bajo las órdenes de «Che Guevara», esos jóvenes eran encarcelados, torturados física y psicológicamente y fusilados con el mínimo derecho a juicio; mientras muchos de ellos hacían demonstración de su fe, proclamando: «¡Viva Cuba Libre! ¡Viva Cristo Rey!».

Cada vez iba más en aumento, el repudio dirigido por los revolucionarios hacia los integrantes de la religión católica. En septiembre 17 de 1961, las milicias recogieron un total de 187 sacerdotes de diferentes centros y estos fueron escoltados hasta el barco Covadonga para expulsarlos del país junto a otros practicantes católicos, con destino a España.

Primer éxodo masivo

Cuba no era un país del que se acostumbraba a emigrar permanentemente; a pesar de la aceptación que tenían los cubanos en otros países y las estrechas relaciones con Estados Unidos. Pero a partir de los cambios que se empezaron a notar inmediatamente en el nuevo sistema revolucionario, hasta los cubanos que abogaron por un cambio político, durante el Gobierno régimen del general Fulgencio Batista fueron reconociendo que este cambio de Gobierno no fue lo que desearon, ni por el que lucharon. ¿Se habían engañado a sí mismo y, de hecho, habían sido engañados y traicionados?

Este sentimiento ocasionó un movimiento de oposición por parte de los mismos excombatientes revolucionarios; y parte del pueblo, en general. Pero la represión, acompañada de fusilamientos individuales y masivos, las torturas psicológicas y físicas, prisioneros políticos, la intervención de la propiedad privada, el cambio de la moneda, el cambio del sistema estudiantil, las personas despedidas de sus trabajos por no aceptar integrarse a las demandas del sistema, ni asistir a las manifestaciones obligatorias, etc., llevo a muchos cubanos a la desesperación, por abandonar su país. Más bien huían o escapaban por cualquier medio, y hacia donde fuera con la esperanza de que sería por poco tiempo. Se veía claramente que no era posible, que en ese país se aceptara un cambio totalitario, represivo y definitivo.

Cambio nacional de la moneda-agosto de 1961

Este nuevo sistema de Gobierno, que abarcó todos los puntos del país, no podía por menos intervenir en la moneda nacional. Alegando el desfalco del Gobierno anterior con la participación de Estados Unidos y la huida del general Batista y su gente, quienes se llevaron millones de pesos en moneda nacional, era necesario un cambio de moneda nacional. Entonces se nombró a Ernesto «Che» Guevara como presidente del Banco Nacional de Cuba y se procedió a hacerse imprimir en el extranjero nuevos billetes cubanos que luego llegarían a Cuba secretamente para su cambio. Para esto se le limito a los ciudadanos la cantidad de dinero que permitía ser cambiado. Este proceso creo la perdida de dinero de muchos cubanos que no pudieron cumplir con la taza establecida.

Campaña de alfabetización - 1961

Desde antes del triunfo de la Revolución, durante un proyecto católico, se estimó, que más del 70% de los analfabetos estaban en camino a dejar de serlo. Pero ¿habrían analizado los católicos la razón del analfabetismo? Imaginemos, una familia del campo, que no sabe lo que es el control de natalidad. Ellos tienen un hijo tras otro porque las mujeres salen embarazadas, y «así lo manda Dios», comienzan las enfermedades infantiles, la necesidad de que los hijos mayores cuiden de los pequeños, y ayuden a sus padres u otros familiares en las labores necesarias y de sobrevivencia.

En cualquier parte del mundo, vestir, calzar y alimentar a esos niños para ir a la escuela, no es tarea fácil. La prioridad era el trabajo y la cooperación familiar. El aprender a leer y escribir vendría después. ¿Qué más se podía pretender de los campesinos en tiempos de guerra mundial?

Pero aquellos campesinos se autoabastecían, levantándose al amanecer, los hombres para las labores del campo y las mujeres para los quehaceres de la casa, la atención de a la familia y pequeños animales. Lo que no se podía producir en casa, se adquiría en la tienda del pueblo o se entregaba en carretas de bueyes, en caballos o mulas.

Durante la implementación y ejecución de la Campaña Nacional de Alfabetización, que creo la Revolución cubana, los jóvenes integrados recibían libros de asesoramiento para aprender a enseñar a leer y escribir a adultos, lo mismo en las ciudades que en el campo. Los albergues del campo eran improvisados; y abarcaban el servicio a los campesinos, de un área determinada. En ese período, los alfabetizadores vivían en los albergues, o en las casas de estos campesinos.

El hecho de que los jóvenes irían a las partes más intrincadas de los campos, a alfabetizar, preocupó a los padres y demás familiares que, durante esa campaña, sus hijos pasarían necesidades, enfermedades y peligros, mientras eran objeto de entrenamiento ideológico.

Pioneros - 4 de abril de 1961

Desde el triunfo de la Revolución, la Asociación de Jóvenes Rebeldes (AJR) creada por el ejército rebelde, sirve como base, para la unidad y superación de los jóvenes.

A inicios de 1961, la AJR presento a la dirección de la Revolución, encabezada por el comandante en jefe, Fidel Castro, a dos niños vestidos con un uniforme escolar y sus tres atributos: boina roja, pañoleta y estrella blanca en el centro. El lema coreado por los niños, junto al saludo formal: «Venceremos».

Gratamente impresionado, el comandante en jefe dio a conocer, en una conferencia de prensa, la creación de pioneros rebeldes (UPR). Los niños miembros tendrían una organización selectiva, basada en los principios del marxismo-leninismo, capaz de agruparlos en tareas que contribuyeran a la construcción del socialismo. También, se acordó crear la unión de jóvenes comunistas (UJC), organización política donde se formarían los futuros militantes del Partido Comunista, y responsable de dirigir a los pioneros (UPR).

Patria potestad - 1961

Consecuentemente, se comenzó a promulgar la idea entre los ciudadanos, de que el Gobierno implementaría la Ley de La Patria Potestad

La patria potestad no es un derecho absoluto y discrecional de los padres, sino un conjunto de derechos de los padres en relación con los hijos, que no hayan alcanzado la mayoría de edad. Este derecho está fundado en la naturaleza y conformado por su cuidado, desarrollo y educación integral.

¿Tenía autoridad el gobierno cubano para ejercer este derecho? Aparentemente, en sus ansias de reto y poder sin precedente, se cuestiona la inteligencia de Fidel Castro de pretender adaptar en un país como Cuba, los principios del marxismo-leninismo, sin tomar en cuenta, su idiosincrasia.

Un programa para niños refugiados cubanos sin acompañante - 1960

El temor de los padres de que el gobierno tomara por su cuenta, la patria potestad, creó un éxodo masivo de estudiantes menores, hacia Estados Unidos para dar continuidad a sus estudios; y con el propósito, a su vez, de que eventualmente, de ser necesario, reclamaran a sus padres.

El secreto de la libertad es coraje

Monseñor Bryan O. Walsh, un sacerdote nacido en Irlanda y convertido en cardenal en Homestead, Florida, en la iglesia del Sagrado Corazón, fue elegido por el Departamento de Estado Americano para plantearle la situación de la necesidad de asistencia social de la Iglesia católica para los niños que estaban llegando de Cuba a Miami sin acompañante. Monseñor Walsh mostró sus deseos de cooperación. Esto dio lugar a la creación de un sistema en Estados Unidos denominado «Programa Para Niños Refugiados Cubanos Sin Acompañante».

A los alumnos que procedían de escuelas americanas en Cuba; y dominaban el idioma inglés, les resultó sencillo matricularse en las escuelas en Estados Unidos. En cambio, los que no dominaban el inglés, no aplicaban para ser admitidos. Esto comenzaba a complicar la situación del programa.

Operacion Pedro Pan - 26 de diciembre de 1960

El crecimiento en la cantidad de padres, aplicando para que sus hijos marcharan de Cuba sin acompañante, basados en el acuerdo inicial, entre entidades católicas y norteamericanas de facilitar a los niños y jóvenes su salida por avión, y estadía temporaria en Estados Unidos, dio lugar a la creación de un programa, con mayor nivel de especialización, en las formas y métodos de desarrollo que, basado en el cuento infantil, se nombró «Operación Pedro Pan».

Este programa, con la posibilidad de brindarles a los niños y jóvenes una vida mejor en Estados Unidos, contaría a su vez con el compromiso de recibirlos, protegerlos y ubicarlos a su llegada a Miami. Para la gestiones y solución de los aspectos legales de su custodia, se solicitó la asistencia de agencias sociales, que estaban más capacitadas para ello.

De ahí que se buscaran métodos para la obtención de visas, y el medio para hacerlas llegar a Cuba. Afortunadamente, muchas familias cubanas tenían visa múltiple norteamericana de tipo B, que facilitaba recibir a los niños en Miami.

Una vez llegados a Miami, los niños que no tenían familiares o amigos que los esperaran, o no calificaban para escuelas que los acogieran, eran trasladados a albergues equipados para su estadía hasta ser procesados. Estos albergues eran instituciones como: Casa No. 1 en Kendal, Cuban Boys Home y Villa San José.

Las diócesis también trabajaban con el propósito de obtener para esos niños admisión en *Foster Homes* (hogares de adopción temporaria) y *Foster Care* (centros de adopción temporaria), así como planes de educación. En el intento de relocalizarlos por todos los Estados Unidos, algunos de estos niños fueron adoptados por familias americanas y cubanas.

Como parte de la educación especial que necesitaban estos jóvenes, mayormente varones adolescentes, se crearon escuelas, utilizando maestros cubanos, que siguieron el currículo del programa de estudio de bachillerato, que se enseñaba en Cuba. En los responsables de estos estudios primaba la esperanza, de que la estadía de los estudiantes fuera temporal, porque Cuba retomaría su sistema anterior, libre de las ideas recientemente implementadas. En ese caso, los estudiantes serían devueltos a una Cuba libre en pocos meses.

La intención de desarrollar el programa, que comenzó como «Programa de Niños Cubanos Refugiados Sin Acompañante»; y se convirtió en la «Operación Pedro Pan» lo más discretamente posible; a pesar de los contratiempos, en un par de años, lograron salir de Cuba 14,048 niños, entre la edad de 6 y 18 años por este medio.

Tanto, la Crisis de Octubre y otros factores determinantes, como la terminación de los vuelos directos Cuba-Estados Unidos, ocasionaron la decisión de este último país del cese de esta operación. Muchos jóvenes quedaron varados sin poder salir de Cuba por esa vía. Pero ni ellos, ni sus padres se dieron por vencidos en su propósito de emigrar del país. Dentro de su frustración y desesperación no cesaron en recordarles al clero de Cuba y España, y al Gobierno mismo de Estados Unidos, que su compromiso seguía pendiente.

A pesar de esto, Ivonne Conde, periodista independiente comenta en su libro *Operación Pedro Pan*, sobre la historia de los niños representados por la Operación Pedro Pan: «El desconcierto, la soledad, la angustia, el temor, la nostalgia y, quizás, hasta el terror que experimentaron» no es menos cierto.

¿Qué explicación se les daba a los niños para justificar la separación de sus padres, familiares, amigos, noviecitos, escuela, deportes, compañeros, juguetes, su casa, su barrio, sus vecinos, la casa de los abuelos y tíos, mascotas, costumbres, etc. ¿Comprenderían esos niños alguna vez las razones tan poderosas para el abandono y perdonarían? ¿Cómo reemplazar en otro país el amor de su familia, principalmente padres y abuelos, la sobreprotección que caracteriza a los cubanos, su cultura, su idioma, sus costumbres, su clima, su olor…?

«A los mayores no se les juzga, se les obedece».

Desafortunadamente, como consecuencia del desapego, adaptación y las dificultades; algunos de estos niños y jóvenes, al principio de su estadía en Estados Unidos, mostraron tristeza y rebeldía. Sin embargo, una vez alcanzada su etapa de madurez, en su mayoría, a pesar de ser maltratados por la vida, como consecuencia de abandonar su país de origen, sin su familia, por causa de una tiranía que lo gobernaba todo Cuba, mantuvieron sus valores familiares. Ellos se fueron percatando, que en su nuevo país pudieron desarrollar su inteligencia, su sentido de superación, etc. Consecuentemente, fueron conscientes de cuánto no tuvieron sus padres y familiares que sufrir, sacrificándolos a esa separación para alejarlos de un sistema de gobierno abusivo; y que obtuvieran un futuro mejor.

El tiempo transcurrido para que los padres se reunieran con sus hijos que habían viajado a Estados Unidos, sin acompañante, fue diferente en todos los casos.

Después de la aceptación de los padres, de que el nuevo sistema en Cuba no volvería a la normalidad en corto tiempo y ellos, que estaban fichados como «contrarrevolucionarios con hijos en el exterior» decidieron reorganizar su vida junto a sus hijos. Esto no podía ser todo lo pronto que quisieran, dado que algunos padres tenían otros asuntos personales pendientes que atender en Cuba. Entre estos padres había presos políticos, enfermos, etc. Además, a medida que el tiempo transcurría, se iban encontrando otros contratiempos. Por otra parte, algunos padres, a pesar de tener la visa o permiso de entrada a Estados Unido; perder sus trabajos regulares y cumplir con trabajos obligatorios en el campo, la dictadura les retenía el permiso de salida por razones inverosímiles.

Durante el año 1961, el entonces presidente de Estados Unidos concedió cinco millones de dólares con el propósito de cubrir los costos operacionales, para las agencias comprometidas en la atención de los niños. Estas agencias eran representadas por el Departamento de Asistencia Pública y el Departamento de Salud, Educación y Bienestar Social del gobierno del estado de la Florida.

Visa Waiver 1960 - 1962

La Visa Waiver *(waiving the need of a visa)* era una visa otorgada por ese país a ciudadanos de ciertos países por razones de turismo, negocios o tránsito. Su duración era de 90 días.

Dada la solicitud de salida del país de tantos niños, sin acompañante, se hace necesario que el Departamento de Estado contactara al padre Walsh nuevamente, autorizando que una carta firmada por el seria aceptada como documento en representación de la visa Waiver.

El 26 de diciembre de 1960 llegaron a Miami los primeros cinco niños refugiados, sin acompañante, mediante la Visa Waiver.

El 8 de enero de 1961 comienza la dispensación de requisito de Visa Waiver a emitir a todos los niños entre 6 y 16 años. Mientras que para los de 17-18 años era obligatorio remitir primeramente al padre Walsh, los nombres y fechas de nacimiento, por razones de seguridad. Dicho documento le daba la facultad, sin riesgo de ser multados, a ciertas aerolíneas como Pan American, World Airways de USA, KLM, Dutch Airlines de Holanda y algunas otras agencias de viaje de transportar niños cubanos sin acompañante ni visa oficial a Estados Unidos.

En vista de que la situación en Cuba empeoraba, y la convicción de que ya no volvería a su sistema anterior, se crea la necesidad y el deseo de los padres de viajar al encuentro de sus hijos; y, para ello, solicitar también la visa Waiver

El interés de los funcionarios norteamericanos, en conjunto con el padre Walsh y adultos cubanos, en continuar el programa de asistencia para niños refugiados sin acompañante, y lograr la reunificación de los padres con sus hijos en Estados Unidos, logra que el Departamento de Estado autorice al padre Walsh a emitir y conceder las visas Waiver a adultos inclusive.

Esta visa especial también podía concederse a ciertas personas, por razones como persecución política, extrema urgencia y conveniencia del estado que la concede. Aproximadamente 150 mil familiares de los niños que marcharon de Cuba sin acompañante tiempo atrás recibieron visas Waiver y pudieron reunificarse con sus hijos, justo antes de la Crisis de Octubre.

Programa de refugiados cubanos

Durante estos tiempos de inquietud religiosa y social, y a partir de la ruptura unilateral de las relaciones diplomáticas, Estados Unidos se ofrece como refugio político, y se aprueba el Programa de Refugiados Cubanos.

Miembros de la Cámara de Comercio contribuirían igualmente al financiamiento del programa. El propósito era que las grandes firmas norteamericanas intervenidas en Cuba, como las de petróleo: Esso, Standard Oil Co. y la británica, Shell Oil Co., pudieran subministrar los fondos. Esta política asistencial y preferencial contaba con un fondo de aproximadamente 100 mil dólares mensuales. A raíz de lo cual, se creó en Miami el Centro de Emigración para Refugiados Cubanos.

Razones de los padres cubanos de enviar a sus hijos a Estados Unidos

- La idea de que los padres no pudieran ejercer la patria potestad sobre sus hijos, privándolos del derecho de escoger cómo serían criados y educados.
- El temor de los padres, involucrados en actividades contrarrevolucionarias, presos, perseguidos, y eventualmente fusilados, de que el Gobierno fuera a tomar represalias contra sus hijos o a que jóvenes y niños quedaran desamparados.
- La percepción de una guerra civil, y en contra de Estados Unidos, que tuvo dos aspectos: «El primero, vivir en una zona de guerra; y el segundo, el hecho de que sus hijos fueran alistados como militares y adversarios a sus propias familias».
- Dar continuidad al sistema de estudios en la educación religiosa y social, al cual estaban acostumbrados antes de la intervención y el adoctrinamiento comunista.
- Confianza y fe de que este sistema gobernaría por poco tiempo.
- La posibilidad de que, de ser necesario, estudiantes menores de edad reclamaran a sus padres (Ábrenos el camino).

«Para el logro del triunfo, siempre ha sido necesario cruzar la senda del sacrificio».
«En el camino de la vida, hay que persistir, insistir, pero nunca desistir».
«No es lo que se interpone delante de ti, sino quien está a tu lado para apoyarte».
«Aquellos que son más afortunados deben crear un buen ejemplo que ayude a los que no lo son.
«El secreto del triunfo es el valor. Cuál es la razón para quejarse, si no se hace nada por esa razón».

Efecto negativo de la reunificacion de padres e hijos en Estados Unidos

- La frustración de los hijos de que los padres no comprendieran lo difícil de adaptarse a una nueva vida durante el tiempo de separación, en un país diferente en todos sentidos, especialmente en cultura, idioma e idiosincrasia, en general.
- Pasados unos años, cuando los familiares lograran reunirse con sus hijos que dejaron de ver siendo pequeños, se encontraran a un hijo adolescente, americanizado y hasta resentido por la separación, en algunos casos, diferente al que ellos hubieran esperado encontrar.
- La separación de hermanos por edad y sexo en los albergues, Foster Homes y escuelas.
- La expectativa de algunos padres que teniendo a sus hijos en Estados Unidos podrían conseguir rápidamente la visa como reclamación de un menor, para salir ellos después de ser necesario (vete tú adelante y ábrenos el camino).
- La responsabilidad que se les impuso a los hijos, al forjarse la meta de no solamente adaptarse al medio, sino reclamar a sus familiares.
- Niños que creían que sus padres no los amaban, por haberlos mandado lejos de su lado.
- Niños que no estaban preparados para el trauma de la separación, que los obligo a madurar prematuramente.
- El tiempo y la adversidad los había cambiado a ambos. Algunos padres no llegaban a comprender, ni muchos podían conformar, las expectativas de sus hijos.
- Algunos hijos se convertían en el padre/madre de sus padres, al tener que enseñarles cómo vivir en Estados Unidos y las ventajas de hablar inglés.
- Los padres viviendo la preocupación y ansiedad en Cuba, sin saber en realidad, cómo la estaban pasando sus hijos, pero con el consuelo que, dada la situación de Cuba, su empeoramiento, estaban mejor en Estados Unidos. En cambio, los niños solo pensaban en el alto precio que tuvieron que pagar para salir adelante.
- Disolución de lazos filiales de padres e hijos, y entre las familias.

Sin embargo, a pesar de todo este drama familiar, la mayoría de esos niños y jóvenes entendieron posteriormente, de una u otra manera, que las causas que llevaron a sus padres (tan queridos de ambas partes) a tomar la decisión de alejarlos de lo para ellos tan conocido y querido, estaban justificadas.

Se rompen las relaciones diplomáticas

3 de enero de 1961

La responsabilidad de la terrible decisión, de que Estados Unidos rompiera relaciones diplomáticas con Cuba, la tuvieron ambos países. La dictadura comunista creada por la Revolución cubana, y la falta de determinación de Estados Unidos al permitir que la USSR se involucrara en los intereses americanos. Una vez, que la Unión Soviética comenzó a comprar el azúcar, a lo que los EU se habían negado, por las condiciones existentes, la misma USSR, a nombre de la dictadura, comenzó a adquirir el control del país.

Después del triunfo de la Revolución se efectuaron demostraciones contrarrevolucionarias en las ciudades, y en los campos. El comandante Fidel Castro acusó al gobierno de los Estados Unidos de estar detrás de esto, así como de una posible invasión. En la embajada americana surgían confrontaciones, entre los empleados, debido a las diferencias de opiniones políticas. La nacionalización de las empresas americanas establecidas en Cuba, empeoraban las relaciones y se anunciaba por parte de Estados Unidos la ruptura de las relaciones diplomáticas; y a su vez, el cierre de la embajada en La Habana. Fuerzas protectoras fueron designadas para representar a cada país, en la capital del otro. Los Estados Unidos fueron representados en La Habana por empleados diplomáticos suizos de la Sección de Intereses de Suiza. Cuba fue representada en Washington, por los checos de la Sección de Intereses de Checoslovaquia.

Como consecuencia del rompimiento de las relaciones, se termina el programa de Operación Pedro Pan. Había entonces que buscar otra vía que protegiera a los niños y jóvenes que viajaban a Estados Unidos sin acompañante. El último vuelo de niños que llegaron a Miami por medio de ese programa fue el 22 de octubre de 1962.

Visa I-20

La visa I-20 era una visa solicitada a los consulados americanos, por jóvenes extranjeros para estudiar en Estados Unidos. Como requerimiento, era necesario que un centro educacional en Estados Unidos certificara la admisión de los estudiantes. En el caso de los jóvenes cubanos, para obtener las visas de estudiantes, Catholic Welfare Bureau creó un documento, que garantizaba el traslado de esos estudiantes de Cuba a Estados Unidos a través de otro país, solicitado por personas interesadas, tales como parientes, amigos, etc., con la colaboración de organizaciones católicas para los trámites necesarios.

Ataque a Playa Girón/Bahía de Cochinos

17 de abril de 1961

Un grupo de 1,500 asilados cubanos en Estados Unidos, agrupados bajo el nombre de la brigada 2506, planearon una invasión a Cuba, patrocinada por el Gobierno norteamericano. El ataque fue por mar, por la región de Bahía de Cochinos, Matanzas. El desembarco se llevó a cabo en Playa Girón, mientras tres aviones norteamericanos atacaban tres aeropuertos. Pero todo esto fue un fracaso, dado que la operación se enfrentó a una resistencia militar, que ya estaba organizada y preparada. Pero lo principal del fracaso fue que el gobierno estadounidense (dirigido por el presidente John F. Kennedy), que se había comprometido con el apoyo a la invasión, no cumplió. A última hora, no dio su apoyo con barcos y aviones, como había prometido.

Desde días antes y durante el ataque de la Brigada 2506, varios residentes cubanos, a los que el régimen de la isla veía como sospechosos de ser contrarrevolucionarios, fueron víctimas de represión por parte del mismo Gobierno revolucionario. De acuerdo con el nivel de sospecha de que estuvieran conspirando, miles de cubanos fueron encarcelados o detenidos en estadios deportivos, y hasta en sus propias casas.

A partir de esa victoria, el Gobierno cubano aumentó la represión, y reforzó el ejército, además de que contó con la ayuda, adicional, de la Unión Soviética. Fue entonces, cuando, aprovechando la oportunidad, y debido al compromiso con la Unión de Repúblicas Socialistas Soviéticas (URSS), el comandante en jefe, Fidel Castro, declaró la Revolución cubana como una Revolución socialista bajo la ideología del marxismo-leninismo.

Según una declaración de Winston Churchill, político y estadista británico, conocido por su liderazgo durante la Segunda Guerra Mundial: «El socialismo es la filosofía del fracaso, el credo a la ignorancia, y la prédica a la envidia. Su virtud inherente es la distribución igualitaria de la miseria».

En vista, de que los cambios se iban haciendo irreversibles en esta sociedad, el pueblo se preparó y se acogió al convencimiento de que aquel que no estuviera de acuerdo con el nuevo sistema, tenía que empezar a cambiar su idea de que la emigración no sería temporaria, sino permanente. De esta manera, aumento el éxodo de cubanos, incluyendo niños sin acompañante.

48 Libreta de abastecimiento

12 de marzo de 1962

A pesar de todas las promesas sobre los «exitosos logros» de la Revolución, durante los discursos del Comandante en Jefe, Fidel Castro, el país carecía hasta de lo más necesario. Como consecuencia, se estableció un sistema de racionalización por medio de una llamada libreta (o cartilla) de abastecimiento para cada núcleo familiar.

Por este medio, cada ciudadano, de acuerdo con su edad y estado de salud, tenía (y aún, después de más de 55 años, tiene) derecho a una cuota de productos de comida, ropa, higiene o uso personal, etc.

Este sistema de racionamiento y frecuencia con que a cada persona se le permitía comprar, era controlado por una oficina establecida por áreas regionales, llamada OFICODA.

El poder social del Comité de Defensa de la Revolución (CDR) fue creciendo, y así, de hecho, controlaban cada día más la privacidad de los ciudadanos; incluyendo lo que se hacía en/y para sus hogares. Tal era este control, que obligaba a los vecinos a tener que tratar de ocultar el olor a comida, pues por medio de este, se podía identificar si el olor de lo que se cocinaba, provenía de comestibles adquiridos por la libreta de racionamiento o por otros medios. Lo que era adquirido fuera de la libreta era ilegal tenerlo y consumirlo en casa, y por ello cualquier familia descubierta podía ser denunciada a las autoridades.

Crisis de los misiles o Crisis de Octubre

24 de octubre de 1962

A partir de la victoria del Gobierno revolucionario en la Operación Bahía de Cochinos, se incrementa el acercamiento del régimen a la URSS. Fidel Castro, en sus ansias de poder, considera que la instalación de misiles soviéticos en la isla, le daría protección para avanzar en el proceso revolucionario sin interferencia. Circunstancia que casi hace estallar una guerra nuclear provocada por Cuba, entre Estados Unidos y la Unión Soviética.

A principios de octubre de 1962, el espionaje estadounidense descubre por medio de una serie de fotografías aéreas, que la isla de Cuba contaba con misiles balísticos con cabezas nucleares, que podían alcanzar el territorio estadounidense.

Dado lo peligroso de esta situación, el gobierno americano en Washington considera dos opciones: un ataque aéreo que destruyese los misiles, o imponer un bloqueo que impidiese que buques soviéticos llegaran con el material adicional, que completaría las instalaciones de las baterías nucleares.

El gabinete de crisis del entonces presidente, John F. Kennedy, decidió apostar por el bloqueo, sin descartar el uso de la fuerza de ser necesario. El 19 de octubre, el alto Estado Mayor y algunos miembros del gabinete presionaron al presidente para que se llevara a cabo un ataque aéreo sobre Cuba para destruir los misiles como precaución. Pero, el presidente, al no obtener seguridad de que, durante el ataque, todos los misiles serian destruidos, determinó continuar con el bloqueo.

Durante este tiempo, aviones americanos detectaron que una flota de buques soviéticos, que portaban misiles adicionales a los ya establecidos en suelo cubano, estuvo a punto de tocar la línea imaginaria de bloqueo, que EE. UU. Había marcado en torno a Cuba. El sábado 27 de octubre, fue el peor momento de toda la crisis. Fidel Castro envió un telegrama al primer secretario del Partido Comunista Soviético, Nikita Khrushchev, urgiéndole a usar las armas contra el enemigo común, Estados Unidos

Como apoyo, la URSS preparó sus cabezas nucleares dentro de Cuba. A su vez, un avión estadounidense de reconocimiento fue derribado por militares cubanos, y otro se perdió en el espacio aéreo soviético. Un submarino nuclear soviético fue obligado a subir a la superficie por la Marina de Estados Unidos. El Estado Mayor en Washington se preparó, para lanzar una invasión sobre la isla, mientras que buques soviéticos se acercaban a la base de Guantánamo.

Cualquiera de estos incidentes podría haber sido fatal, pero ambas partes EE. UU. y la URSS ofrecieron concesiones con el fin de evitar una guerra nuclear. Gracias a la firmeza y diplomacia del Gobierno de Washington, durante la presidencia de J. F. Kennedy, y el sentido de responsabilidad del primer secretario Nikita Khrushchev; como parte de un tratado entre ambas potencias, hizo que los buques soviéticos diesen vuelta hacia URSS, y los soviéticos desmantelaron sus misiles en Cuba. Después EE. UU. retiró sus misiles del mismo tipo que tenía instalado en la frontera con Turquía apuntando para URSS.[1]

Pero ¿cómo saber si el transporte del armamento nuclear de la URSS hacia Cuba no era una estrategia para conseguir la retirada de Estados Unidos de Turquía?

En realidad las condiciones de ese tratado gubernamental no fueron publicadas en su totalidad.

De cualquier manera, presidentes Kennedy y Khruschev fueron prudentes estadistas, que tuvieron en cuenta que la confrontación ideológica, no justificaba arriesgar la vida de millones de personas en una guerra nuclear. La URSS no acató la voluntad de Fidel Castro de ir a una Tercera Guerra Mundial.

Para Cuba, esta peligrosa crisis significó reafirmar su papel dependiente de la URSS. Para Fidel Castro, en lo personal, significó fortalecer su posición de comandante en jefe, y así diversificar sus alianzas internacionales. Desde entonces, el sistema político

---

[1] willia-cornelius-van horne «Gigante del Norte». Revista *Palabra Abierta*.

de Cuba comenzó a apoyar a todos los movimientos revolucionarios en África, Asia y América Latina, y enviar a jóvenes cubanos a pelear en guerras que apenas entendían. De alguna manera, el camino del «Che» Guevara hacia África, y luego Bolivia, empezó en la Crisis de los Misiles.

UMAP (unidad militar de ayuda a la producción), 1965-1968

Así se nombraron los campos de trabajo obligatorio donde se llegaron a reclutar a unos 35 mil jóvenes que se reviraban contra el nuevo sistema, por razones como negarse a cumplir con el Servicio Militar Obligatorio u otras organizaciones, o porque eran homosexuales o miembros de algunas religiones, principalmente como la católica y los Testigos de Jehová. La justificación entonces era que esos jóvenes necesitaban ser reeducados por el gobierno revolucionario. Se les calificaba con la palabra «Lumpens» con un salario de 7.00 pesos mensuales; igual al de los reclutados para el Servicio Militar Obligatorio; los domingos los tenían libres. Las consecuencias para algunos reclusos fueron el suicidio, otros murieron a causa de las torturas y otros llegaron a parar en lugares de reclutamiento psiquiátrico.

Puerto de Camarioca. 10 de octubre de 1965

15 de noviembre de 1965

Al desencadenarse la Crisis de los Misiles, se suspenden los vuelos directos procedentes de Cuba a Estados Unidos. A causa de esta medida arbitraria quedaron 50 mil jóvenes cubanos, a los que se les había entregado la visa *waiver,* que no pudieron volar. El 22 de octubre de 1962 despego el último vuelo de Aureolinas Pan Americanas, donde viajaban los últimos niños de la Operación Pedro Pan.

Como consecuencia, de la suspensión de los vuelos directos y, por otra parte, el embargo impuesto a Cuba por Estados Unidos, se creó un incentivo para las salidas ilegales. Los cubanos marchaban hacia el sur de la Florida, por vía marítima, en cualquier tipo de embarcación. Se construyeron balsas, a escondidas de las autoridades, que eran lo suficientemente rusticas como para poner en peligro la vida de los audaces cubanos, conocidos como balseros.

En febrero de 1963, el presidente Kennedy anunció que cubanos, llegados a su país directamente desde la isla, serían recibidos como refugiados políticos. En cambio, los que llegaran provenientes de terceros países, se considerarían como cualquier extranjero, sujeto a todas las leyes migratorias. Esto aumento el incentivo para que los cubanos emigrantes usasen la vía marítima, mediante cualquier tipo de embarcación. Algo que hacía a Cuba y Estados Unidos responsables de ese descontrol, porque en realidad no se debía seguir permitiendo algo que estuviera costando la vida de tantos balseros.

En 28 de septiembre de 1965 Fidel Castro, de común acuerdo con el gobierno norteamericano, anuncia que para que la emigración fuese legal, facilitando la reunificación familiar en EU, se permitiría a cubanos residentes en ese país, llegar al puerto de Camarioca en Matanzas mediante embarcaciones privadas a recoger sus familiares.

Los padres de los niños, que habían salido sin acompañante, tendrían la prioridad de esa salida marítima. Desafortunadamente, todos los padres no tuvieron la oportunidad de salir por esa vía. Algunos eran retenidos en Cuba con o sin causas justificadas. Mientras que otros solo contaban con los familiares que los pudieran recoger.

Durante este periodo, y por esa vía, emigraron aproximadamente 2,700 personas. Otras 2,014 quedaron en Camarioca, hasta que fueron recogidas por barcos alquilados por el gobierno de Estados Unidos.

Esta forma de salida del país para los cubanos fue el resultado de los primeros acuerdos migratorios suscriptos entre los gobiernos de Cuba y Estados Unidos.

Vuelos de la libertad / puente aéreo

1 de diciembre de 1965 - abril de 1973

José Miró Cardona, abogado y político cubano, que se desempeñó como primer ministro y embajador en España por los dos primeros años de la Revolución, para después convertirse en opositor dado el rumbo procomunista que tomo el régimen cubano, escribió: «Cada refugiado cubano lleve consigo un mensaje del verdadero espíritu de los cubanos; su amor a la libertad y su ansia de convertir la tristeza de abandonar su patria en la inspiración de prepararse para un futuro brillante en tierra de libertad».

La crisis de los cubanos emigrando por mar legal o ilegalmente ocasionó el establecimiento de un programa formal y ordenado. Según el acuerdo de ambos países de establecer un puente aéreo; aviones norteamericanos recogerían a los emigrantes en el aeropuerto de Camarioca, Matanzas, con destino a Miami. Esta vía de emigración se llamó Puente Aéreo o Vuelos de la Libertad.

Después de terminada la Operación Pedro Pan, continuaron arribando a Miami, acogidos al programa, niños/jóvenes sin acompañante, por medio de los Vuelos de la Libertad. A partir de enero de 1966, salían dos aviones diarios, cinco veces por semana que lograron sacar del país a 297318 personas.

Este programa, que pretendió una emigración ordenada, por medio de Estados Unidos, trajo medidas y requisitos por parte del gobierno cubano:

- No se permitiría la salida de presos políticos, jóvenes varones en edad militar de 15 a 27 años, profesionales, ni técnicos necesarios para la producción económica.
- Una vez que se presentaba la solicitud de permiso para salir del país, jóvenes y adultos eran despedidos de su centro de estudio o trabajo. Hasta el momento del aviso de salida del país quedaban obligados a trabajar en áreas del campo, donde el régimen decidiera ubicarlos; lo mismo en las labores de agricultura que en la cría de animales,
- El gobierno decidía a quién y cuándo otorgaba el permiso de salida del país. Inclusive padres de niños sin acompañante,

que viajaron a Miami por el programa en 1962, recién pudieron utilizar esta vía para reunirse con sus hijos en 1966.
- Se prohibía llevar dinero en el viaje. Se permitían pocos artículos de uso personal.
- Como ya el viaje se consideraba sin regreso, las casas y sus contenidos, incluyendo muebles, efectos eléctricos, efectos domésticos, ropa de cama, etc., al igual que los autos, pasaban a ser propiedad del gobierno.
- Una vez que el núcleo familiar solicitaba el permiso de salida del país, un oficial acompañado de un miembro del Comité de Defensa llegaba sorpresivamente a la casa del solicitante para hacer un inventario de los contenidos del hogar. Más adelante, otro oficial acompañado de un miembro del Comité de Defensa llegaba asimismo sorpresivamente a la casa para entregar el permiso de salida. Después de corroborar el inventario, el oficial ponía un sello en la puerta principal que atestiguaba, que esa propiedad pertenecía al Gobierno.
- Una vez terminado este proceso de confiscación, los dueños quedaban expropiados de su casa y carro, si tenían, y quedaban fuera de su casa para siempre. De esta manera, vivirían en cualquier otro lugar, mientras esperaban la fecha del viaje.

Ley de ajuste cubano - 2 de noviembre de 1966

Acta de ley federal promulgada por el Congreso 89 de Estados Unidos, y oficialmente firmada por el presidente Lyndon Johnson. Esta ley aplica y legaliza el estatus de los emigrantes cubanos, siendo cualquier nativo o ciudadano de Cuba quien ha sido inspeccionado y admitido en EU después del 1 de enero de 1959 (triunfo de la Revolución cubana) por vía legal/ilegal. Garantiza la protección a refugiados políticos cubanos para entrar en el país, eliminando regulaciones existentes. Exime algunas restricciones por terceros países establecidas por la Ley Migratoria, condiciones que son impuestas a la mayoría de los inmigrantes. De esta manera se reafirma más claramente, el tratamiento articular para la inmigración cubana al concederle asilo político.

Igualmente, la ley daba la posibilidad de ajustar el estatus migratorio de los cubanos para que pudieran trabajar por medio de un permiso de trabajo, hasta obtener la residencia a los dos años y un día de permanecer en territorio estadounidense.

En 1976 se hizo, entre otras, una enmienda a esta ley. De esta manera, se podría adquirir la residencia permanente al año y un día de permanecer en el país, en vez de dos años y un día. Así, se acortaba el plazo de obtención de la ciudadanía americana.

Las visas de inmigrantes son emitidas a los padres, esposos, e hijos (menores de 21 años y solteros) que fueran reclamados por ciudadanos americanos.

Operación Madrid

Octubre de 1962 a 1970

Al suprimirse los vuelos directos entre Cuba y Estados Unidos, en octubre de 1962, España, Jamaica y México se convierten en los terceros países, como únicas rutas legales para refugiados cubanos con destino a Estados Unidos.

La salida de Cuba por España, como destino intermedio, se comienza a utilizar también para esos niños y jóvenes de la Operación Pedro Pan quedados en Cuba, por su terminación, y otros que intentaban salir seguían queriendo, o teniendo que salir sin acompañante. Este sistema es denominado «Operación Madrid».

De esta Operación se ha hablado muy poco; pero logró sacar de Cuba hacia España, aproximadamente a unos tres mil niños y jóvenes, un promedio de 11 de ellos semanales. En este caso, los varones tenían menos de 15 años, por estar sujetos a las medidas de la edad militar en Cuba. La edad de las niñas no tenía límite. A su llegada a España los niños fueron igualmente atendidos por miembros de la Iglesia católica de ese país, junto a sacerdotes, religiosos y laicos y familiares, también emigrados de Cuba.

La Operación Madrid fue diferente. Por medio de La Operación Pedro Pan salieron niños y jóvenes, usando la visa *waiver*. En este programa se utilizaba el visado español regular. A pesar de la aparente diferencia entre ambos programas, usando diferentes métodos, eran iguales en propósitos y destino final.

Un fraile franciscano, el Padre Antonio Camiñas inició la Operación Madrid, dirigida por un matrimonio cubano, Roberto y Olga Guerra. A su vez, el Padre, Gerardo Fernández, un capellán madrileño del colegio Hermanos Maristas, tuvo la responsabilidad de recibir los niños en el aeropuerto de Madrid, y llevarlos a la agencia para el comienzo del proceso de su estancia temporal en España con destino a Estados Unidos, y reubicarlos en centros, campamentos y colegios católicos.

Para el año 1968, un promedio de 416 niños cubanos había sido alojados en centros creados por la Iglesia católica y una fundación privada en España. De cualquier manera, los familiares en Estados Unidos eran responsables por su estadía económica, mientras se procesaba su reclamación por medio de un *afidávit* y la visa I-20.

Para estos niños, también la nostalgia y sensación de estar en un limbo no tenía precedente. A pesar de estar conscientes de que no había posibilidad de regreso, la espera entre personas extrañas y en un país desconocido era desesperante.

Planes de salida del país - 1966

Después de mucho tiempo e indecisión por parte de mis padres de salir por salir los cuatro por los vuelos de la libertad, una vez cerrada esa vía; y acercándose mi hermano a la edad militar, se considera la probabilidad de salir del país mi hermano y yo, vía España, por el programa de niños sin acompañantes de la Operación Madrid.

Ahí se siguen complicando más las cosas. El tiempo para que mi hermano cumpliera los 15 años se acercaba. ¡Qué ironía, yo anhelando mi cumpleaños de los quince para celebrar, y los de mi hermano creando una tragedia familiar!

Entonces se toma la decisión definitiva. Pero en vez de consultar a la organización católica, responsable de asesorar a las familias interesadas en enviar a los jóvenes sin acompañante a Estados Unidos por España, mi madre consulta a mi prima Cary, al respecto. El padre de mi prima, ya fallecido, y Ramón, su hermano mayor habían emigrado a Cuba de un pueblo en Asturias. El cariño, respeto y comunicación con la familia de la casa materna siempre quedó por viajes de visita, por parte del tío Ramón, o por cartas, por parte de Cary y su prima María Josefa, aunque no se conocieran personalmente.

El plan, de que mi hermano y yo saliéramos por España, lo antes posible, con el propósito de librar a mi hermano de la edad militar, se le expuso al tío Ramón por medio de Cary. Ramón estuvo muy de acuerdo por tratarse de los sobrinos políticos de su difunto hermano, con quienes existía una buena relación. El siguiente paso fue que Cary le escribiera a la familia, en nombre de tío Ramón para exponerles la necesidad de su ayuda. Hasta entonces, esperando por la carta por enviar; y la anhelada respuesta, el tiempo parecía interminable; y la tensión cada vez mayor. Cary les explico y consultó por una carta dirigida a su prima, para el consentimiento y apoyo por parte del resto de la familia de la casa materna.

El proyecto consistía en que, mi hermano y yo fuéramos acogidos y representados por ellos en el corto período de nuestra estadía en España, de paso hacia Nueva York, desde donde nos reclamaban mis tíos/padrinos con el compromiso y responsabilidad de respaldarnos económicamente.

Lo que no sabíamos en Cuba era que los familiares del tío Ramón vivían en un pueblito, entre montañas, a dos kilómetros de Luarca, la ciudad o villa, que no estaba preparada para gestionar documentos a jóvenes estudiantes, refugiados cubanos. Madrid estaba a muchos kilómetros y horas por tren.

Igualmente, una vez aprobada nuestra estadía con el consentimiento del viaje por los familiares residentes en España, se solicitó el compromiso y el dinero del pasaje, por parte de los tíos/padrinos.

Finalmente, el 16 de marzo de 1967, después de recibir lo pendiente por mis tíos / padrinos, un día antes de cumplir mi hermano los 14 años, se solicitaron las visas en el consulado español, y se hizo la solicitud de permiso pertinente, al gobierno cubano.

Cirugías - 1968

Por mi parte, mientras se hacían las gestiones para la salida del país, me enfermé de septicemia, debido a una inyección en mal estado que se enquistó, y que estuve ocultando por el pudor de no tener que ir al doctor a que me examinara. En su lugar, una señora me daba masajes para disolver la fistula que se había formado, y lo que ocasionó fue que la infección se profundizara e infectara.

Cuando ya no podía ocultar la fiebre y el decaimiento, mi madre me llevo a uno de los médicos, vecino y pariente de Pipo Narciso, el tío político que hizo de abuelo en mi crianza. El doctor Concepción, que era a su vez tío de mi amigo Robertico, el que me perseguía en la bicicleta en el parque, aconsejó ver a un cirujano de inmediato.

Mi madre, a instancias mías, que no podía seguir disimulando lo mal que me sentía, habló con Julia, una de mis tías políticas para que su hermano, el cirujano, doctor Antonio Cotarelo, me consultara. Tonito para los más íntimos, sufría de depresión en esos momentos, ya sea porque planeaba salir del país por España con su esposa e hijo, y se debatía en la decisión de dejar a su madre, y su patria, o porque una vez presentado su plan al Gobierno, perdería su profesión, y se pondría en manos del régimen. Sus otros hermanos habían logrado su salida por los Vuelos de la Libertad porque no eran médicos.

El doctor Cotarelo aceptó verme en la quinta Covadonga, donde ejercía, y estimó que había que operar de inmediato. La cirugía fue un fracaso, pues por evitar dejar la menor cicatriz posible, y no contando con manera de anestesiarme, ni siquiera localmente por falta de anestesia, cortó suficiente como para extraer parte del líquido acumulado, pero no logró abrir y profundizar lo necesario. Al menos, la infección se detuvo por el momento, evitando que se desarrollara la septicemia. Durante el procedimiento, era tal el dolor, que mi padre y mi tía Cuca, quienes me acompañaban, escuchaban mis gritos a distancia, afuera del consultorio.

En 1847, Cuba fue el primer país de Iberoamérica donde se aplicó anestesia con éter.
En 1907, se estrenó en La Habana el primer departamento de rayos X de Latinoamérica.

Días después, yo volvía a la quinta con fiebre, donde me internaron de inmediato.

La necesidad de una segunda cirugía hizo que mi madre contactara a otro cirujano, el doctor Antonio del Rio. Niquito, para los más íntimos había crecido en el ambiente familiar de mis padres. Es más, había sido admirador de mi tía/madrina.

Desde muy joven, el doctor Del Rio empezó trabajando en la Quinta Covadonga haciendo labores en general mientras estudiaba enfermería. Ejerció como enfermero y continuó su carrera hasta convertirse en un reconocido cirujano.

Él amaba su profesión, pero la presión del trabajo obligatorio para pagar el permiso de salida del país, en su caso por España, le creó una tensión que, al parecer, también le estaba afectando en su profesión.

Durante la segunda cirugía, esta vez con anestesia local, el doctor notó que la infección se había extendido demasiado, entonces limpiaron la herida y pararon. El doctor informó a mi madre que no pudieron proseguir con la cirugía, pues dada las condiciones, había que hacer una operación más complicada para poder profundizar más. Dado el caso, de que la anestesia requerida, ya fuera por medio de raquídea o general estaba controlada por el Gobierno, el paciente tenía que solicitarla personalmente.

Regresé a casa con la tercera cirugía pendiente. El tiempo pasaba, sin aviso del viaje a España a pesar de que mi madre y yo íbamos al Ministerio del Interior (conectado con Emigración) en el Laguito de La Habana, a ver si lográbamos acelerar el proceso. Fue inútil, porque mi hermano cumplió sus 15 años. Esto significaba que no podía marchar de Cuba hasta después de cumplir 27 años, de acuerdo con la prohibición, por la ley sobre la edad militar.

La angustia familiar, y de mi hermano en particular, fue tremenda. Esto aparte de todo, nos ponía en el peligro de salir él en balsa, de una manera oculta hacia Miami. Afortunadamente, a raíz de este drama, se escucharon situaciones en las que, aunque en edad militar, los jóvenes podían viajar por la aerolínea KLM a un precio de $1,000.00 por pasajero.

La esperanza de que yo viajara sola y consiguiera el dinero para luego viajar él, serviría de puente, para toda la familia. Entonces se me creó ese compromiso. Comprendí que la situación del país empeoraba cada vez más, y aumentaba en las personas los deseos de salir, a pesar de todo lo que dejaban atrás definitivamente.

Mientras tanto, como todos estaban pendientes del cumpleaños de los 15 de mi hermano, como una fecha clave, mi prima Cary ya había escrito a su familia en España, explicándoles que, dado la prohibición de mi hermano poder salir por haber cumplido la edad militar, se suspendía nuestro viaje, pero igual quedaban muy agradecidos.

El problema, entonces era conseguir la anestesia adecuada para la tercera operación. En vista de que el tiempo iba pasando y mi mal se iba agravando, tuve una entrevista con el director del Departamento de Anestesiología de la Quinta Covadonga, quien me explicó que la anestesia escaseaba y se proveía solamente para casos muy serios y de emergencia.

Durante este proceso, llegó el permiso de salida del país para mí sola. ¿Estaba hecho a propósito? Considerando la posibilidad de que únicamente saliendo yo, se podría conseguir ese dinero para la salida de mi hermano por la vía especial, y que yo sería la única capaz de abrir camino para la salida del país de los demás familiares, hubo que tomar definitivamente la decisión de salir yo sola por España. Entonces se solicitó al Ministerio del Interior, una prórroga del permiso de salida por razones de salud.

Finalmente, después de muchos trámites, se consiguió hacer la cirugía con anestesia por raquídea. Los días postoperatorios fueron terribles con los dolores de la herida, los dolores de migraña por la anestesia y la falta de medicamentos; y ¡qué hablar de los alimentos! Como me gustaba leer, y no podía hacerlo por la migraña, mi madre me leía para calmarme y distraerme un poco.

El doctor hizo la primera cura delante de mi madre, que haciéndose la fuerte, porque lo era, le dio fatiga mientras el doctor le comentaba sobre mi valentía, para distraernos a las dos. La profundidad de la herida era enorme, y no se le podía dar puntos, sino aplicar una pomada de nitrato de plata y poner una mecha de gaza, que evitaba que la herida fuera cerrando por sí sola, sino que permitía la formación del tejido para que curara, de adentro hacia fuera.

A causa de la infección, el pelo se me caía a montones, suerte que hasta el momento no se notaba su falta, dada la cantidad de pelo que yo tenía. Pero siempre hay una compensación, y para mí fue el apoyo de mi familia y amistades, aunque fuera visitándome durante el ingreso. Mi prima Delia, quien trabajaba en la Universidad de La Habana, escondía el yogurt que le tocaba en el almuerzo, para llevármelo a la quinta. Dávila, que parecía más enfermo que yo, pero su presencia me reconfortaba. No sé cómo mi madre se podía dividir entre mi abuela enferma, hombres en casa que atender, colas para conseguir que cocinar, y pasar un rato conmigo. Las demás curas, inclusive después del alta médica, se hicieron bastante complicadas y lentas, aunque atendidas por una enfermera excelente.

Sin estar completamente recuperada de la herida, me llegó otra vez mi permiso de salida del país. Yo no tendría quien me esperara en el aeropuerto, ni a dónde ir, pues una amistad de mi madre que vivía en Madrid no tenía comunicación en su teléfono. Cuando pensaron en mandar un telegrama, ya era tarde para avisarles.

Por el temor y la inseguridad de aceptar el viaje, consultamos el tema con el doctor. Aunque la herida no estaba sana, la enfermera y él consideraron que valía la pena interrumpir la cura y continuarla en España para no perder la oportunidad, pues de no aceptarse el viaje esta vez, no se sabía lo que se podía presentar.

El día 4 de noviembre fue la última cura de mi herida en Cuba, y la solicitud del certificado médico que me autorizaba a viajar. Nadie se percató de lo largo del viaje y lo desconocido de la llegada a Madrid; y que semejante herida no podía quedar tantos días sin hacer las curas.

Al parecer, por falta de experiencia, comunicación y medios, la familia de España, que nos acogería a mi hermano y a mí, no se enteró de la decisión de salir yo sola, hasta que ya tenía el viaje listo. De todas maneras, para ellos sería muy complicado esperarme en el aeropuerto de Madrid. Asturias quedaba muy lejos de Madrid. Una de las tías de Cary y el esposo tenían un apartamento en Oviedo, pero su residencia permanente era en el pueblo.

Mi prima Cary no había puesto al corriente a su esposo, integrado en el proceso revolucionario, de mi salida del país por temor a su reacción, pero igualmente se lo tuvo que informar para convencerlo de que la llevara a mi casa en su carro del gobierno para despedirme. Él se sorprendió, pero igual me tenía cariño y aceptó con la condición de que no se bajaría del carro. Yo estaba segura de que era para no verse comprometido, y de paso evitaba la emoción. De todas formas, cuando acompañé a mi prima al carro aguantando el llanto, él me llamó flaca y nos saludamos como siempre.

Prechequeo - 5 de noviembre de 1968

El día anterior al viaje, fuimos al aeropuerto de La Habana para el prechequeo. Este consistía en revisar el equipaje y los documentos que llevarías en el viaje. Durante la cola, llamaron al matrimonio que estaba detrás de nosotros y notamos que la señora llevaba el segundo apellido de mi padre y vivía en Pinar del Rio, de donde era originalmente la familia de mi padre. Los nombres del matrimonio eran Justa y Fabio. Mi madre, en su ansiedad de sentirme protegida, busca conversación, por medio del apellido, y les pide por favor que no me dejen sola durante la travesía, hasta que encuentre un lugar seguro donde relacionarme. ¿Esto significaba irme con ellos a donde fueran a parar? Ni ella misma sabia hasta donde les pedía tal responsabilidad, ni cual sería mi destino por el momento.

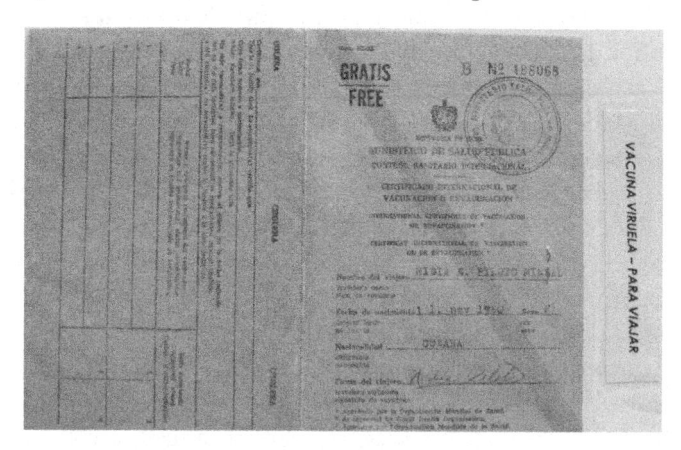

Mi equipaje consistía en un neceser que había dejado mi madrina y que me encantaba. Mis pertenencias eran un vestido, un pijama de una tela muy finita que yo usaba, una bata de casa calentita, hecha con tela de algodón y forrada con frazadas nuevas de limpiar el piso, dos *blumers*, un ajustador, y un par de zapatos. Al parecer, durante la revisión del equipaje, a la oficial le gustó el neceser, pues nos dijo que ese tipo de maleta no estaba permitido. Entonces, lo vacío de mis pertenencias, lo decomisó y se lo quedó. Mis pertenencias me las devolvieron en bolsas de papel.

De regreso a casa rompí mi diario, y toda mi correspondencia, y llorando, sentí que dejaba mi niñez y parte de mi juventud para siempre. Luego, me tocó despedirme de mi abuela, que estaba viviendo en mi casa, pero por su mejoría, mi madre la había llevado a vivir de vuelta en su casa temporalmente. Ella contaba con familia a su alrededor que la atendería. Entonces llegué sola como quería. Sin informarle la noticia de mi salida, hablamos normalmente, pero me acosté en su cama y absorbí el olor de su almohada lo más que pude para impregnármelo. Dada su edad y su salud, temía que esa fuera la última vez que la vería.

De ahí en adelante fue que empecé a sentir la tristeza de la separación; se me apretaba el pecho y tenía enormes ganas de llorar y gritar mi desesperación. Además, que, entre los detalles del esperado viaje y la visita de la familia, el aturdimiento me agotaba y agobiaba.

Día del viaje

6 de noviembre de 1968

La mañana del viaje me puse un vestido de manga larga hecho con una tela fina, que había dejado mi madrina en casa, ropa interior, un par de zapatos, una sortija y un reloj. Llevaba un abrigo de color verde chatre, hecho de otra tela que dejó mi madrina y forrado con frazadas de piso nuevas y un par de guantes. Mi madre se acordó que el billete de $20.00 dólares que había dejado mi madrina, los había cocido al dobladillo del abrigo, para que no me fuera sin dinero; pero mi papá no estuvo de acuerdo, por miedo a que me descubrieran en el aeropuerto. Se sacó el billete del dobladillo y quede todavía más desamparada para viajar. Tener dólares era ilegal, y sacarlos del país, aún más.

Justo antes de salir de casa, fui a hacer lo que creía era lo peor: «Despedirme de mis tíos que eran como mis abuelos que eran mi adoración, y yo la de ellos». Yo los llamaba Tita y Pipo. Llegue sola y no encontrábamos palabras, ni acciones, ni podía desprenderme de ellos. Cuando me abrasé a mi Pipo Narciso pensé que se me venía el mundo encima; pero le aseguré que nos volveríamos a ver pronto. Desde ese momento, me parece que la angustia tomó más fuerza, y me empecé a sentir como flotando.

Llegué al aeropuerto muy temprano, acompañada de la familia y amistades, que cupieron en el carro de mi papa. Llegó mi noviecito, que había violado el pase de su beca para vernos por última vez. La hora de la despedida de todos fue demasiado terrible para contar.

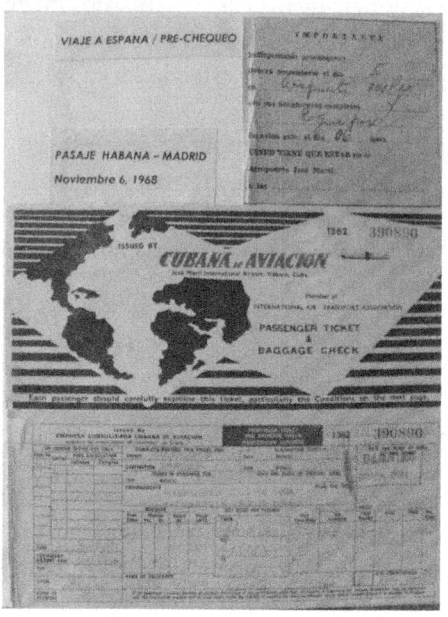

El pasaje era para viajar por Cubana de Aviación, Habana-Lisboa-Madrid. Justa y Fabio se nos acercaron como si pudieran consolarnos. Cuando anunciaron que los viajeros del vuelo #625 con destino a Madrid, pasaran al salón (la famosa pecera que separaba a los pasajeros de los familiares por un cristal), se nos estrujó el corazón todavía más. Ese era el último contacto físico con las personas que quedaban. Ese era el viaje sin retorno. Eso era el desapego, ese era el abandono de mi país, de mi familia y amistades tan queridas. Ese el adiós para siempre de mi amor imposible. Pero no podíamos mostrar debilidad. No, ahora era el momento decisivo, pero no para volverme atrás.

Una vez en la pecera, el oficial revisó los papeles, que incluían el certificado médico indicando que ya estaba apta para viajar; y que, por mi enfermedad y a continuación las cirugías, me abstenía de no haber ido a trabajar al campo, como castigo por querer dejar mi país. Todo en orden; pero que susto cuando llamó a mis padres para que firmaran la autorización y permiso para viajar sola, como menor de edad.

Después de la firma de mis padres, el oficial les hizo un comentario como desaprobando lo que acababan de firmar. Entonces, se dirigió a mí para corroborar mi aceptación. El oficial me preguntó si yo estaba de acuerdo con lo que acababan de autorizar mis padres. Yo asentí con la cabeza, entonces otro oficial me repitió la pregunta para que contestara con palabras. Con un nudo en la garganta, le dije que estaba de acuerdo.

Cuando les dijeron a mis padres que podían salir del salón/pecera, el corazón se me quería salir del pecho, y todo parecía darme vueltas. Me controlé lo mejor que pude, por miedo a desmayarme. Detrás de aquel cristal, dividiendo la pecera, quedaban ellos: mis padres, mi hermano, mis primas o más bien hermanas, tan queridas, Mirta y Delia, mi amiga querida, María Elena Pestana y mi primer amor. Nos besamos todos a través del cristal, hasta que llamaron a los pasajeros para pasarnos a otro lugar. Fui la última en despegarme del cristal mientras Justa y Fabio me llamaban.

Al separarme sentí como si fuera a perder el conocimiento. No podía más. Justa y Fabio se acercaron tomándome del brazo, y prácticamente me arrastraron. Pasaron a los pasajeros a un salón con aire acondicionado para ir al baño y tomar agua. Esta fue la última experiencia en suelo cubano

El diario

6 de noviembre de 1968

Escribir un diario después de marcharme, fue algo que prometí a mi madre. La libretica en que comencé a escribir había sido un regalo de Raúl Crespo, mi Crespín. La dedicatoria, al comienzo de la carátula, dice así: «Escuela Sec. Básica, Carlos de la Torre. Año 3, Grupo 9 C». Debajo, un corazón dibujado: «Nidia y…?». Después de terminar de escribir el diario encontré en la parte de atrás de la carátula otro corazón dibujado que decía «Nidia y Raúl».

Vuelo Havana - Madrid

6 de noviembre de 1968

Cuando entramos al avión me volví a sentir mal, y traté de sentarme enseguida. El asiento me tocó entre un señor joven con un niño y una extranjera en la ventanilla. Ella me notó tan mal, que me ofreció su puesto. Acerqué la mano al cristal, y me pasaron por la mente muchos pensamientos que me hacían llorar (Años después, me enteré de que, una vez que mi familia salió del aeropuerto, mi madre se puso las manos en la cabeza y grito: «¡Dios mío, ¿que he hecho?!»).
11:55 a.m. Flavio me llamó para que me pasara a la cola del avión, donde los ubicaron a ellos dos y nos sentáramos los tres juntos. Justa se cambió para el lado de la ventanilla, yo en la parte del pasillo y Flavio en el medio de las dos. Yo nunca había montado en un avión, ni ellos tampoco. Todo era nuevo y curioso. La aeromoza dijo unas palabras en checo y nos abrochamos los cinturones. La ascensión no se sintió, pero una vez que el avión vuela derecho, se sienten baches, como cuando vas en un carro.
12:05 p.m. Cuando la aeromoza anuncio que estábamos pasando por Varadero y después por Isla de Pinos, me emocioné, cerré los ojos pensando mucho; y aguantando las ganas de llorar. Ahora podía ver mi Cuba desde arriba; se ve un paisaje como pintado ¡Cuba, que linda es Cuba! Tengo que volver algún día… Cuántos recuerdos de viajes a Varadero compartiendo en familia. ¿Familia? ¿Qué paso con mi familia que todo se destruyó? … Me imaginé lo que me iban a extrañar, ¿los estaba abandonando? ¿Y mi noviecito? ¿Los volvería a ver? Pero yo tenía una misión, y tenía que cumplirla. Mi prima María Elena está en la escuela al campo en Isla de Pinos. ¿Cómo la estará pasando? Le dije adiós con el pensamiento…
La aeromoza paso por el pasillo con una bandeja de caramelos, ofreciendo a los pasajeros, el mío de piña. Luego repartieron unos sobrecitos que yo creía que eran chicles, pero contenían una servilletica mojada en colonia. Entonces, me la pasé por la cara, a ver si me ayudaba a contener el llanto. También pasaron revistas. Entonces descubrí que cuando aprietas un botoncito de mi asiento, sale una bandejita del respaldar del asiento de enfrente, que me viene muy bien para escribir.

12:25 p.m. Hace rato huele a comida. Flavio se queja de hambre. Yo estoy pensando mucho con los ojos cerrados, y con ganas de llorar, pero me aguanto. La voz de la aeromoza me espabiló, explicando en checo el uso de los equipos de emergencia. No entendí nada. Pasamos Nassau. Ahora si tengo hambre. Llevando el abrigo sobre las piernas, soporto más el frio del avión. Pero ese no es el frio del avión, es un frio que siento en el alma, y ese ¿cómo lo soporto y lo cubro?
2:25 p.m. Vamos más contentos. Sera que acabamos de almorzar. Nos sirvieron un bistec gordo con puré de papas, una sopa de tomate, 2 tostadas con mantequilla, ensalada de vegetales, flan, un ponche de naranja, cerveza (opcional). Yo tome agua. ¿De dónde salió tanta comida? Guarde los dos palillos de diente. Me siento un poco mareada, pero es bueno sentirse alimentada. Me consuelo un poco, pensando que, sin mí, mi madre tendría una boca menos que preocuparse de alimentar.
3:45 p.m. Vamos muy alto, pero no parece que volamos. ¡Que cerca se ven las nubes! Me pasé al medio porque así Justa y yo nos tapamos las piernas con una misma frazada. El abrigo no me es suficiente. Cuando la aeromoza repartía a cada pasajero una postal del avión, y un alfiler dorado con un avioncito en la punta que decía C.S.A., Justa aprovechó para pedirle una frazada. Ya tengo la postal y el alfiler para mandar a Cuba.
4:15 p.m. Justa y yo notamos que se veían muchachos, como de la edad de mi hermano, caminando por el pasillo del avión. ¿Cómo lograron viajar? Conversamos un poco con ellos, en la parte de atrás. Uno de ellos vestía de traje y cumplía los 15 años ese día. Los demás muchachos parecían contentos, yo no. Mi hermano debía haber estado entre ellos.
4:30 p.m. Ya estoy adelantando en escribir mi diario. ¡Qué emoción! Se siente como mantener un contacto con lo que dejé. ¿Hace cuánto? No, no lo voy a dejar nunca. De buenas a primeras se hizo de noche, sentí las manos frías y me puse los guantes… La niña que va en el asiento de atrás se parece a Niurka, la hija de mi prima Cary. No dejo de pensar en la separación de los míos, ni durante cabezazos de sueño. Luego pienso en los consejos de mi familia, de mi profesor de idiomas, y mi firmeza y decisión tomada.

A pesar de todo lo que pierdo, ya no me puedo arrepentir. Es un camino por recorrer de solo una vía. Dios dirá.
6:50 pm. La aeromoza acaba de anunciar, que faltan tres horas para aterrizar en las Islas Azores. Me está entrando el miedo...
7:15 pm. Me levanté a buscar agua; pero las aeromozas me ofrecieron jugo. No quiero dar importancia a las miradas de Flavio, pero prefiero tenerlo lejos. No sé qué va a suceder cuando me tenga que ir con ellos en Madrid. Justa parece buena, pero él me hace sentir incomoda.
8:40 pm Otra vez, repartición de caramelos, mientras anunciaban que aterrizábamos en 10 minutos. Justa y yo vamos a prepararnos al baño. No pude seguir escribiendo por un rato, porque apagaron la luz del avión.

Islas Azores, Portugal

Primera escala con hora de Europa

2:10 a.m. Llegamos al aeropuerto, San Miguel de una de las Islas Azores. El descenso fue molesto y en el desespero por salir del avión, no me dio tiempo a abrocharme el abrigo para bajar, y el viento frio me atrapó. La temperatura es de 16 grados C. El viaje hasta aquí duró como 9 horas.

Nos revisaron los papeles y nos repartieron una tarjeta para comer. Camine hasta el baño con Justa y Flavio para estirar las piernas y por curiosidad. Todo muy limpio y moderno, pero lo que más me llamó la atención, fue la abundancia del papel sanitario.

Llamaron a los pasajeros por el altavoz para que nos sentáramos a esperar el llamado para el comedor. Pero cuando nos llamaron para comer, me di cuenta, al levantarme que había extraviado la tarjeta. Fui a hablar con el agente de vuelo, pero él no entendía español. Me puse tan nerviosa que ni traté de hablarle en inglés. En eso, se me acercó un empleado y me dijo que no me preocupara, y me acompañó al comedor. Mi situación se arregló. Es un restaurante muy bonito. Comí pan con mantequilla, dos huevos con jamón, tomamos jugo de piña en una copa y café fortísimo con leche.

Estoy impresionada. Me siento en las nubes, aunque no me saco a mi familia de la cabeza, ¡cómo me hubiera gustado compartir esa comida con ellos! Pero mayor fue mi asombro cuando me acerqué a las vidrieras del aeropuerto. ¡Qué de cosas lindas! Desde chicles hasta radiecitos. Cerré los ojos dos o tres veces, pues no lo podía creer... pues vi un reloj de música, igual que el de mima de cuando se casó, pero negro y nuevecito. ¿Estaría soñando? Puede ser. No se puede tener nada de lo que vez, sin dinero. Pero, aun así, si mi gente pudiera ver, ¡lo maravilloso que es todo!

Los muchachos cubanitos «afortunados», son muy sociables conmigo. Hay uno de ellos que se llama Alexis y otro Gil, el que tiene los ojos verdes. No sé el nombre de los otros. Ya les conté que mis acompañantes no eran familia, sino prácticamente extraños para mí; pero por un acuerdo de mi madre en el mismo aeropuerto, me iría con ellos en Madrid, hasta comunicarme con la familia de mi prima en Asturias.

No me quedaba de otra, pues por el momento, una vez en el aeropuerto de Madrid, no tendría para dónde ir. A los muchachos, los esperaban los curas; ya eso estaba organizado y planeado desde Cuba. Yo les dije que mi familia no había gestionado la posibilidad de ayuda de esa organización. Prefirieron la familia de mi prima en España, y por causa de mi hermano cumplir los 15 años y yo enfermarme, mi viaje se descontroló.

Los portugueses de aquí son simpáticos, y bien parecidos, pero el uniforme carmelita de los oficiales los hace lucir un poco raros. No sé cómo, los muchachos se atrevieron a pedir dinero a un oficial para comprar chicles Hollywood; a mí me dieron dos lascas. Me ha dado pena, pero prefiero estar con ellos, que con Justa y Flavio. Él me intimida.

Todavía nos falta otra escala en Lisboa, esperábamos que no fuera tan larga. En la guagua, de regreso al avión, me acordé de tía Anita, pues había una señora hablando de lo que le dijo el Dr. Madariaga, en Cuba; y yo le comenté que «ese era el médico de mi tía» de la quinta Hijas de Galicia. La mayoría de los demás seguían en mi mente constantemente, sin que nada ni nadie me los tuviera que recordar.

A Justa casi se la lleva el viento al subir al mismo avión. Flavio debía haber estado más pendiente de ella. Una vez volando, nos repartieron caramelos, y más tarde, cerveza chica. La cerveza no me gusta, pero igual la probé. Me quedé embelesada y di de mí, cuando la aeromoza anunció que se amarraran los cinturones que estábamos por aterrizar en el aeropuerto de Lisboa. Sentí náuseas y mareos, no sé si el malestar era peor que el de antes. El viaje había durado tres horas.

Aeropuerto - Lisboa, Portugal

5:00 a.m. Cuando bajamos del avión, el piso del aeropuerto estaba mojado. No había tanto viento frío, pero yo sentía mucho frío donde quiera que fuera. El aeropuerto de San Miguel era más bonito y había más cosas que ver. Aquí, los oficiales llevan uniforme azul prusia. ¡Qué bien les queda! Nos llevaron a una sala de espera, donde nos revisaron los papeles. Esto es grandísimo. Hasta las 10:30 a.m., no salimos rumbo a Madrid, así que fuimos a ver vidrieras.

Sigo con los mareos igual que Gil. No creemos que un buche de cerveza en el avión sea para tanto. Pero como nunca tomamos, quizás esa cerveza era muy fuerte, más el desayuno tan suculento, se nos asustó el estómago. Boté el chicle, pero el niño que cumplió los 15 en el avión, me regaló otro chicle, marca Adams. Nos dijeron que es bueno para las náuseas. Lo guardé. No tenía deseos.

Hay tremendo frío aquí adentro. Pudimos tomar un buchito de café porque una extranjera le regaló unos francos a una compañera de vuelo. Ella los gastó en comprar café que compartió con los muchachos, y ellos conmigo. El azúcar viene en unos sobrecitos y ¡mira que sabe raro este café portugués! Ahora me siento peor.

8:30 a.m. En este aeropuerto, todavía, no nos han dado más nada de comer o beber. Algunos pasajeros han ido a protestar, porque ni siquiera han atendido a los niños pequeños. Al parecer les van a dar jugo, pero la discusión sigue. Parece que los checos no se dieron cuenta de que el que sale de Cuba, no puede llevar ningún tipo de moneda, no se dieron cuenta tampoco del cambio de horario, y el hambre atrasada. Todavía falta como una hora para partir. La verdad que es bastante el hambre y el descontento.

Se ven gente de todos lados, lo mismo feas que bonitas, hasta con el pelo más horrible que el mío de chorreado; y no será porque se les esté cayendo. He visto alguna minifalda y algún peludo, pero otras personas bien arregladas. Mirta diría: «¡burda coba!» Se escuchaba mucho la expresión hacia las mujeres: *madeimoselle y madame.* Vimos una india y un cacique con pieles y plumas, como en las películas de *cowboy.* Yo creía que eso no existía.

    Al fin nos llamaron a comer algo. Sirvieron una taza de café con leche y dos dulces finos. Para mí era muy fuerte para un estómago vacío. Al menos, tomé agua y probé el café con leche. Le dejé lo mío a Justa y Flavio. Los cubanitos si están comiendo con apetito. Estoy disgustada porque la herida me empezó a molestar y doler un poquito, como cuando pasaban días sin curármela. Ya empezó a oler mal también. Es posible que esté supurando. Me dio miedo, no sé qué hacer.

    10:20 a.m. Por fin, subimos a la guagüita para coger el avión de Iberia. Los oficiales son lindísimos y las aeromozas muy monas. Anunciaron que pronto llegaríamos a Madrid, y como usar el cinturón del asiento. Nos sirvieron la merienda. Tostada con mantequilla, jamón y queso, coctel de frutas, leche o jugo o agua y café. El servicio modernísimo, magnífico y amable, diferente al anterior. Hasta música teníamos. Yo apenas comí pues me entraron mareos y nauseas otra vez, y no tenía deseos. Sentí mucho despreciar el queso, al pensar en mi hermano.

    El viaje, solo duró una hora. Cuando descendimos me sentí peor; pero al ver Madrid desde lo alto y que ya habíamos llegado al final, me sentí mejor. Nadie esperaba un viaje tan largo, de aproximadamente 21 hora desde la Habana.

SEGUNDA PARTE

ARRIBO A MADRID

7 de noviembre de 1968

El aeropuerto de Barajas es lindo y grande; estaba lloviendo y se sentía frio. Desde la pista, todos los pasajeros cogimos guagüitas hasta la terminal. Una vez dentro comenzamos el papeleo. Después nos pidieron a los viajeros que no tenían quien los esperara, que hiciéramos una cola afuera. Enseguida se acercó un cura a saludarnos. Él se presentó como el padre Camiñas, y pedía que los niños que viajaban sin acompañante ni nadie que los esperara hicieran una cola aparte.

Alexis aprovechó para decirle que también había una niña que venía sola y nadie la esperaba. El cura me hizo una seña para que me uniera a los muchachos y lo siguiera.

Mi primera impresión del carácter de los madrileños fue con el Padre Camiñas, mi ángel protector, por lo amable y comprensivo que se portó conmigo. Inmediatamente me presentó a una señorita como «la chica que viaja sin acompañante y no la esperan». La señorita me dijo que no me asustara que ella se iba a encargar de mí. Entonces busqué a Justa y Fabio para contarles, despedirme y agradecerles. ¡Que alivio! Fui otra vez con la señorita y suspiré.

El Padre Camiñas nos hizo subir, a los muchachos y a mí, a un vehículo que nos conduciría a una oficina. Él nos dijo que no estaba encargado de esto, pero que lo estaba haciendo porque el Padre Gerardo no había podido ir a recogernos al aeropuerto. El recorrido por Madrid fue interesante. Me gustó su tiempo gris, sus grandes y antiguos edificios en combinación con sus pequeños carros. En la ciudad vimos mucho tráfico y vidrieras llenas. Algunas, que deben haber sido carnicerías tenían colgadas en exhibición jamones y chorizos; esto nos llamó mucho la atención. La gente no parecía moderna, pero si elegante. ¡Qué mundo tan diferente...!

La oficina era el Refugio para los cubanos; y Martín, Alexis y yo esperábamos por el Padre Camiñas, mientras nos entrevistaban y hacían las gestiones de papeles, incluyendo lo que teníamos que pedir a nuestros familiares en Estados Unidos. Ese largo rato me sirvió para sentirme mejor y más tranquila, aunque la herida cada vez me molestaba más. Todo esto me parece como un sueño; no sé cuándo y dónde voy a despertar.

El Padre nos recogió en un taxi; y se dirigió a mí al decirme que iba para un colegio en Valladolid, pero que no me preocupara que primero me recibirían en un lugar que se encargarían del proceso. Así me hizo bajar sola, frente a la puerta de un convento en plena ciudad. Una muchacha joven nos abrió, saludo al Padre; él se fue y ella me hizo entrar a un recibidor oscuro. Me imagino que a mis compañeros les tocaría algo parecido, pero en un lugar para varones.

El convento en Madrid

Sentada en el recibidor, me empiezo a dar cuenta de que la herida me estaba molestando bastante. Me duele, pero lo que me asusta más es el olor por falta de la cura que la desinfectaba. Sentí miedo a lo desconocido y a cómo explicar mi problema; pero enseguida apareció una monjita muy amable que me dio un beso en cada mejilla, mientras me daba la bienvenida.

Cuando ella se dio cuenta de que me iba a poner a llorar, trató de consolarme y me dijo que había una niña de mi edad que había llegado el día anterior y se iba a poner muy contenta de verme.

Pero cuando la niña apareció se me abrazó llorando y decía que era mucha la emoción de verme. Ella se llama Alexis (como el muchacho del avión), pero de apellido Terrón... Alexis había llegado con su hermano el día anterior a Madrid, pero a diferencia mía, ellos tenían su llegada coordinada desde Cuba como la de los muchachos del avión. A ella y su hermano Paulino los separaron en el aeropuerto, pues él iba al lugar donde se quedaban los varones. Entonces le dije a Alexis, para darle un poco de conformidad, que ella tenía suerte; yo, en cambio, debía haber llegado también con mi hermano.

Después que las monjitas me iban recibiendo y saludando con cariño, nos llevaron a un comedor para servirnos una merienda de café con galleticas mientras nos contaban que este convento es asimismo un colegio, que se llama Colegio del Apostolado, donde dan clases a niños más pequeños, y tiene su entrada aparte. Por ahí le entendimos que al colegio principal que está en Valladolid iremos nosotras.

Mientras tanto llegó Paulino, a visitar a Alexis con dos muchachos más, uno de ellos negrito. Ellos, como nosotras estaban temporariamente en un colegio en Madrid, hasta ser trasladados a otro lugar fuera de Madrid. Después de hablar un poquito y despedirlos en el recibidor nos fuimos a la habitación que compartiremos temporalmente y hablamos mucho.

Cuando me llamaron para presentarme a la madre Celia, la superiora en el mismo lugar que las demás, le conté sobre la herida. Más tarde llegó un médico a verme, y me llevaron a una habitación con la madre Celia. Cuando el médico destapó la herida, vi la cara de asombro de la madre Celia. No sé lo que la impresionó más, si las condiciones de la herida o el olor. El médico me limpió la herida, con esto me hizo sentir mejor, y le dijo a la madre Celia que tenía que ir al hospital lo antes posible.

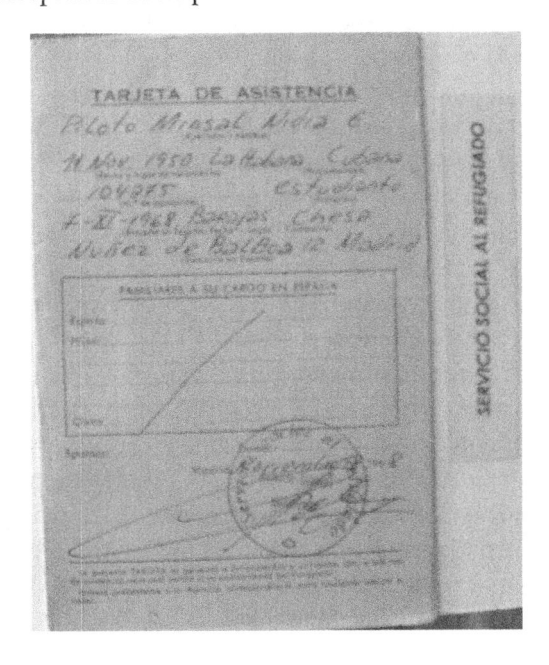

Esa noche Alexis y yo cenamos en el comedor con Clara, una muchacha mayor. Ella es cubana, se ve muy buena pero solo viene a comer aquí. El frío es tan tremendo en la habitación que a pesar de la falta que me hacía no quise ni bañarme. Escribí una tarjeta a Mirta y a madrina, pero no tenía sellos. Al fin me acosté y me tapé con cuatro frazadas dobles y sentía frío, porque aquel pijama no abrigaba nada. Moverse en la cama o levantarse era congelarse de pies a cabeza. Únicamente el cansancio me hizo dormir.

Viernes. Noviembre 8

Me despertó Alexis y desayunamos en el comedor, café con leche, pan con mermelada y mantequilla. De ahí fuimos con una monjita, que apenas hablaba, a recorrer la cuidad para hacer gestiones. Bajamos a una estación para tomar el metro, también tomamos el autobús y un taxi. El metro no me gustaba, porque se trata de un tren que va por un subterráneo. Hay que subir y bajar muchas escaleras y se respiraba con calor. Además, me provocó más dolor en la herida. La gente se ve muy arreglada y las muchachas maquilladas y perfumadas, pero con olor debajo de los brazos. El taxi y el autobús se cogían fácil.

La monjita nos compró en las tiendas algo de abrigo, como un par de pantuflas calentitas, medias gordas, refajo, y camisetas para debajo de la ropa y el pijama. Fuimos otra vez a la Oficina del Refugio para cubanos donde nos dieron un cheque por 300 pesetas. La monjita nos dijo que con eso teníamos que comprar el pasaje para el tren que nos llevaría al Colegio del Apostolado en Valladolid. Ahí esperaríamos el tiempo necesario, hasta nuestra salida hacia Estados Unidos.

De vuelta al convento, comimos y nos pusimos la ropa que más nos abrigaba. Después nos recogió el amigo de Paulino para encontrarnos con él, y continuar las diligencias. Primero, fuimos a la oficina del Refugio. Ahí me consultó un médico que, sin mirarme la herida, me dio un papel para que me viera un médico en el hospital, al otro día temprano en la mañana. En todas partes mencionábamos que veníamos de parte de las monjas del Apostolado, y nos trataban con mucha amabilidad.

Me parece que nada me va a gustar como Madrid. Cuando salimos de la oscuridad del convento hacia la calle y vemos esos muchachos tan lindos en sus carros chiquitos nos quedamos bobas. A mí me parece que me miran por mi abrigo, con ese color tan chillón y sin botas con este frio.

En la noche escribí a mima, pasándole escrito del diario. A madrina contándole cómo había llegado aquí, y pidiéndole los papeles, necesarios de parte de la oficina del Refugio.

Sábado. Noviembre 9

Salí muy temprano con la madre Celia para el hospital en un taxi. Me atendieron muy bien. El medico muy simpático. Él mismo me curo, y me dijo que la sanación era cuestión de 15 días pues ya estaba bastante bien. Qué vergüenza cada vez que tenía que enseñar la herida. Tanto recato en Cuba y vine a parar aquí, a mostrarla a tanta gente desconocida, y sobre todo a esos médicos tan guapos.

La madre Celia me prestó sellos y eché las cartas en un buzón rogando que llegaran rápido. También ella me compró chocolatines.

Por la tarde después de almuerzo, que aquí se dice «comer», Alexis y yo salimos a caminar, y vimos cosas bellas. Entramos en un *grocery* y me quedé estacada. Pero qué malo es no tener dinero.

Por la noche, acostada, me puse a cantar, no sé por qué...

Domingo. Noviembre 10

Alexis y yo fuimos a la iglesia y oímos una misa muy bonita. Luego tocamos piano en el convento pues ella sí sabe. Fue muy emocionante, especialmente por las canciones cubanas.

Por la tarde, esperábamos dos muchachas del colegio de Valladolid, pero llegó una de Zaragoza que se llama Isabel, que había sido monja. Comimos juntas. Ya tardísimo, llegó una de las de Valladolid que se llama Beatriz y nos contó de allá, que por lo visto no parece tan bueno. Conversamos hasta muy tarde las cuatro, y rezamos el rosario dirigido por Isabel, quien también se quedó a dormir en la habitación. No sé cómo será el colegio de Valladolid, pero hasta ahora he encontrado un lugar donde estar y he sido bien atendida, gracias a Dios.

Mi cumpleaños

Lunes. Noviembre 11

Me desperté sin embullo por mi cumpleaños; al contrario, con tristeza. Soñé con mi gente de Cuba, «¿estarán preocupados por mí?», pensé. Alexis fue la primera en felicitarme. Cuando salíamos temprano del convento, Alexis, Beatriz y yo con una monjita a hacer diligencias, me contentó el hecho de ver un muchacho monísimo que pasaba en un carrito (aquí le llaman coche) y que me piropeara, refiriéndose al pelo, aunque pudo haber sido una broma, pues el pelo se me sigue cayendo, y más que estamos en otoño y hay mucho viento.

Tomamos un taxi hacia el Centro a cambiar el cheque. Ahí me encontré a Fabio. Le pregunté por Justa y le conté cómo me iba. La monjita se acercó y entonces él me dijo que me escribirían. Con el dinero del cheque compramos el pasaje para marchar al otro día a Valladolid. Nos quedó muy poco de las 300 pesetas. La monjita se separó de nosotras tres para seguir con sus diligencias y nosotras fuimos a casa de una amiga de Beatriz en el metro.

Después de almorzar en el convento, nos fuimos Alexis y yo solas en el autobús al Ropero, que es un lugar donde regalan ropa de uso para los refugiados. Ahí me encontré a Gil, me alegré mucho, me pidió la dirección para escribirnos.

En el Ropero, no se pudo resolver nada, pues se encontraban otros refugiados desde las 4:00 a.m. esperando turno para entrar. De regreso, se nos pasó la parada del convento y tuvimos que caminar y sufrir mucho el frío, pero valió la pena, pues vimos chicos y cosas lindísimas.

Llegamos cansadísimas, merendamos, y en seguida me acosté y me quedé dormida. Alexis me despertó para decirme que le había llegado la maleta que le mandó su tía de Estados Unidos. La abrimos con mucho embullo, pues traía ropa para Paulino y ella. Me regaló un blúmer verde muy mono. Separamos la ropa de su hermano, y nos pusimos a arreglar las maletas para el viaje al día siguiente.

Le escribí a mima y me acosté, pero pasé mucho trabajo para dormirme. ¡Qué cumpleaños tan diferente, especialmente al del año pasado! Yo sabía que no tendría otro así, como el del año anterior. Por eso lo nombre: «Inolvidable».

Viaje al colegio de Valladolid

Martes. Noviembre 12

Paulino llego con el amigo, y recogió la ropa que le enviaron de Estados Unidos. Para mi ropa usé una de las maletas de Alexis. Entonces, entre los dos, las llevaron a un taxi que pararon para ir a la estación de trenes. Fue triste la separación de los hermanos. Pero no más que si se hubieran separado en Cuba.
 El tren moderno y el paisaje seco y feo, muy diferente al de Cuba. Esto es Castilla en otoño («como será en invierno»). Pensé en esto y en muchas otras cosas, con la frente pegada al cristal de la ventanilla y hablando con Alexis. Fueron 4 horas de viaje. En la estación de Valladolid, cogimos un taxi, y cuando le dijimos al chofer hacia dónde íbamos, nos reconoció como «chicas cubanas que vienen a quedarse con las monjas».

El colegio está apartado, es grande y nuevo. Se llama Colegio del Apostolado, como el de Madrid. También las monjas de aquí nos recibieron bien, enseguida nos dieron merienda. Todo se mantiene muy limpio. Nos mostraron lo que llaman los dormitorios, que es un salón muy bonito a uno y otro lado. Cada camarilla tiene una cama, un escritorio bien pequeñito un ropero y un lavabo. La puerta es una cortina. Al final del salón hay un tocadiscos y a continuación otro salón con los servicios y duchas.

Según nos explicaron, este es un colegio privado, católico, para todas las edades y grados. También viven jóvenes españolas que son de otras ciudades, y estudian en la Universidad de Valladolid. Les llaman «estudiantes residentes». Al igual que las cubanas como nosotras, tienen sus camarillas privadas. Las españolitas son simpáticas y amables. Se llaman Marisol, Julia, etc. Las cubanitas se llaman Beatriz, Marta, Chela, Ester...

La madre Elena, quien está a cargo de nosotras, las cubanas, se presentó amable y comprensiva. Se le nota que tiene mucha personalidad. Entre otras cosas nos dijo que entendía nuestra situación, y que lo mejor para todas era que hasta que marcháramos a Estados Unidos nos mantuviéramos ocupadas y productivas. En el caso de Alexis y mío, empezaríamos a tomar clases en el tercer año. La madre Concepción era la encargada de las alumnas. Cuando se fue, alguien tocó en el tocadiscos: «Cierro mis ojos», por Rafael, y «Adoro», por Manzanero, ¡qué añoranza!

Después de cenar en el comedor, regresamos a los dormitorios a acomodar nuestro equipaje en el ropero de la camarilla, asearnos y escribir cartas a la familia para dejarle saber sobre el viaje hasta aquí y por mi parte incluir mi diario y el nuevo remitente. También aquí se siente mucho frío, aunque ya tengo ropa interior más abrigada, aparte de dos camisetas, incluyendo la de franela, que usamos durante el día, seguimos usándolas para dormir. En la cama hay dos frazadas dobles y la sobrecama. Aparte nos tapamos hasta la cabeza.

Primer día de clases

Miércoles. Noviembre 13

Es costumbre que temprano en la mañana llegue una monja al dormitorio y nos ponga un disco para despertarnos: «Sugar, sugar». La música es linda, pero ¡Qué difícil es salir de debajo de las colchas para empezar las clases! Tremendo frío por todas partes.

Desayunamos en el comedor. En la clase nos tuvimos que quitar la edad porque todas las alumnas eran menores. No entendí nada de las clases; pero me gustó la de francés. Estoy como en el aire. Lo bueno es que por la tarde no hay clases; y tengo chance de escribir para Cuba, aunque se nos congelen las manos.

Las cartas nos dieron la oportunidad y necesidad de ir al correo y así conocer la ciudad. De paso hicimos algunas compras en la droguería. El frio es tremendo afuera; y adentro lo siento más, mientras escribo.

El colegio del Apostolado está ubicado en un lugar que se llama «El Pinarillo». Para llegar a la Rubia, que es un pueblo desde donde se puede tomar una guagua o coche (sí, porque le llaman coche a toda máquina de transporte.) para el centro comercial o ciudad de Valladolid. Hay que caminar bastante por un camino que se llama Camino de Simancas. Como hacía tanto frío, las monjas nos llevaron en su coche, y anduvimos mucho por la ciudad. Vimos cosas muy bellas, pero no puedo comprar nada hasta que no me llegue dinero de parte de madrina, que espero sea pronto.

De regreso, el doctor que atiende los alumnos, acompañado de la madre María Dolores, la enfermera del colegio, me revisó la herida. Me curaron entre los dos; y él le dio instrucciones para que continuara las curaciones. Ella es muy dulce. El doctor me mandó vitaminas y una loción para el problema de la caída del pelo. Las vitaminas no las pienso tomar ¿para qué?

Jueves. Noviembre 14

A la hora del recreo, salimos con alumnos de todos los grados a un patio. ¡Qué frío! Loretta, una chica cubana que lleva muchos años aquí interna, y parece española, nos compró chupachups, muy ricos, como chambelonas y caminamos por el pinarillo, que es muy bonito, como un pequeño bosque de árboles de pinos.

De regreso a las clases, Alexis y yo (nos sentamos juntas) no podíamos aguantar la risa mirando los viejos calvos y con peluca que aparecieron en un libro. Eventualmente, me iba a hacer falta una de esas pelucas, pues mi caída de pelo me preocupa bastante. Esto me dio la idea de tener que pedirle una peluca a madrina.

Después de las clases, la monja enfermera me curó la herida. Antes de cenar fuimos a misa y después subí a lavar alguna ropa. Me acosté triste y melancólica pensando en mi noviecito y en mi caída del pelo.

Viernes. Noviembre 15

Hoy tuvimos el primer turno libre. Yo me puse una falda y una chaqueta de las que le mandó la tía a Alexis, que me queda bastante bien. Desayunamos y fuimos a clases. Sigo sin entender nada en esas clases. Tengo la mente en Cuba, acordándome de las de allá. De Crespo, Magaly mi prima, los profesores, etc. Las clases me parecen larguísimas. ¡A quien se le ocurre dar clases de latín a estas alturas! ni que fuéramos a ser curas. Después de comer, subimos a descansar. Mientras escribía, llegó la madre María Dolores a curarme la herida.

Qué vergüenza que nos encontró una monjita riéndonos, poniendo discos y bailando, para pedirnos que fuésemos, Alexis y yo, en este viaje en el coche del colegio, acompañando a los niños. Yo acepté con gusto, pero Alexis se enfadó, pues precisamente para evitar trabajar, nos habían puesto de estudiantes. ¡Pero, qué remedio!... Probablemente, habría que hacer las dos cosas. Alexis dijo que, si dentro de poco no nos convenía, nos vamos a Pamplona nosotras dos, donde vive su familia. Antes, tendríamos que esperar los papeles que solicitamos a Estados Unidos y presentarlos en Madrid. Yo me acorde de la familia de Cary.

El coche que lleva y trae los alumnos es un autobús, el chofer es simpático. Nos tocó el último viaje de los pequeños, de regreso a casa. Los padres o empleadas que las llaman «muchachas» los reciben. Nosotras los tenemos que ayudar a bajarse. Una niñita rubia, de ojos verdes, me acaricio las manos y me beso antes de bajarse. La verdad es que los niños españoles son muy lindos. Tienen esas mejillas gorditas y rojas del frio; que dan ganas de pellizcárselas. De regreso, pedimos la merienda, que consiste en un bollo de pan con una pasta de chocolate.

Después de cenar, formamos un guateque en nuestro dormitorio. Loretta se vino con nosotras a tocar la guitarra. Ella dice que me puede enseñar a tejer una bufanda (porque me quejo tanto de frío). En eso, llegó una señora cubana que vive aquí en el colegio. Se llama Lourdes y tiene una habitación aparte. Pasó un rato muy divertido con nosotras.

La señora Lourdes tiene su hija interna en este colegio y el hijo en otro colegio católico para varones, también aquí en Valladolid. Ellos son una familia que están esperando pasar a Estados Unidos, al igual que nosotras, las cubanas jóvenes. Su recorrido lo planeó su papá, que vive en Venezuela y ha tenido muy buenas relaciones con miembros de la entidad católica. Una vez en Estados Unidos, donde la familia se podría establecer mejor, esperarían por el esposo y el hijo más pequeño que quedaron en Cuba. El esposo es médico, y el gobierno no le ha autorizado la salida del país.

Cómo imaginar que el conocer a la señora Lourdes seria mi primera experiencia sobre «la existencia de los angelitos».

Sábado. Noviembre 16

Nos levantamos, Alexis y yo, con dolor de garganta y una ronquera que no se nos entendía lo que hablábamos. Ni que fuéramos gemelas. Esto nos evitó las responsabilidades del día. ¡Cómo se me ha seguido cayendo el pelo! He puesto mi fe en Dios, «¿me quedaré calva?», me pregunté. Le pedí a la madre Dolores que se lo preguntara al doctor.

Domingo. Noviembre 17

Fuimos a misa, ya me sentía algo mejor. Por la tarde, vimos una película en el cine del colegio, bastante buena. El frío es tremendo, y ante mi escasez de ropa y dinero, me atreví a escribir a madrina, pidiéndole que me mandara alguna ropa. La madre Elena me prestó un libro muy interesante sobre los jóvenes y el amor. Pero antes de dormir, es imposible leer con el frío que nos obliga a taparnos hasta la cabeza. Pareciera que la calefacción siempre está rota.

Hoy se me ocurrió no escribir todos los días aquí. Me reproché mil veces el haber sido débil en corresponder a Dávila. Debí haber tenido el coraje de mujer suficiente para no aceptar una relación que era imposible de cualquier manera. Pero él me atraía y nos queríamos. Me entristece haberlo dejado así; marchar con ese recuerdo agridulce, si ya sabíamos en lo que terminaría. Pero es que yo tenía una misión, el simpatizaba con el Gobierno revolucionario, y mi familia no lo aceptaba.

Lunes. Noviembre 18

Esas clases no hay quien las aguante, que ridiculez en un grado tan atrasado a nuestra edad. A los profesores apenas se les entiende, y mi mente está demasiado lejos de la clase. Entonces, Alexis y yo decidimos aparentar que entrábamos al aula, pero salimos enseguida. Justo en el acto mismo, a pocos pasos, se nos viene de frente la madre Concepción, se nos paralizaron las piernas, al escuchar: «Señoritas, ¿qué hacéis fuera de clase? Solo por contestarle que el hecho de estudiar no era para nosotras, nos tocaría hacer cualquier trabajo que se nos asignara.

Loretta me prestó algo de ropa, la poca que tengo, la lavé y mandé a secar con las monjas. El colegio tiene lavandería, y seca más rápido. Trabajamos en el coche con niños pequeñitos; son majaderos, pero me gustan. Son cuatro viajes lejos al día, de lunes a viernes, pues los alumnos van a casa a almorzar. Los sábados son dos viajes, porque hay solo clases hasta mediodía. Los días entre semanas regresamos al cole, solas con el chofer. Los sábados nos deja en La Rubia, y regresamos al cole caminando. Prefiero dedicarme a cuidar a los niños que ir a clases.

Por la noche, mientras escribía, me llama por teléfono la señora hija de la hermana de Filo desde Madrid. Me dijo que mima la había llamado anoche preguntando por mí, pues no sabía nada. Me dio una inmensa alegría y preocupación a la vez, pues la señora tenía el teléfono sin servicio por eso no se podía comunicar. Enseguida que habló con mi mamá, se encargó de ubicarme por medio del Refugio. Después de hablar conmigo, se encargaría de mandarle un cable a mi madre con mi información.

Martes. Noviembre 19

Ya Alexis y yo empezamos a trabajar en los viajes de los coches por separado. Cada chica tiene uno asignado. Nos defendemos bastante bien. El mío es el amarillo. Pero ahí no para la cosa, tengo que reemplazar a la monjita portera atendiendo la portería, cuando le toca hacerlo a la muchacha de la limpieza. Esto incluye desde contestar el teléfono, recibir y anunciar los visitantes y recibir al cartero. Pero también, subir a una escalera a limpiar el cristal de encima de la puerta como lo hace la muchacha de la limpieza. Todo me parece bien, especialmente lo de recibir al cartero, pues rapidito puedo revisar si hay cartas del extranjero.

Pero cuando me tocó la limpieza del cristal de la portería, le dije a la monjita que no podía hacer eso, pues si mi mamá se enteraba de que sin curarse mi herida estaba haciendo ese movimiento, se iba a disgustar más, encima de lo que sufriría por nuestra separación. Entonces me suspendieron ese trabajo.

Miércoles. Noviembre 20

Cuando terminé en la portería bajé al comedor y encontré a Alexis llorando. Estaba terminando de limpiar después que los niños semiinternos almorzaron. Ella se quejaba de dolor de espalda. Me dio mucha pena que Alexis limpiara el comedor. La ayudé a terminar su trabajo; y fuimos a hablar con la madre encargada para decirle que ella no podía hacer ese trabajo por su padecimiento de escoliosis que le hace doler mucho la espalda y llorar de noche. No dije mentiras, pues todas lloramos de noche y hasta de día, y no por dolor de espaldas precisamente...

Anoche me desvelé pensando que de cualquier manera tenía que conseguir el dinero para mandar un cable a Cuba, y eso fue lo que hice. Beatriz me prestó $9.00. Vale la pena el gasto para mi tranquilidad y la de mi gente.

Viernes. Noviembre 22

Ayer, al mediodía recibí una carta de madrina con un cheque. La carta me volvió loca de alegría por lo cariñosa y consoladora que se manifestaba mi madrina conmigo, y me eché a llorar. El cheque lo cambian las monjas. Por fin pude pagar las deudas con las chicas, hasta le devolví el dinero del cable a Beatriz y me sobró algo.

Hoy le escribí a la hermana de Filo dándole las gracias y mandándole mi nueva dirección. Vino el doctor a vacunarnos contra el Tifus. Pasé el día con inquietud. En la tarde, la madre María Dolores me curó la herida y me trajo la loción para el cabello. Enseguida Alexis me puso la loción. Se llama Loción AGUP. Tiene un olor muy fuerte Dios quiera que funcione. Me parece que voy a tomar las pastillas de vitaminas, pues si bien no me hacen mal tampoco, según la madre María Dolores.

Sábado. **Noviembre 23**

Anoche, ya acostada traté de releer la carta de madrina, y la puse bajo la almohada. Cuando me disponía a pensar en Cuba y llorar como todas las noches, me avisa una monjita de una conferencia telefónica de Cuba. Me levanté volando y titiritando de frío y emoción. Se oía muy mal, mima apenas me entendía, pero al menos supe que era ella, y pudo coger la dirección del cole pues no había recibido mis cartas. Hablé algo con Juany y me emocioné, pero me porté como una mujercita. En medio de la conversación llegó la monjita y se quedó a mi lado hasta que terminó, yo temblaba mucho.

Me acosté llorando y me di tremenda desvelada. A medianoche me levanté a tomar el antiácido de Chela, pues tenía una acidez bárbara y no paraba de temblar. Parece que la vacuna, la carta de madrina, la llamada de Cuba, etc., me dieron una reacción que me sentí fatal. Para consolarme, seguí llorando, hasta que no pude más y me dormí.

Esta mañana no sé cómo me pude levantar. El autobús nuestro se fue, y tuvimos que coger otro con un recorrido peor y largo. Para colmo, la radio del coche tocó una canción de Aznavur «Quédate» y la verdad que me quedé como tonta escuchando. A continuación, «Un mechón de tu cabello». Estos niños no permiten a una ni escuchar una canción. Estaban tan alborotados, que tuve que poner orden amenazándolos con que los apuntaba para que el lunes se quedaran a comer en el colegio. Menos mal que es sábado y solo es un viaje de ida y vuelta.

Al mediodía llego la madre Elena al dormitorio, y nos trajo una bolsa con ropa que dejaban las novicias. Le dimos las gracias, y dejamos la bolsa a un lado. Nos pusimos a bromear y reír, comentando que esa no era ropa para nosotras, y capaz que por usarla nos volvíamos novicias también. Pero luego, abrimos las bolsas por curiosidad y vimos que la ropa está bastante buena. Yo elegí, de acuerdo con mi cuerpo, un abrigo grande; y un jueguito de falda y chaqueta azul marino de cuadritos. El abrigo se nota que abriga bastante, pero a la falda hay que recogerle de ancho y subirle el dobladillo.

Al parecer, la madre Elena notó en el estado que estaban mis zapatos, y nos mandó a buscar a Alexis y a mí con otra monjita para llevarnos a las tiendas. Fuimos en taxi, y nos compraron un par de zapatos, un refajo, dos pares de medias tupidas color carne, una falda y un *jersey* muy mono. Estoy muy contenta de solucionar el problema de la ropa y los zapatos.

De regreso, las monjas nos dejaron en una de las paradas de los autobuses colegiales, que nos pudiera llevar, aunque fuera hasta La Rubia, pues ellas tenían que hacer diligencias. Ahí estuvimos congeladas y sin dinero, esperamos uno de los dichosos autobuses por bastante tiempo, pues los que pasaban, no paraban. Nos pusimos a rezar. El frío hace que se agüen los ojos. Por fin, paró uno y gracias a los rezos, suerte o lástima, nos llevó hasta el mismo colegio. No sé cuándo me voy a bañar. Parece que el frío está tan impregnado en mi cuerpo, que no me atrevo a desvestirme.

Por la noche, escribí a Mirta, mima y María Elena, y unas letricas a Juany. Hoy le escribí a María Josefa, la prima de Cary, de Asturias, anunciándole donde estaba y a Magaly, mi prima, que ya vive en Miami.

Domingo. Noviembre 24

Por fin, nos bañamos con agua casi fría, pues si no eres de las primeras en usar la ducha o la bañera, se termina el agua caliente. Desde luego que, entre el frío y el problema con el agua, con dos veces a la semana que una se bañe, es suficiente. Para dormir, nos quedamos con la misma ropa interior, que es tan abrigada, debajo del pijama. De todas maneras, este pijama cubano es para cubrir las camisetas y las medias hasta arriba, pero no abriga nada.

Me apuré en recoger el dobladillo a la falda de la ropa usada de las novicias, de las que me había burlado. ¿Dónde está mima? Y me esmeré en vestirme y arreglarme. Me había hecho los rolos la noche anterior para disimular la falta de pelo. Fui a misa, me confesé y comulgué, y me sentí mejor. Las cubanas nos retratamos una a la otra, siempre pensando en mandar las fotos a Cuba. Recé un rosario en la capilla, y volví a la camarilla pues la madre María Dolores me aviso que debía curarme antes de cenar. Tanto, la comida de la cena, como la del almuerzo, es mala, pero hay que conformarse, por lo menos es algo y nos lo dan servido. Además, que lo malo es porque no es comida de casa ni cubana, pero ya la de allá había perdió su encanto y se había perdido.

Lunes. Noviembre 25

Arreglamos con las compañeras para que nos hicieran los viajes de después comer, para ir al correo con Alexis a mandar las cartas, que costaron carísimas, por cierto. El dinero me lo tuvo que prestar Alexis, pues algunas cartas tienen que ser registradas. Es que enviamos chiches y cuchillitas de afeitar, a ver si llegan de esa manera. Igual me sentí contenta de poder mandarlas
 El dinero que me mandó madrina no me alcanza; y eso que tenemos techo y comida gratis. Aprovechamos y fuimos también a las tiendas. Nos quedábamos embobadas con tanto que comprar y sin dinero. Cogimos un taxi de regreso al cole, pero tuvimos que discutir con el chofer, porque parecía simpatizar con Fidel Castro. ¡Que atrevido!

Martes. Noviembre 26

Por fin, recibí carta y dinero de madrina. Fuimos a la droguería, muy contentas de poder comprar algunas cosas necesarias. También recibí una postal de Navidad de Irene mi prima de Nueva York
 Anoche, empezamos los ejercicios religiosos que son tres días. Hay que permanecer en silencio; y aunque es aburrido, otorgo ese sacrificio a Dios, y me alegra realizarlo. La comida es mejor en estos días; después son las charlas, cantos, rezos, confesar y comulgar. Fue interesante cuando durante una charla sobre los jóvenes, Julia, la españolita cómica y de mala leche, nos sorprendió cuando le preguntó al sacerdote (joven y bien parecido) «¿qué tan malo había con darse un beso en la boca con el novio?». El padre se sonrió, y trató de explicar que «ese es un tipo de beso que puede provocar sensaciones, que no terminan ahí». En otras palabras, ese tipo de beso puede complicar la relación llevándola más allá. Casi todas las chicas, nos sonrojamos porque nos daba tremenda vergüenza.

Jueves. Noviembre 28

Ayer terminamos los ejercicios religiosos, no me porté muy bien, pero recé mucho a Dios y aumentó mi fe. Nos regalaron dos estampitas que pegué en la pared de mi cama. La madre Elena me regaló un rosario precioso, y me volví loca de contenta. Cuando regresé del viaje en el coche, tenía un sobre con unas fotos y una carta de Juany de Cuba desde Madrid, que mi mama envió por medio de una señora que viajó a Madrid. Fue tanta la emoción, que me puse a llorar.

Sábado. Noviembre 30

Hoy recibí una postal de Gladys, y por fin recibí $30.00 de madrina. ¡Tantas cosas que necesito! Es que pedimos prestado entre las compañeras y cuando el dinero llega es más bien para pagar deudas.

Escribí muchas cartas y postales a Cuba, New York, Asturias. Fuimos a Simago, la tienda más barata, y aproveché para comprar estambre para tejerme una bufanda, guantes, que se me hielan las manos y un *jersey*, porque madrina decía que usara ese dinero para comprarme ropa; pues ella no me va a mandar.

Lunes. Diciembre 2

Ayer, después de misa empecé a tejer la bufanda bajo la dirección de Loretta. Hoy, por fin, compré el abrigo. Quedé contenta, pues está muy mono, es crema, estilo militar y abriga bastante, pues cada vez la temperatura baja más. Recibí carta de María Josefa, quien me dice que fuera a pasar las Navidades allá. Ya yo había pensado hacerlo, pero no se me acaba de cicatrizar la herida; y estoy pendiente de los papeles que tengo que presentar en Madrid. Ella se expresa cariñosa y me hace ilusión conocer la familia de Cary, además estoy contenta de que el pelo se me cae menos, claro cada vez tengo menos. Le contesté a María Josefa y a Gladys, y empecé a arreglarme otro vestido de las novicias.

Martes. Diciembre 3

Como sabía que había cartas de Cuba, bajé del coche como una loca. La de Mirta me bastó para estallar en sollozos, me ahogaba y no pude continuar. ¡Cómo me quiere esa prima mía y yo a ella! Después de cenar le empecé a dar clases de inglés a la señora Lourdes.

Miércoles. Diciembre 4

Anoche dormí con la carta de Mirta bajo la almohada. Ya es costumbre nuestra llorar un poco antes de dormir. Nos damos cuenta por los sollozos que se escuchan en el dormitorio; pero no hacemos comentarios. Hoy tuve otra carta de mima y de Mirta, que también me hicieron llorar mucho. ¡Cómo extraño a mima! Me adora y me aconseja muchísimo, se nota que le ha pesado haberme dejado ir.

Viernes. Diciembre 6

Anoche llegaron 3 cubanas nuevas. Dos de ellas no me gustan. Loretta lo comentó también. No son como las que ya estamos. Una de ellas se llama Magda.

Se rompió el coche del último viaje antes de entregar a los niños y tuvimos que esperar por otro y hacer el cambio. Los niños estaban desesperados y alterados.

Como mañana es día de ir al correo escribí varias cartas, aunque tuvimos mucho ajetreo. Yo tengo la lista de las que escribo, a quien se las escribo y las fechas.

Hoy una monja nos ha traído un horario de trabajo, claro ya somos más. Nos dijo que tenemos que estar ocupadas al máximo para no perder el tiempo y descontrolarnos. A mí, en particular, me ha tocado desde limpiar el Kinder hasta atender los niños, como asistente de la maestra. A los niños, cuando llegan en la mañana, hay que quitarles los abriguitos, bufandas, guantes, gorritos, y se les pone un delantal. Siempre se antojan de ir al baño a hacer pis, entonces se les acompaña y se les ayuda con su ropita. A la hora de comer, se les abriga de vuelta para que vayan a casa; y luego regresan a clase, y de vuelta el proceso. En la tarde, antes de regresar a casa, se les acomoda su ropa de abrigo muy bien para que no pasen frío, pero en el coche, la ropa les molesta por la calefacción, y algunos pierden gorritos, guantes y bufandas a la hora de bajar del coche en sus casas.

He tejido bastante, y hablado con mis compañeras, y recordado mucho. Esto lo hacemos en grupo o individual, algunas veces nos entristece; y otras nos anima. Parece que hablo mucho, mis compañeras me llaman por el apodo, que vino conmigo de Cuba: «Ya empezó Pin a filosofar». La señora Lourdes no presta atención a mis clases de inglés, que son tres veces por semana. Le gusta hablar de su esposo, y de cuando él podrá viajar para reunirse también con su niño de 5 años que había dejado en Cuba a cargo de la sirvienta. Asimismo, parece que la afecta la responsabilidad que tiene con los dos hijos que están aquí. Pobre mujer, parece que no está bien de los nervios. Debo tener paciencia con ella. Las otras chicas le huyen.

Lunes. Diciembre 9

El sábado recibí una carta de mima, con retraticos dirigida al colegio de Madrid fechada al otro día de mi viaje. Ella está desconsolada, me hizo llorar muchísimo. Le contesté rápido y fui con Marta al correo a mandar las cartas. Dentro de los sobres les puse chicles y cuchillitas de afeitar. Esto se hace, cuando se puede, y sin saber si van a llegar. Alexis me prestó su abrigo, que está más cómodo, y llevé sus cartas. El frío es insoportable. Por la noche opté por zafar el tejido, y hacer el mismo punto que Alexis, pues el mío no quedaba bien. La carta que recibí hoy, de madrina, me desconcertó, pues no consigue la matrícula para la visa I-20. Le escribí algo, pero no bajé a cenar, no tenía deseos de comer ni de nada.

Ayer domingo dormí la mañana. Me bañé y fui a misa de 12:00 am. El día afuera no puede más de gris y lluvioso. Nos pasamos el mediodía tejiendo y conversando. En la tarde fuimos al cine de aquí, pero la película era mala y la pantalla también.

De regreso, nos reímos mucho con una maldad que le hizo Beatriz a Julia. Yo escribí un papel y Beatriz se lo pegó en su camarilla. Julia es vasca, y estudia en la Universidad de Valladolid, por eso vive aquí como residente. Tiene muy mala leche con las cubanas. Se queja que se siente invadida, porque no la dejamos dormir, ni estudiar en la camarilla porque estamos habla que te habla, y ponemos la música muy alta, no nos quedamos quietas, o nos reímos o lloramos mucho. Repite: «Jolines, a vosotras no hay quien las entienda». Pareciera que nació enfadada. También se queja porque nos bañamos mucho; por eso siempre tenemos las duchas ocupadas y gastamos el agua caliente. ¡La que armó cuando vio el papel!

Jueves. Diciembre 12

El martes quería volar del autobús para ver si tenía cartas de Cuba, pero que decepción tan grande, ninguna de las cubanas tuvimos. Las cartas son una necesidad nuestra. Después de comer, ayudé por primera vez a limpiar el Kinder a la monja encargada.

Esta noche, mientras jugábamos parchís en el dormitorio, a Magda, quien estaba fuera del juego le entraron ganas de orinar. Se movía como aguantando las ganas, pero no se levantaba. De buenas a primeras, le dice a la China, que la acompañara al baño. La China se enojó y le dijo: «¿Magda tú no ves que estoy jugando? Tú no haces pipi con mi pipi...». Eso nos hizo tanta gracia, que casi se rompe el juego. ¡Como fastidia Magda!

Viernes. Diciembre 13

La Madre Elena está de viaje, entonces protesté a la madre Concepción por el exceso de trabajo. Le pedí que me quitara el trabajo de la portería. El kínder me sigue dando guerra. Hoy me quedé sola con los niños un rato, la mitad trabajaron con la plastilina, los otros se entretienen con una u otra cosa. Pero lo de querer hacer pis, es un problema porque no puedo llevar a unos al baño, y dejar al resto en el aula solos.

En el viaje de la tarde, se me ocurrió leer cuentos. Como es viernes, es el peor viaje porque los niños están más alterados que cansados por volver a casa. Parece que, hasta ahora, los cuentos han dado resultado porque algunos van más tranquilos.

Siempre lo mismo con las cartas de Cuba que no llegan. Me disgusté tanto que, en vez de lavar y tratar de terminar de tejer la bufanda, me puse a escribir a mima y terminar la carta de madrina, para llevarlas mañana al correo.

Sábado. Diciembre 14

Anoche, al fin, me bañé, lavé el pelo y me hice los rolos. Hoy, mirándome, al espejo me noté algo más cambiada, más saludable y bonita. He engordado y hasta me pongo colorada a menudo. El pelo me quedó monísimo, y gracias a Dios me está saliendo bastante pelo nuevo. Siempre pensando en Dávila, sin percatarme de que quizás no conteste, ni una de mis cartas. En la noche, nos quedamos en el comedor a ver un programa de música, buenísimo en la tele. Hasta cantaron Juan y Junior. Nos acostamos emocionadas.

Hoy, solo tenía una carta, para mandar a mima, que me llevó una de las chicas que fue al correo. Me siento triste, pues para colmo, la madre María Dolores me dijo que no me encuentra bien la herida, y me la tiene que revisar todos los días. Ella es muy dulce, pero encima del dolor, quitarse la ropa en este frio, y que te diga que la herida no sana, es como para desesperarse. ¡Mira que 15 días que había dicho el doctor de Madrid!

Domingo. Diciembre 15

Me levanté tempranito y fui a misa de 8:00 a.m.; sin ni siquiera peinarme, pues queríamos ver un programa en la tele que presentaba a Rafael a las 12:00 p.m. Recé mucho y cuando la madre vino a revisarme la herida en la tarde, la encontró mejor. La voz de Rafael y las canciones me gustaron, pero no su estilo.

¡Qué bueno que Beatriz me terminó la bufanda, con la falta que me hace! La madre Elena regresó y las cubanas nos pusimos de acuerdo y hablamos con ella, sobre nuestros oficios. Salimos peor, pues yo tengo que mantener los mismos oficios, pero aparte, después de las vacaciones de Navidad, tengo que estudiar inglés y francés. Me bañé y arreglé, pero cuando llegué al cine, me sentí tan triste, que me volví a la camarilla. Aquí estoy escribiendo, con mucho frío, después de terminar de releer las cartas. Lista para emburujarme y seguir llorando.

Domingo. Diciembre 22

Hoy es el cumple de abuela; y hace justo una semana que no escribo aquí. ¿Cómo así? Es difícil porque el frio congela las manos y la nariz. Lo demás se puede tapar, aunque los pies también se van enfriando. Bueno, también he estado atareadísima y cuando pasa la monjita a apagar la luz del dormitorio a las 9:00 p m. hay que parar todo y alumbrarnos y escribir con una vela. El lunes recibí carta de madrina, en la que me dice que al otro día me enviaba los papeles de reclamación. Por fin, lo consiguió.

Ya estamos de vacaciones de Navidad y el martes fui con Alexis a Galerías del Hogar. Es la entienda más grande, mejor y más cara después del Corte Ingles. No pude comprar nada, como siempre, no me alcanza el dinero. Pero entonces, fuimos a Simago, que es de nuestro nivel económico, y compré una postal, una cinta de pelo, una camiseta y una muñequita. A las otras chicas les mandan más dinero de Estados Unidos, pero hay que conformarse y adaptarse. Gracias a Dios, que tengo un buen lugar donde vivir, y trabajo para compensarlo. De regreso al cole, me encuentro el sobre certificado de parte de madrina, eran los documentos de mi reclamación. ¡Qué emoción! También, una carta de mima y una de Cary. No las podía abrir ni leer, me temblaban las manos.

Ligia, una de mis compañeras y yo, decidimos irnos a Madrid a presentar los papeles cuanto antes. Nos preparamos, aproveché para estrenarme la camiseta y la cinta de pelo. A esa hora, nos tocó ir en el tren del correo, que le llaman «el lechero», es el más barato. Las cartas de Cuba, como siempre, me dieron mucho sentimiento, pero me alegro que mima hubiera recibido la mía (#3). Para sentirme acompañada, por mi gente, me llevé las cartas conmigo. Además del jaleo de la estación, que estaba llena de reclutas del servicio militar, viajando por las Navidades y acomodarnos en nuestro asiento como pudimos, cuando el tren arrancó se sentía que se iba a romper en cualquier momento. Para no pensar en eso me puse a releer las cartas, pero no pasó mucho tiempo y se rompe el tren. Tuvimos que esperar para remolcarlo hasta la estación de Matapozuelos y bajarnos ahí. El frio era tremendo; y a Ligia por poco se le pierde la maleta. El otro tren que cogimos era viejísimo también, y tuvimos que hacer otro cambio en Ávila.

Lo bueno de la travesía, después de todo, fue que nos tocó un compartimiento con unos chicos reguapísimos e hicimos el resto del viaje conversando. Uno de los chicos, que era un encanto y parecía tener al menos 18 años, resultó tener 16 y medio, ¡qué desilusión! Llegamos al cole de Madrid en taxi, casi a las 2:00 a.m... Después de mucho esperar que nos abrieran la puerta y congeladas de frio en plena acera, una monjita nos recibió asustada.

Presentando los papeles en Madrid

El miércoles fuimos a la agencia a presentar los papeles con un poco de miedo, pues casi nunca están completos. Por suerte me dijeron que lo que me falta; me lo puede mandar a la agencia directamente por correo mi familia de Estados Unidos. Pero que como yo ya tenía 18 años, la obtención de la visa de esta categoría estaba demorando alrededor de un año. El tener que esperar tanto tiempo para llegar a mi meta, me dejo más triste y desesperada.

Me comuniqué con Paulino, el hermano de Alexis, desde una cabina telefónica, él está en un colegio en El Escorial, y se queja de que extraña mucho y hace mucho frío. Llamé a las parientas por parte de Filo que casi me suplicaron no me fuera de Madrid sin verlas. En la tarde visité a Amelia, que fue muy amable. El jueves, Consuelo me vino a visitar un momentico al convento. También es muy simpática. Durante mi estancia en Madrid, conocí la famosa tienda, El Corte Inglés, superior a Galerías Preciado y del Hogar. Imposible comprar en estas tiendas tan lujosas y caras. Pero en una tiendita compre tres muñequitas muy pequeñas para mis compañeras, aunque creo que me voy a quedar con una.

La mamá de Loretta, que vive en Madrid me llamo porque Loretta le pidió que le mandara algunas cosas que yo le podía llevar. Entonces el viernes de regreso al cole me recogió la señora muy elegante para llevarme a la estación con la maleta para Loretta. Yo solo llevaba de equipaje la bata de casa, que me la puse debajo del abrigo y lo demás era equipaje de mano. Hice bien el viaje, pero con tres chicas españolas en el compartimento que fumaban como chimenea. Un chico me ayudó con el equipaje hasta el taxi, y una vez de llegar aquí todo fue jaleo, pues nos invitaron a la fiesta de Navidad de las alumnas mayores.

Navidades 1968-1969

El sábado la pasé muy ocupada todo el día, pero me siento feliz de estar de vuelta en lo que puedo llamar «mi casita». Escribí a Cuba, ordené y limpié mi camarilla, mojé muchísima ropa y me bañé con pelo y todo. Ahora me siento contenta con el cuarto arreglado y con las muñecas, con un escritorio más grande, que me dejó una de las alumnas residentes españolas. También pegué en la pared una postal de mi profe de idiomas de Cuba y la nueva esposa. Mi camarilla luce muy bonita.

Recibí carta de María Josefa por Navidad, y una nota para ir a buscar un paquete al correo. Pensé que eran fotos de Cuba, y Alexis me acompañó a buscarlo. El paquete resulto ser una sorpresa de dos vestidos lindísimos que me mandó madrina. Me arrebaté de alegría. Me los probé enseguida, me quedaban muy bien, solo tenía que hacerle el dobladillo a uno negro con un escote de encajes, que está muy elegante. Aunque no tenga ocasión para usarlo, me tomaré una foto para mandarla a Cuba.

El otro vestido me lo estrené esta tarde para la fiesta de Navidad de las pequeñas, que quedó muy buena. Modestia aparte, yo lucía monísima con mi vestido nuevo. Me lo dijeron muchas personas. Lo que también me tiene preocupada es no recibir carta de Dávila, pero comprendo que mi espera puede ser en vano.

Lunes. Diciembre 23

Anoche tuve la sorpresa de una llamada de mima desde casa de Cary. Hablé con ellas y hasta con Justico. Casi no podía aguantar la emoción, pero traté de portarme lo más valiente posible. Cuando subí al dormitorio eran la 1:30 am. Me puse a hablar con Alexis y nos dieron las 3:30 am. Es difícil conciliar el sueño con tanta emoción.

Nos hemos quedado en el dormitorio solo seis cubanas y alguna española. Esto es un desierto. ¡Cómo se extrañan las protestas de Julia! Es que las españolas residentes se han ido de vacaciones de

Navidad. Las monjas nos trajeron un arbolito con bolas y luces para el dormitorio, y esto nos alegró y nos entristeció a la vez.

Después que fuimos a misa, y comimos, Beatriz, Lucila (la chinita), Alexis y yo partimos para el centro y ahí nos sentamos en una cafetería. Mientras tomábamos café para pasar el frío, hablamos y nos reímos como cuatro tontas. Estos son días muy señalados y tratamos de mitigar la nostalgia. De ahí, nos fuimos al cine de La Rubia. Menos mal que las dos películas estaban bastante buenas. Al menos, esta tarde tuve ganas de reír.

Luego de regreso al dormitorio, nos pusimos a chismear, sobre el asunto de que si Magda estaba enfadada porque no la invitamos al paseo. Lavé alguna ropa y nos pusimos a sacar cuentas. Lo principal era que el dinero que me quedaba me alcanzara para comprarme las botas, que buena falta me hacían. Si no me alcanzara, entonces pediría prestado para completar. ¡Caramba!, siempre tengo los pies helados.

Antes de acostarme, escribí una postal de Navidad a Hilda, la hermana de padrino, y otra para madrina y mis primas y aquí estoy.

Martes. Diciembre 24

No importa el esfuerzo por cambiar el modo de pensar, de actuar y sentir; no es substituible, porque la nostalgia siempre está ahí.

Después de pagar y que me pagaran dinero prestado, por fin con lo que quedo y después de mucho mirar en las tiendas me regalé las botas por Navidad.

A pesar de que recibí una carta de María Elena, mi prima, la pasé muy triste y calculando que de ocho cartas que he mandado, solo he recibido dos.

Jueves. Diciembre 26

Hoy solo tuve la postal de una españolita desde su casa, pero lo más importante fue un sobre de mi padrino con una carta, dinero y la matrícula de un instituto en New York, que era lo que faltaba para solicitar por ese medio la visa I-20. Lo malo es que la solicitud de la visa no la mando a la agencia directamente. Di gracias a Dios porque ya siento, el proceso de mi salida en camino. El dinero me viene muy bien. «Dios aprieta, pero no ahoga».

Las monjas nos invitaron a compartir su banquete de Noche Buena, y nos tomamos fotos. Me puse uno de los vestidos que me mandó madrina y me estrené las botas. En la misa de Gallo a las 12:00 a.m. escuchando «Noche de Paz», el Padre habló sobre nosotras las cubanas, y el sacrificio que habíamos hecho alejándonos de nuestra familia. Cuando terminé de comulgar, no pude más, y me arrodillé llorando.

Martes. Diciembre 31

Fin de Año o Año Viejo, como dicen aquí, Beatriz tuvo que viajar a Madrid porque la llamaron de la Agencia para actualizar sus papeles. También, aprovecharía el viaje para mandar una medicina a Cuba para su hermano, que padece de epilepsia. Entonces aproveché para mandar con ella una medicina que mima me había pedido, a ver si llegaba de esa manera. También que desde Madrid, enviara una carta para María Elena, mi prima y una para mima, certificadas.

El sábado fuimos a las tiendas, y con el dinero que me quedó del que mandó padrino, me compré una fajita para disimular las vendas de la herida y mantener el calor, pues quizás el frío no deja que se termine de curar. También compré una botella de sidra, turrones y golosinas. Por la tarde fuimos al cine de aquí. La película estaba buena.

El domingo, las chicas y yo, nos pasamos el día en el dormitorio, hablando de todo y hasta de las locuras de Mirta mi prima y de cuando bailábamos los Quince. En la noche, nos pusimos a hablar de espíritus, y nos llenamos de miedo, de tal manera que, para dormir cerca, terminamos las siete cubanas y españolas, que quedamos en el dormitorio, acostadas en la camarilla de Marta, y en tres camas pegadas en el pasillo. Hasta la señora Lourdes y una niña de 11 años, recién llegada de Cuba, se quedaron muy contentas, con nosotras. Esta aventura nos costó un regaño de la madre Elena.

Año nuevo 1969

Miércoles. Enero 1

Anoche también cenamos con las monjas por Año Viejo. Pero esta mañana, antes de ir a misa, vinieron unas cuantas monjitas a hacerme bailar «El juego de Simón», como castigo por no haberme comido las 12 uvas de un tirón, cuando dieron la voz. También le dimos el regalo, con postales dedicadas por las cubanas a la Madre Superiora, y a nuestra madre Elena.

Nos dormimos de a dos en cada cama, pero lo triste fue que habíamos planeado levantarnos antes de las 5:00 a.m. calculando las 12:00 a.m. del horario de Cuba, para brindar por las personas de allá. Pero a la responsable de despertarnos con tiempo, no le sonó el despertador, según ella. Claro, se nos pasó la hora, y no había remedio.

Yo me desperté a las 8:15 a.m., y había estado soñando que Dávila me chiflaba. Desperté a Alexis para que se pasara a su cama. Y yo, después de un rato de atormentarme con los recuerdos y la realidad, pensando «qué me depararía este año nuevo», me volví a dormir, y desperté a las 12:15 p.m.

MI CAMARILLA

Fin de navidad

Aún no se me cura la herida, y el pelo se me sigue cayendo, pero pese a todo, muy adentro de mí, en la misa de anoche hice una acción de gracias a Dios. Por muchos recuerdos de familia y de costumbres, la ilusión de un muchacho, que, según él, contra toda adversidad, me hizo creer que me quiso. De él pienso si todavía me recordará, y de qué forma. ¿Guardará de mí un sentimiento puro, como fue lo que le dediqué o sería un pasatiempo en su vida? Ya del año pasado solo podría enumerar malos momentos, ya que estuve la mayor parte del tiempo enferma, triste y preocupada. No sabía que, con mi huida, salida y, sobre todo, con la separación, iba a recibir el terrible castigo de este recuerdo constante, que cada día, cada cosa, cada minuto de mi nueva vida se hace más agudo. Los momentos vividos están grabados en mi memoria de una manera imborrable, suerte es mi esperanza de recibir cartas, que primero alegran, pero después te dejan una sensación de vacío. Ahora comprendo las palabras de Dávila, como una sentencia, al comprobar que «podría tener montones de cosas materiales, pero esa necesidad de cariño que no puedo palpar, no la pueden compensar». Lo siento como algo distante, y me pregunto si habrá reencuentros, o solo quedará el pasado.

Nostalgia:
NOST: Prefijo–Nuestro
ALGIA: Sufijo–Proveniente del idioma griego que significa «dolor» en alguna parte del cuerpo.

Percepción sensorial localizada y subjetiva, que puede ser más o menos intensa, molesta o desagradable. Es el resultado de una excitación /o estimulación de estimulaciones nerviosas sensitivas especializadas.

Añoranza:
- Pena por estar lejos de la patria, amigos y familiares.
- Sentimiento de cierta tristeza producido por el recuerdo de cosas o personas queridas y a su vez ausentes.
- Pena de verse ausente de algún lugar o de algunas personas.

- Pesar que causa el recuerdo de algún bien perdido.

Viernes. Enero 3

Tampoco esta semana tuve carta de Cuba. Es desesperante. En cambio, recibí cartas de Irene y Gladys, mis primas, hijas de madrina que me cuentan que están entusiasmadas con mi llegada. Les contesté lo antes que pude.

Ayer, por el día llegaron las chicas cubanas que estaban en Madrid. Loretta llegó anoche; y, como desesperadas que somos, nos dimos los regalos del intercambio. De parte de Loretta, mis medias de maya negra que me encantaron. Yo quería comprármelas así, como las que empecé a tejer en Cuba, que solo terminé una por lo de la falta de hilo, pero no las encontré en las tiendas de Valladolid. A mí me había tocado un regalo para Marta y le di una muñeca porque es la más joven.

En la noche Marta delante de todas se probó el abrigo que se había comprado que tiene un pliegue en la parte de atrás. Enseguida que Beatriz la miro dijo que se parecía a «Pepe el Grillo» y ahí empezó el apodo. Después de todo los comentarios y las risas, se armó un tremendo jaleo en el dormitorio, porque ya después de acostadas, Beatriz, que es la encargada de apagar la luz, Alexis, Loretta y yo vimos una sombra que parecía un fantasma. Nos pusimos a gritar de miedo y nos fuimos a acostar unas al lado de la otra, pero las camas son tan pequeñas para más de una persona, que se nos ocurrió sacarlas al pasillo y así no sentirnos tan solas o incomodas en la camarilla.

Algunas chicas nos hacían callar por el ruido de las camas y los gritos. Empezamos a rezar un rosario, pero terminando llegó la madre Elena para decirnos que «si no nos íbamos inmediatamente a nuestras respectivas camarillas con las camas, «¡NO HAY REYES!». Aunque ella no hubiera mencionado la celebración del Día de Reyes ¿Quién no obedece a la Madre Elena inmediatamente? Después de acostarnos en nuestras camarillas, comentamos que, probablemente, la sombra había sido una monja viva que rondaba los dormitorios antes de acostarse.

Sábado. Enero 4

Hoy tuve carta de María Josefa. Como fuimos al correo más tarde aproveché para enviársela a mima dentro de la mía que al igual que la de Mirta iban con chicles, para que vieran lo atenta que la prima de Cary me escribe. Yo sigo atada de visitarlos porque la herida sigue sin curarse. De ahí Magda, la señora Lourdes y yo nos fuimos al centro a ver la película de Romeo y Julieta. Que pena que me tuve que estrenar el gorrito que me tejió Loretta, como regalo de Reyes, ara esa ocasión para poder meter todo el pelo dentro, pues lo tengo sucio y feo, aunque igual la idea no lucía tan mal y tapaba el frio.

Martes. Enero 7

El Día de Reyes, Loretta nos despertó llamando nuestros nombres. Me levanté temblando y corriendo, y me vine a despertar junto al arbolito de Navidad, buscando mi regalo. Para una sorpresa maravillosa encontré un disco de Dyango con cuatro canciones de las que a mí me encantan, dedicado por las monjas: «Para la romántica Nidia». También tuve bragas, un pañuelo, caramelos, pasta de dientes, jabón y medias, al igual que las otras cubanas. Me bañé con el jabón nuevo, y para completar mi alegría, recibí un telegrama telefónico de Juanito y una carta de Cuqui, mi primo. Lo que me entristeció fue que después que nos arreglamos con esmero, no pudimos salir a comprar el rollito para retratarnos, pues había caído una helada tan fuerte que todos los establecimientos estaban cerrados.

Jueves. Enero 9

Por fin compramos el rollito y nos tiramos las fotos. Espero que hayamos quedado bien. Ayer tuve la alegría más grande desde que estoy aquí pues recibí muchas cartas. Una de las de mima contenía el poder para los padrinos, como me pidieron en la Agencia de Madrid. Mima me aclara quienes me hablaron por teléfono la última vez, pues se escuchaba muy mal. Mirta me escribe que a Dávila lo habían enviado a las Villas por un mes. Al menos supe de él. Tantas cartas, creía volverme loca, todos me siguen queriendo cada día más. Por la noche me di tremenda desvelada, a pesar de que el llanto desahoga.

Hoy empezamos de vuelta con el trajín del trabajo, pero, así y todo, nos fuimos rápido al centro para mandar a la agencia el poder de los padrinos después del primer viaje de los coches porque oscurece muy temprano para esperar al último. Me compré el neceser y la maleta color negro. Son las más feas, pero las más baratas. También compre la gabardina, que para el precio está bonita, y hace mucha falta por la lluvia y el granizo. No me pude comprar más nada; pues se me acabó el dinero. Llegamos tarde al segundo viaje, tremendo problema.

En la entrada del colegio

Lunes. Enero 13

¡Será posible que aún no se me haya curado del todo la herida! De eso depende el viaje a Asturias; estoy preocupada, pero no quiero decirlo, ni escribirlo a Cuba, para que ellos no se preocupen. El sábado, fuimos al correo como siempre y a dar una vuelta. Esta vez mandé las fotos del grupo de mis compañeras y otras.

Jugamos parchís, y leí y escribí un poco. Me sentía muy triste donde quiera que me encontrara.

Ayer, después de misa, rezamos un rosario con las monjas. En la tarde fuimos al cine de aquí, pero me salí antes de tiempo porque me sentía que me ahogaba; como si el mundo se me viniera encima, era más que tristeza, era como una desesperación que no podía controlar a pesar de que voy bastante a la capilla a rogar, ya no sé ni por qué. Después de comer jugamos parchís; y por la noche nos tiramos fotos en la cama de Beatriz como loquitas. Hoy fuimos al centro a revelar el rollito; y de paso encontramos una tienda que estaba rematando la mercancía; y me compré una falda negra y dos *jerséis* baratísimos. Lo bueno es que cuando no tenemos dinero, lo pedimos prestado una a la otra.

Magda se va mañana definitivamente para Madrid, nos alegramos, pues cada vez está más antipática. Beatriz la acompaña pues le llegaron los papeles que le faltaban para presentar su solicitud de visa para Estados Unidos. Que anhelo de que llegue mañana a ver si tengo cartas de Cuba. Tengo la necesidad, como nunca de tener a los míos de nuevo a mi lado; es mucho este sacrificio, porque al final nada satisface. Lo malo es que no se puede volver atrás. Hay que seguir afrontando lo que sea y cómo sea. Nuestra vida es una misión.

Jueves. Enero 16

Ayer, antes de cenar, empecé a dar clases de inglés a Lourditas, la hija de la señora Lourdes. Ella sí entiende bastante bien porque presta atención. Ahora sí tengo tremendo jaleo, estoy de una en otra.

Recibí cartas de Cuba con fotos de mis 15 y otras. Una cartica de Gladys, y también de la marquesa de la Agencia de Madrid que me informaba que mis papeles están en orden. ¡Qué bueno! Estoy en un conflicto sobre mi vida en Estados Unidos. Quisiera irme a vivir con Blanca, la amiga de mima, a New Jersey, para ayudarla con el niño y a ella con su problema de parálisis, pero creo que mi lugar está con madrina y mis primas.

Ahora solo voy al *kínder* a la hora de salida a vestir a los niños y sigo impartiendo la clase de inglés a los de cuarto grado. Tengo que averiguar lo de las clases de francés para mí. Me sentí con una voluntad y fe que por la noche fui a la capilla a dar gracias a Dios y a rezar por todo lo demás.

Mis alumnos de kinder

Sábado. Enero 18

En la mañana fuimos al correo como cada sábado. Después de comer, llegó el padre Remondo a darnos ejercicios religiosos, pero luego en la misa, pasé tremendo apuro con Alexis, pues nos dio la risa a las dos. Yo, una vez que me empiezo a reír, me es muy difícil parar.

Lunes. Enero 20

Beatriz recibió carta de Carlos, su novio. Si cuando hablé con Mirta, me dice que no recibió la carta para el mío; le escribiré de nuevo. No sé si eso me reconforta, o es remordimiento. Mi madre y yo nos organizamos numerando las cartas. Controlamos qué número hemos recibido y cuál falta. Independientemente de los trabajos asignados, y las cartas para leer y escribir, hacemos tiempo para entretenernos juntas. Anoche nos pusimos a bailar rumba y otros ritmos; yo fui la que mejor lo hizo; nos reímos bastante de nosotras mismas. Tiraron dos fotos, y yo con los rolos hechos, ¡qué locura! Claro, no podían faltar las protestas y las críticas de Julia. Parece que en el fondo le causa gracia o celos los alborotos nuestros. Ella da más risa con sus peleas, pero es que la pobre tiene exámenes pendientes, y tiene que estudiar y no se puede concentrar por culpa de nosotras. Ella no tiene tiempo para pasarla bien, aunque sea un rato. Le decimos que se vaya a otra parte del colegio, que es bien grande porque el dormitorio no es para estudiar. Claro no quiere estudiar sola, y con semejante frio. Parece que el problema del frío dentro del colegio es que se rompe la calefacción muy a menudo.

Como era de esperar, entre el frío y el cansancio se nos pegaron las colchas, que son bastantes, y perdimos el coche del primer viaje. ¡Qué pena o vergüenza! Cualquiera de las dos; el caso es que enseguida vino la madre Elena y nos puso a limpiar los baños que estaban de asco. La verdad es que nos lo merecemos… A esa hora ¿quién acompaña al chofer a recoger los niños? Mejor ni averiguarlo hoy, porque igual son las monjitas…

Jueves. Enero 23

El martes no tuve cartas, pues solo llegaron certificados. Comencé las clases de francés y voy con Loretta a las de cuarto grado. Los estudios son muy fuertes, y me es difícil concentrarme, pero no la quiero defraudar. A veces, no entiendo ni el castellano. Como dice la madre Elena «emplear el tiempo productivamente».

¡Qué buen día! Recibí carta de María Josefa, me repite que en su casa me siguen esperando. También, tuve carta de mima, pipo, mi hermano, Cary y Jorge, el novio de Mirta. No me puedo quejar. Aunque, al parecer las cartas mías no les llegan. Me desespera y entristece pensar en el amor con que las escribo, el frío que se pasa, sobre todo en las manos, y el gasto. ¿Será porque les pongo las cuchillitas y los chicles? Pero eso no es a todas. La carta de Cary es muy cariñosa, no pensé que mi prima me quisiera tanto. Cuánto les extraño, cuánto diera para que las cosas en Cuba se arreglaran pronto para volver.

Mi herida sigue sin cicatrizar, pero el pelo se cae menos, y al parecer quiere comenzar a salir nuevo. Recibí el documento de la agencia de Madrid con fecha de prioridad enero 17, 1969, al igual que Beatriz. Nos alegra pensar que nos iremos juntas, aunque su destino es Miami y el mío Nueva York. Nosotras no entramos en la categoría de menores por haber cumplido los 18 años antes de presentar. Aunque igual estamos en la categoría de estudiantes, la fecha de prioridad se demora más que la de los menores. El caso es que tenemos que estar en este limbo un año más.

Lunes. Enero 27

Me ha dado por estudiar, y tengo el tiempo bien ocupado. Ayer me estrene el juego de saya y chaqueta de la novicia que dio tanta vuelta. Me queda muy bien, será por lo que he engordado. Las botas ayudan mucho para el frío en las piernas y los pies. La madre María Dolores me acaba de decir que mi herida va bien y pronto estará curada. Qué bueno, así me voy a Asturias a conocer a la familia de Cary, por fin. Tengo que esperar a que me llamen de Cuba para decirles que ya planeo ir por seguro, pero no el porqué de la demora. Todos creen que es por el proceso de los papeles para pasar a Estados Unidos.

La herida fue grande y profunda, ¡así será la cicatriz! Cuando me vaya a casar, tengo que advertírselo a mi novio, que espero que me quiera lo suficiente para que no se desilusione. Hoy me tocó bañarme y lavarme el pelo, el frío es demasiado. Beatriz me hizo los rolos y fui a misa de 8:00 p. m.

El sábado, cuando regresé del correo y del centro, me dijo una chica española, y Chela me lo confirmó, que me llamaron de Cuba, ¡qué tristeza! Dejaron el mensaje de que me iban a llamar después de las 7:00 p. m. Para entonces ya tenía anotado lo que iba a decir. Recé porque diera tiempo, pues con lo mala que es la conexión, y lo nerviosa y sentimental que una se pone, se pierde mucho. Todo fue inútil... no se pudo hablar.

Se dice que «La Habana fue en 1906 la primera ciudad del mundo en tener telefonía con discado directo» (sin operadora).

Más de 60 años después, la comunicación telefónica era de la peor, y el correo se demoraba muchísimo o directamente se perdía.

Las cubanitas estamos con los nervios de punta, discutimos de día y lloramos de noche. Todas pensando en la familia, las amistades, las costumbres, los amores... es como si se nos fuera la vida poco a poco, como si solo se respirara un frío que llegaba al alma.

La maestra que da las clases de francés nos dijo llorando que no puede dar la clase por ahora porque la llamaron por teléfono con la noticia de que tiene que ir a Francia, a ver a su madre que está muy grave. Yo no podía aguantar mis lágrimas. ¡Qué triste estoy sin la llamada de Cuba! Tanta ilusión que tenía, pero peor fue la llamada de Francia para la maestra.

¿En qué pensamos al acostarnos? En el pasado. Quizás en el frío que nunca conocimos, en la voz de nuestros padres y hermanos, en el uniforme de la escuela, en la tarea si estaba lista, en que no hubo para cenar, o en los comentarios de las escaseces, pero a nosotras, eso no nos preocupaba porque no era responsabilidad nuestra.

Aunque recordar fuese inevitable, aunque las amarguras del pasado nos dejaran huellas, lo vivido en Cuba era nuestro. Ahora, lo nuestro venía a ser las huellas y el limbo en que nos había tocado vivir. Ya no tenemos retroceso, el futuro es extraño e incierto, ni siquiera el aire ni el sol iba a ser nuestro porque no era nuestra tierra. En un país extraño no habría derecho, pero qué más daba si en el propio nos lo habían quitado todo, hasta el derecho a continuar viviendo como habíamos nacido. Vinimos al mundo con la intención de ser criados sin muchos bienes materiales, pero con el cariño familiar, con seguridad, con sinceridad, con una tierra y un clima bendecidos, y con muchos dones que solo se aprecian después que los pierdes y comparas. No importa el esfuerzo por cambiar el modo de pensar, actuar y sentir; no era substituible, porque la nostalgia queda ahí.

Jueves. Enero 30

La verdad es que no hay que desesperarse, pues al bajar a comer, me avisan de una llamada telefónica de Asturias. Era María Josefa para decirme que Cary le había pasado un cable informándole que la llamaba a las 2:00 p. m. Quería saber cómo yo estaba y me insistía mucho de por qué no había ido en las Navidades, para explicarle a nuestra prima por teléfono. Yo no sabía qué decir, ni siquiera para cuándo iría a Asturias. En este momento solo estaba contenta con las cartas que había recibido de Delia, Mirta y mi madre...

Pues como a las 5:00 p. m. me llaman de Cuba. Yo traté de portarme valiente y así hablé con Cary, Juanito y Mirta. Mima me dijo que tenía catarro, ¡como si yo fuera boba! Mirta me dijo que Dávila está en el Salado y que no había recibido mi carta para él. Para terminar, solo le dije: «No me olvides», y nos echamos a llorar las dos; tuve que colgar. Seguí llorando en el cuarto de Beatriz para desahogarme.

Viernes. Enero 31

Estando todo el dormitorio a oscuras, y a punto de dormirme con mucha tristeza, como siempre, escuché un llanto. Me levanté y caminé despacito para investigar. El llanto venía de la camarilla de la China. Entré, pero en vez de consolarla, me volví a mi camarilla con tal sentimiento que estallé en sollozos yo también. ¡Qué bueno que las colchas disimulan nuestro llanto de cada noche!, pues si no es una de nosotras la llorona, es la otra, si no somos varias a la vez.

Estamos hartas de todo. Hemos decidido que cuando regrese de Asturias, nos vamos a vivir a Madrid, Alexis, la China, Beatriz y yo. Alexis recibió carta de su hermano, en la que le decía que se iba a vivir a Pamplona. No soporta el colegio. Por otra parte, ya mi mama estaba tratando de contactar con la familia de Beatriz y Alexis en Cuba, para conocerse y estar al tanto de nosotras.

Martes. Febrero 4

En cuanto nos llegó dinero, fuimos al centro a averiguar lo de mi pasaje a Asturias, y comprar el regalo a Loretta por su cumple que es un *jersey* y una caja de bombones. De regreso al cole encontré una carta de Gladys, mi prima, y otra de María Josefa diciéndome que Cary no la llegó a llamar el jueves como acordaron. En la tarde, le hicimos un motivito a Loretta con discos de las estudiantes residentes y le cantamos: «Felicidades». De pronto tocaron el disco de «*Strangers in the Night*». ¡Qué bello! No pude resistirlo y me dio por irme corriendo a limpiar el Kinder.

El sábado pasado escribí a Dávila; pero no fui al correo, pues el viernes fuimos al cine de la Rubia a ver dos películas, que estuvieron muy malas, las dos. El domingo, las monjas permitieron a dos chicas, que éramos la China y yo, a bañarnos al dormitorio de las internas, porque en el nuestro no hay electricidad ni agua. El frío es adentro y fuera de este colegio, la calefacción siempre tiene problemas. Luego nos quedamos aquí, a ver una película de Tarzán, bastante buena. El problema es que la pantalla no se ve bien. Yo no hago más que pensar en la carta que mandé a Dávila, que quizás sea la última. La madre María Dolores vino a curarme, pero solo me aplico un talco medicinal en la herida diciéndome que esa era la última cura. Por primera vez me metí en la bañadera completa. Ya no tengo que preocuparme por la herida. ¡Qué sensación tan rica! Estoy liberada. Para celebrar, las chicas me pusieron la canción «Aunque estés lejos» pataleé para disfrutar el disco, el agua y la cura de mi herida misteriosa.

En estos días llegaron de visita dos muchachas, mayores que nosotras. Se llaman Santa y Elvira. Ellas viven temporariamente en una pensión en Madrid hasta que les llegue la salida para Estados Unidos. A diferencia de nosotras, tienen que hacer el papeleo por contrato de trabajo. Santa y Beatriz se conocen desde Cuba, porque son del mismo pueblo en Matanzas.

¡Qué emoción! Recibí muchas cartas, entre ellas una de Blanca, la amiga de mima con un cheque por $10.00. La carta de madrina la escribió desde el avión mientras viajaba hacia Puerto Rico. Al parecer fue a buscar ayuda económica donde una sobrina. Mima me confirma la sospecha de lo sucedido con el proceso del viaje de mi hermano. El Departamento de Emigración o el Ministerio del Interior suele retener la reclamación de algunos de esos chicos cercanos a cumplir los 15 años. De esta forma, amparados por la Ley de Edad Militar no tenían derecho a salir del país. Quizás, los que logran la salida es porque tienen una buena palanca. ¿Pero a quién se le hace una denuncia de esta injusticia? ¿Dónde están los derechos?

De todas maneras, ¿qué hubiese hecho mi hermano aquí en España? ¿Cuál habría sido su experiencia? No todos los niños la superan. A los que vienen solos, los mandan a un campamento o colegio en el Escorial. Según Paulino, entre el frío y la nostalgia alguno ha muerto. ¡Como mi hermano es más joven, quizás le hubieran enviado a USA primero que a mí!, ¡menudo lío! él en casa de mi tía con sus tres hijas. A él nunca le interesó estudiar inglés. Esto sí hubiera sido un desastre. ¿Por qué si él no quería seguir en Cuba acatando su vida, adaptándose, había que hacer tantos cambios y complicar la vida de los demás, sin saber cómo él respondería?; ¡qué falta de responsabilidad cuando decidimos depender de otros!

Jueves. Febrero 6

Siempre esperando carta de mi amor lejano, que nunca llega. Es muy triste vivir en esa espera e ilusión. Tal vez a él le hace daño, y yo soy una egoísta intentándolo. Si di este paso, tengo que dejar mi pasado sentimental atrás, pero es que el maldito corazón no entiende de razones. Vamos al cine y estamos apuradas porque se acabe la película, porque para nosotras ninguna sirve; recibimos cartas y nunca estamos conformes, la estadía es gratis y nos quejamos... Al parecer nada tiene sentido, a pesar de que tratamos de apegarnos a Dios lo más posible.

Como la comida que nos dan en el cole no es buena, guardamos chucherías en nuestros armarios para antes de acostarnos. Especialmente, galleticas y leche condensada, con chocolate en polvo, que con el agua caliente de la pila (cuando hay) nos ayuda para el hambre y frio a la hora de acostarnos, gracias que las sábanas y almohada están tapadas con todas las colchas para manenerlas calientes y el estómago esta algo lleno. Ahora estoy dependiendo de recibir algún dinero de madrina para pagar las deudas y poderme ir a Asturias.

Ya Alexis y yo vamos independientes en el coche amarillo con los niños, y así nos turnamos los cuatro viajes, aunque igual estamos de ocupadas en otros quehaceres. Lo bueno es que es difícil quedarnos quietas con este frio. Nos bañamos poco y para dormir nos dejamos puesta la camiseta más fina pegada al cuerpo, y otra de franela pesada debajo de mi pijamita cubano, y nos tapamos con cuatro colchas dobles con la sobrecama encima. El problema es salir de ahí abajo, para levantarnos, pero, hacer la cama es rápido a pesar de todo.

Sábado. Febrero 8

Ayer por la mañana me quedé en la cama durmiendo pues me siento cansada. Alexis hizo el primer viaje y tampoco fui a la clase de francés.

Recibí carta de mi prima Magaly contándome que ya está en Miami con su familia. También recibí carta de madrina con el cheque, espero que me alcance, me da pena depender de eso, pero no tengo de otra, al menos no tiene que pagar por la estadía. Hice el tercer viaje por Marta. Su coche es nuevo y tiene tocadiscos y tocaron canciones tan bellas que me apretaron más el pecho.

Después Alexis y yo fuimos al centro a cambiar el cheque y comprar el pasaje para Oviedo por tren y poner un telegrama a la familia de Cary informándole del viaje. De regreso lavé varias piezas de ropa, las entregué a una monja para secar y preparé el equipaje,

En la noche, cuando me hacía los rolos, recibí una llamada del padre de María Josefa para coordinar mi llegada a Oviedo. Su esposa y el estarán en la estación esperándome, pues ellos tienen un piso en Oviedo donde haremos noche y después tomaremos el ómnibus Alza tren para Luarca, donde vive el resto de la familia. Mi contraseña es un gorrito blanco pues se me había olvidado de que no nos conocemos ni por fotos.

Estoy contenta y emocionada a la vez porque me voy, pero temerosa al mismo tiempo a lo desconocido. Es que, por fin, voy a conocer a la familia de Cary, y les podré contar semejante evento. María Josefa también es su prima y le manda paquetes desde España y se escriben sin conocerse personalmente y yo en unas horas los voy a ver. El tío Ramon se comprometió y lo que menos puedo hacer es darle esa satisfacción de visitar a su familia. ¡Qué cosas tiene la vida! Me fui a acostar sola, helada de frío y nerviosa. No sé si podre dormir, pero no quiero llorar. Es posible que, si lo hago, se entere el colegio entero.

Siento miedo al futuro y lo desconocido, pero el sentido de responsabilidad por cumplir mi misión me hace sentir contra la pared, atrapada, ansiosa, desesperada y triste con el terror de apegarme a algo que tendría que volver a dejar. Viví con demasiados apegos en Cuba y no quiero experimentar de nuevo lo difícil que es la separación, porque aunque no sea lo mismo tiene el sabor de familia.

TERCERA PARTE

VIAJE A ASTURIAS

Domingo. Febrero 9

Me levanté tarde (¡que frío!), pero enseguida preparé el baño y me vestí. La culpa de no ir a misa, la tuvo Alexis pues se demoró mucho. Cuando me zafé los rolos tenía el pelo feo, es que tengo pelo nuevo con viejo y no combinan. Pero después que regresé de rezar el rosario, y terminar de arreglarme con el vestido azul que me mandó madrina, me encontré luciendo muy bien. El cambio en mí fue asombroso, y lo sentía. El gorrito blanco no podía faltar, pues era la contraseña para reconocerme.

HACIENDOME LA TONTA EN LA ESTACION DEL TREN

OVIEDO - PARQUE SAN FRANCISCO

Alexis, Beatriz y Loretta me acompañaron en taxi a la estación del tren. Allí la pasamos bien. Nos tomamos fotos en una máquina que se echa dinero y puedes hacer posiciones con la cara. Estuvimos conversando bobadas con dos reclutas hasta que llegó el tren. Me dio pena dejar a mis compañeras, pero me senté al lado de una señora muy educada y conversamos mucho durante el viaje. Al lado nuestro viajaban unas chicas francesas con mucho *feeling*, y el tiempo de unas 3 horas que duró el viaje, pasó bastante rápido. La señora me tranquilizó un poco porque dijo que no me dejaría sola hasta no encontrar a mi familia.

Oviedo, Asturias – mi nueva familia

Mientras reclamaba el equipaje del tren, se me acercó una señora y me preguntó nerviosa «si yo era la cubana». Era Marina, la madre de María Josefa y al lado su padre Santiago. Yo le dije que si con una sonrisa y nos abrazamos. A pesar de que yo estaba aturdida y temblaba, le presenté y nos despedimos de la señora que fue un Ángel. Caminamos los tres hasta un restaurante pues ellos tenían hambre y yo posiblemente, también, pero ni me daba cuenta. ¡Estaba en Oviedo con los tíos de Cary; y no lo podía creer!

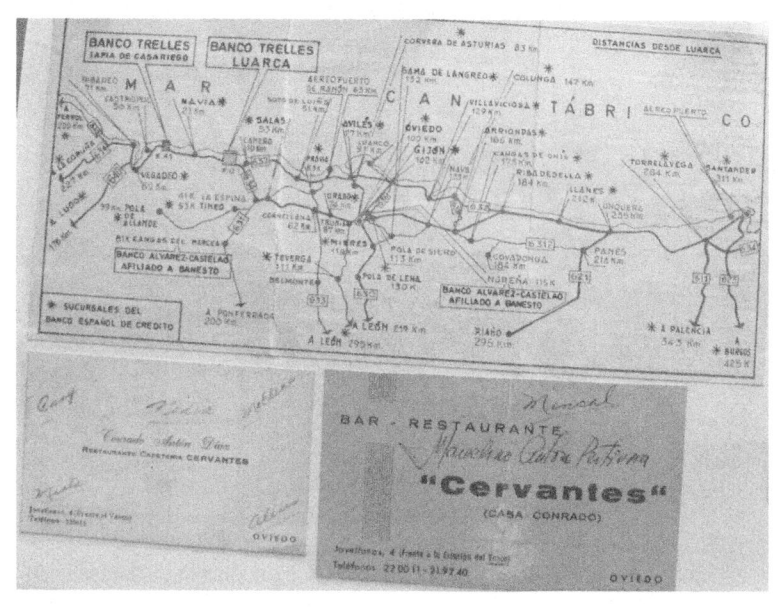

Ya en el restaurante, los tíos me presentaron a Marcelino, el hijo del dueño, que estaba de camarero esa noche. ¡Qué guapo! Yo no sabía que ordenar y el mismo me recomendó un filete con patatas fritas, tartaleta de postre y no podía faltar el vino. Claro que acepté. En seguida vi que Marina es muy agradable y se notaba contenta. Las dos conversamos bastante. Me preguntó cómo me sentía en el colegio y me contó que íbamos a pasar la noche en su piso, que estaba cerca y mañana viajaríamos al pueblín que estaba cerca de Luarca, donde vivía la familia. Ella quisiera que yo pudiera conocer a varios chicos y chicas de Luarca, porque María Josefa no era una muchacha guapa o presumida, y yo no me iba a sentir a gusto en el pueblín.

Mientras yo les explicaba a los tíos que mi intención era conocerlos, como era el deseo de nuestra familia en Cuba; y regresar al colegio, por medio del cual se estaba gestionando mi viaje a New York, se acerca Marcelino y nos invita a una copa de jerez. Yo no sabía que decir, pues no conozco esa bebida, ni ninguna otra, entonces me ofreció anís, e igual levante los hombros. Los tíos me apuraron, porque me vendría bien para el frío y tal. Acepté el anís y por poco me ahogo con el primer sorbo. Ellos se rieron, porque se nota que no estoy acostumbrada y es muy fuerte para mi garganta. ¡Qué pena y qué susto!

Parece que Marcelino había terminado de trabajar, pues en seguida se cambió de ropa y se sentó a la mesa, y después de hablar muchísimo los cuatro, nos invitó a dar una vuelta por Oviedo de noche. Según él, una vez que me fuera al pueblo, y de ahí al colegio, no tendría esa oportunidad.

Cuando fue a buscar su coche, Marina dijo algo como que «no más llegar ya estaba haciendo conquistas, y esto confirmaba que Setienes no era para mí». El coche era pequeñín, y mientras él conducía comentaban que «cómo una chica como yo iba a adaptarme a quedarme en un pueblín». Parece que le gusté, pues ¡me tiraba cada indirecta!

Él es muy alto, tiene 23 años, pero parece más, juega al futbol, y se nota que está acostumbrado a las juergas. Nos llevó a una cafetería recién abierta, de estilo antiguo. Como no conozco para pedir una bebida y hacer el tonto, ordené una naranjada, aunque me congelara de una vez. Él quiso ir a una cafetería de moda para que viera el contraste, pero eran la 1:30 a.m., y me daban pena tantos halagos. No sé si sería la naranjada, los nervios o el cansancio, pero yo sentía mucho frío, a pesar de que acá hay menos frío que en Valladolid. El bromeó con que yo estaba acostumbrada a la vida de la escuela de monjas.

Al bajarnos del coche frente al piso de los tíos, no encontré mi gorrito. Marcelino se comprometió a buscarlo bien al otro día y guardármelo si lo encontraba. Se nota que los asturianos son amables, pero él a mí no me impresionó, no estoy para esas cosas. Entramos al piso, muy calientico y acogedor. Marina y yo hablamos un ratico más, y comentó que daba que pensar que Marcelino había escondido el gorrito como excusa para volverme a ver. La preocupación de ella es que «me voy a aburrir en el pueblín, la llamada de atención que le voy a dar a los chicos de allí, y que María Josefa no es guapa».

Lunes. Febrero 10

Después del tiempo en España, estoy en una casa de familia. La familia de Cary. Dormí bastante bien, sin frío, en la cama de al lado de la de María Josefa que es del otro hijo, que es más pequeño y estudia en un colegio en Galicia. Así que, si no me quedo suficiente tiempo, no le voy a conocer pues recién empezaron las clases. Me levanté tarde, me aseé, vestí y ordené algo mis cosas. Desayunamos en casa y fuimos a visitar unos vecinos.

La señora también se llama Marina y también son muy amables. Nos brindaron de beber mientras charlábamos. Luego acompañé a mi Marina a la peluquería y nos encontramos con Santiago en el restaurante. No más entrar, vi a Marcelino. Por invitación suya, nos sirvieron el vermut. Esto se acompaña de cositas de comer para picar. ¡Cuántas novedades!

Mientras comíamos, Marcelino me trajo el gorrito. La explicación de donde lo encontró fue un cuento, pero que alegría para mí. Mientras hablaba, no paraba de dar vueltas por la mesa lanzando piropos y bobadas. Por fin se fue, y se cambió el uniforme por un traje verde que le quedaba muy bien. Nos dijo que tenía que asistir a un compromiso, y me pidió que lo acompañara a un lugar del restaurante para que viera algo. Ahí me dio su tarjeta y un bolígrafo muy mono, pidiéndome, explicándome que le escribiera, porque para dónde yo iba no había ni teléfono siquiera. Que si nos casábamos me llevaba de luna de miel a Mallorca, y después vendrían los hijos y que cuántos me gustaría tener y tal.

Parece que vio mi poco interés y me llevó de vuelta a la mesa con mi familia. Se despidió de nosotros muy educadamente, pero cuando creíamos que se había marchado, regresó donde estábamos, y se las ingenió para decirme casi al oído, que me conoció, le gusté y ahora debía dejarme ir para Luarca, a pesar de que le había hipnotizado, y eso no le había ocurrido en su vida. La verdad que no lo tomé en serio, más bien pensé: «y a este ¿qué le pasa?

Esa misma tarde, marché con los tíos en un taxi para Luarca. En el viaje iba un señor muy simpático y conversador, mi acento me traicionó cuando me escuchó y empezó por preguntar de dónde era. Él resultó ser un periodista de uno de los periódicos asturianos, y cuando se presentó me preguntó si se podía tomar la libertad de averiguar sobre mi destino. Mi destino era New York, pero visitaba a mis familiares en Asturias. Luego, me tomó el nombre y datos de los familiares para anunciar mi llegada en el periódico. El viaje fue entretenido. El paisaje es más bonito que el de Castilla. Me recuerda al de Cuba, por lo verde y montañoso, aunque no hay palmas. Tuve el presentimiento que me alejaba de todo, para enterrarme en un sitio remoto.

Llegamos a Luarca de noche, y de ahí en otro taxi a Setienes, el pueblín. María Josefa resultó ser diferente de cómo me la imaginaba, al contrario de seria, más bien, se portó alegre y simpática. Se presentó como «Mary» pues así la llaman. Los otros familiares son dos tías más y un tío. Todos hermanos de tío Ramon y tíos de Cary. ¡Que emoción! No sé hasta qué punto me pude sentir cortada, pues en realidad para entrar a la casa, se entra a un patio grande (la corrada) una puerta metálica. A la izquierda una puerta a una cocina amplia, muy limpia con su mesa de madera. Ahí hay otra puerta separada del establo de vacas. Y está la otra puerta hacia una escalera que da al resto de la casa. Arriba hay un comedor y sala, muchas habitaciones de dormir y un baño bastante moderno que hizo construir el tío Ramón en una de sus visitas. En la habitación de María Josefa hay dos camitas iguales, como en el piso de Oviedo. La que fue designada para mí es la de su hermano otra vez.

Después de cenar, todos se retiraron, excepto Mary. Pero antes, como hay bastante frío, nos dejaron preparadas una botella de agua caliente para cada una. Esas botellas se ponen encima del colchón y bajo la sábana y colchas y se ruedan para que caliente la cama y se dejan en los pies antes de meterse en ella. A pesar de todo, cuando nos acostamos Mary y yo estuvimos hablando hasta muy tarde. Ella me contó muchas cosas de su vida y la familia... En esta antigua aldea o pueblin como le llaman ahora, todas las casas tienen nombre. Esta es la Casa Pariente. Me sentí cohibida y temerosa, porque a pesar de estar en casa de la familia de Cary, son extraños para mí.

Martes. Febrero 11

Me desperté tarde. Ya Mary no estaba. Se escuchaban conversaciones que venían de abajo. No sabía qué hacer. Mary entró a la habitación, para preguntarme de parte de su madre, si quería desayunar en la cama, contesté que: «claro que no». Me dio tanta vergüenza que volé al baño en mi batica de casa cubana, me aseé y regresé a la habitación a vestirme, pues el baño tiene una ventana que se mantiene medio abierta y entra mucho frío. Bajé a desayunar lo más rápido posible.

Marina se ocupa de los quehaceres de la casa, las otras dos tías, de las labores de los animales y lo que tenga que ver con quehaceres afuera de la casa. El otro tío se llama Pachín y trabaja el campo y el molino. Santiago ayuda, pero pasa más tiempo en Oviedo. Son todos muy buenos y campesinos, excepto Marina, Santiago y Mary que no son campesinos, después supe el porqué.

Marina estudio y se casó en Oviedo. Pero cuando fue necesario se instaló en Setienes, me parece que en el tiempo cuando enfermó y murió la madre, que estaba ciega y viejita. Palmira tuvo que quedarse en casa soltera por falta de hombres, que atendieran las labores. Teresa, medio enloqueció cuando le mataron a su esposo durante la guerra civil, acusado de comunista. Luego, su único hijo se fue para Cuba y regreso enfermo y murió. Pachín regresó de Cuba para cumplir con el Servicio Militar, dejando su novia cubana y nunca más regresó, ni en España se casó. Mary estudió en Oviedo y, como un secreto, me conto que estuvo a punto de hacerse monja. Todos visten de negro y la casa tiene un luto permanente que ni la tele se enciende. El hermano de Mary ganó una beca en Capacitación Agraria en la Coruña, el problema es que cuando se gradue tiene que escoger entre ejercer o quedarse en casa como un campesino más. Mi día y parte de la noche transcurrió sentada en la mesa de la cocina escribiendo cartas.

Miércoles. Febrero 12

Me desperté más tarde todavía, justo cuando me subieron el desayuno, ¡qué pena! Es que Mary y yo nos quedamos hablando hasta tarde, y después me desvelé. Aquí no tengo obligaciones, ni responsabilidades. Estaba nevando en un día claro, me sentí contenta.

Aquí todos son muy buenos conmigo, pero no puedo permitir lo de subirme el desayuno a la cama.

El problema es el baño. El agua no sube con fuerza; y para usar la ducha o la llave de debajo de la ducha que es un chorrito con agua algo caliente tiene que estar el horno encendido en la cocina, que en realidad se enciende cuando se va a hornear algún postre. Es poco lo que me puedo bañar, pero no es importante

Mi nueva familia quiere que me mantenga sentada en la cocina porque estoy más calentita y acompañada. Así, también me conocen los vecinos. Es que en el pueblín hay una cooperativa, principalmente por la producción de la leche de vaca. Pachín es el tesorero, pero quien lleva el control es Mary; por eso el entra-y-sale de gente en la cocina.

Las tres tías

Esta casa se parece a la mía por el entra y sale. Pero, casi todo el que llega habla un dialecto que no entiendo. Una de ellas, es una vecina, pero cuando se dirigió a mi en español para hablar de la situación de Cuba y hacerme preguntas de mi familia y mi viaje. Yo que ya empecé a echar de menos el colegio, y justo estaba escribiendo cartas a mi familia, me dio tanto sentimiento que exploté en un ataque de llanto. Marina salió en mi auxilio a justificar mi emoción que, del tiro, la señora se marchó. Después que me sobrepuse a los sollozos, siguieron lágrimas, que no podía contener mientras escribía. Pasé tremenda vergüenza.

Me arreglé rápido para irme con Mary a Luarca. Es una villa, según me cuentan. Lo vi todo muy bonito y pintoresco, pero íbamos de prisa al banco, también a comprar víveres para mandar al hermano; y como mi relojito de Cuba se adelantaba, lo dejamos en una tienda para arreglarlo.

De regreso, comimos y después que le escribí a mi prima Magaly, pasé el resto del tiempo leyendo un libro que me prestó Mary sobre cómo afrontar nuestras inquietudes de jóvenes.

Jueves. Febrero 13

Por la tarde fuimos Mary, Palmira, Pachín y yo a visitar a otra tía y a dos primas en un pueblo que se llama Valtravieso. Atravesamos un monte a pie, por un camino muy malo. La familia de la casa es encantadora. Las primas muy trabajadoras y hacendosas; me mostraron trabajos manuales hechos por ellas. Joaquina, la mayor es muy buena tejiendo y cociendo. Carmencita es pecosa como Cary, y yo no pude dejar de mirarla buscando el parecido. Ella estudia secretariado en Luarca. A mí me encantó el hecho de que me regalara un coladorcito que decoró con la cara de una muñeca tejida por ella.

Vavila, la tía preparó la cena para comer todos, cuando llegara el esposo. Él es un hombre rudo, que cuando nos presentaron comenzó a hablar de lo bueno que era el comunismo, y no paró hasta que marchamos. Todos respetaron su opinión, menos yo, pero no me atreví a abrir la boca. Parecía que se encontraba borracho, el pobre.

De regreso a Setienes ya era oscuro, había una tormenta de lluvia con escarcha que parece nieve. Mi familia quiso que fuera delante con la linterna sirviendo de guía, no sé por qué. El paraguas se me iba de las manos. Ellos estaban preocupados por mí, pero yo me sentía contenta en contacto con la naturaleza asturiana.

Viernes. Febrero 14

Hoy, Día de los Enamorados recordé más que nunca lo que dejé en Cuba, que está cada vez más lejos. ¿Se habrá acordado de mí en este día? Mary me llevó a conocer el plantel de Setienes. Es como un pequeño club donde se reúnen los jóvenes a poner discos, jugar *ping pong*, etc. También se reúnen las mujeres amas de casa a hacer manualidades. Ahí conocí a Julio, un chico de 22 años, que, aunque me dijo que no tiene novia, mientras se portaba muy galante, después me enteré de que si vive en Oviedo. Esto no me gustó, ¿por qué mentir? En el plantel me la pasé bien, aunque los recuerdos igual me persiguen. Los chicos son tímidos conmigo, pero ese ambiente de juventud me consuela, y así tengo cosas que contar.

Sábado. Febrero 15

Recuerdo que hoy es el cumple de Gina, mi ahijada, la hija de Delia. Una encephalitis a los 3 años la dejó anormal. Recibí con mucha alegría una postal muy cómica con una carta de las chicas del cole. Ellas me cuentan que me extrañan y que desde que me fui no hubo carta de Cuba para nadie. ¡Que tristeza y desconsuelo! ¡Yo también las extraño!

Por fin, hoy vino José Ramón, el novio de Mary, con otro chico más. Se llama Mario, es gordito y bonito de cara. Mario me habló de la pista de baile de Luarca. A pesar de que José Ramón parece muy formal y mayor, se rieron de mi forma de hablar.

Mary me preguntó si quería ir al plantel, que bueno oír discos y ver cómo los chicos se divertían jugando *ping pong*. Más tarde bajamos a Luarca a encontrarnos con José Ramón para ir al cine; pero como mencioné que quisiera conocer la pista, me contestaron que se haría lo que yo dijera, y allí fuimos. Me gustó mucho, la música del grupo musical en vivo. Yo lucía bastante bien con uno de los vestidos que me mando madrina. Mario se nos acercó, no más llegar y se sentó con nosotros. Pero en cuanto se fue a no sé dónde, me sacó a bailar un chico bastante feo. Al principio, me negué rotundamente; pero fue tan insistente y la música tan rica que me llené de valor y salimos a la pista. Total, si me quedaba en la mesa, seguiría pensando solamente en Cuba. Él se llama Juan, y es hermano de Julio.

Aquí se usa que cuando aceptas bailar, más de una pieza, das a entender que te gusta el chico. No sé cómo, bailé bastante bien, pues me deje llevar. Me quedé sola de pie, pero empezaron a tocar: «La novia de mi amigo» y si hasta ahora me había sentido deslumbrada, las piernas me empezaron a temblar y me sentía como flotando. Mi salvación fue que Mario llego y me aguanté de él; y seguí moviendo los pies, más que bailando apoyada de Mario. Cuando terminó la pieza, nos fuimos a la mesa y tomé algo.

Enseguida llego Juan, y me sacó a bailar. Parece que causé sensación, pues había muchos chicos guapísimos que querían bailar conmigo. Me acordé de Mirta, y de mi amorcito, pero la bobería duró poco, pues cuando Juan se alejó, Mario me agarró para bailar, y enfadado, me dijo que los chicos lo que pretendían era hacer el tonto con las forasteras. Él me apretaba cada vez más, no me gustó, pues eso hacía que otros chicos me hicieran reír haciendo monerías desde fuera del baile. Será porque me ven la tensión separando a los compañeros de baile.

Mario se fue, y el grupo comenzó a tocar «Cuando salí de Cuba». Antes de reaccionar o ponerme a llorar, me pidió para bailar un tipazo. No me pude negar por lo insistentes que son, y porque estaba aturdida. En eso llegó Mario, y casi se pelean los dos porque Mario, con la cara super roja, alegaba sus derechos de bailar esa pieza conmigo, porque él me había dedicado esa canción. Tengo que reconocer que me sentía bien bailando con el tipazo, quien desapareció.

Entre esa situación y mi tormento con los recuerdos, que me hacían buscar a Mirta entre la gente, tuve que controlar las ganas de llorar, hasta que se terminó la pieza. Aunque se extraña lo que es de uno, pues es un ambiente muy distinto, la pasé mejor de lo que esperaba. Me acuerdo de Marcelino y sus advertencias... ¡cómo me aburro en el pueblin!

Mary y yo nos fuimos a casa en taxi y José Ramón en su moto. Después de un rato de estar sola con ellos hablando en la cocina, pues todos dormían, me puse en la mesa a leer hasta que José Ramon se fue.

Domingo. Febrero 16

Anoche me quedé dormida muy tarde. Me sentía emocionada y nerviosa. Esta mañana fuimos Mary y yo a Luarca a oír misa.

Después recogimos el relojito, me compré unas zapatillas calentitas y postales para mandar. Este lugar es muy pintoresco. Parece tan lindo como en las postales. El relojito se sigue adelantando, parece que no le asienta el cambio de país. Me llama la atención las tiendas abiertas los domingos.

Cuando regresamos me mostraron el periódico del domingo donde salía la noticia de la cubana que llega a Luarca a visitar su familia en camino a Estados Unidos ¡Que emoción! Corte el anuncio para mandarlo a Cuba.

En la tarde, llegó Gil, el hermano pequeño de Mario a visitar, me da la impresión de que traía la intención de conocerme. No se parecen en nada. Él es como un niño grande de inquieto. No es bonito, pero muy simpático, se ve buenazo y en esta casa se nota que lo quieren.

Gil y el primín Ramonín

Lunes. Febrero 17

Me levanté más tarde que nunca; y no desayuné. La leche es riquísima, se hierve después de ordeñar las vacas o se toma pura. El vino se sirve en vasos pequeños y se toma con la comida, que viene muy bien para el frío y la clase de comida, que es muy rica. Casi todos los ingredientes se cosechan en las tierras de aquí. Se hace el potaje de garbanzos o judías (fabadas) con patatas, carne, morcilla, chorizo y tocino. Se toma el potaje con pan y las carnes se separan en una fuente; a esto se le llama: «compango». No se usa agua para tomar, sino refresco en botellas grandes, que también puedes ponerle al vino. Se acostumbra que a la comida de la noche se le llame merienda. Debe ser porque casi siempre en la tarde, parece de noche

Después de comer, llego Julio y sentados en la mesa, compartimos con los tíos y nos reímos como siempre, antes y después que ellos subieran a dormir la siesta.

Mi prima María (Mary) y el primín Ramonín

También planeamos montar caballo un día de estos. Como yo sabía que se iba al otro día a Oviedo a visitar a Nelly, su novia, (aunque el niega su existencia), le pedí que me averiguara el horario del tren para mi viaje de regreso al cole. Me contestó que no iba a contribuir a que me fuera, que no quería irse para no dejar de mirarme, y antes me llamo: «guapa». Yo me hice la desentendida, pero me sonrojé.

Miércoles. Febrero 19

Desde que me levanté sentía una sensación rara. Soñé que mi familia salía por el Puente Aéreo. Igual, volviendo a la realidad ¡que sorpresa y alegría tan grande! Es que no podía creer que tan pronto estuviera recibiendo cartas en Asturias. Recibí un sobre de parte de Alexis con su cartica y tres cartas de mi madre, dos de Mirta y una de Irene, mi prima de New York.

Mirta sigue con Jorge, aunque según ella, no se siente enamorada. También me cuenta que Raúl pregunta por mí, pues está de pase del Servicio. Mima me cuenta que recibieron las fotos de Navidad y mi diario que lo ha leído hasta el gato. Pero lo que más me asombró y emocionó fue que mi madre me cuenta que ella sospechó de que Dávila sentía algo por mí, desde aquella carta que el comenzó escribiéndome a máquina en casa. Ella perdona mi falta de confianza hacia ella, eso es bueno, pero cuánto no sufrí por todo y seguiré sufriendo con tantos pensamientos de amor y de culpa. Pasé casi el resto del día sentada en la cama releyendo las cartas de mima. Le contesté muy triste, ¡qué lástima que sea ahora cuando mi madre comprende que me necesita tanto! Dios no nos puede abandonar.

Jueves. Febrero 20

Anoche, me desvelé más que nunca; y recé mucho, pero dormí bien con las cartas de mi madre bajo la almohada, con su comprensión, perdón y cariño. De todas maneras, ya es costumbre llorar antes de dormirme; y por el día meterme en el establo a contarles mis penas a las vacas. Ellas me entienden como nadie.

Según Alexis me dice en su cartica, me perdí tremenda nevada en Valladolid. Hubiera conocido la nieve y pasarla bien con ellas que hasta se retrataron. ¡Cómo deben haber gozado! Ellas me extrañan y yo también a ellas. Es que tenemos mucho en común. Aquí es diferente, lo que hay en común son vínculos familiares, atención, protección y todo lo que sea de agradecer.

Julio regresó sin averiguarme lo del tren para Valladolid. Mary me dijo que no me preocupara, que ella se ocuparía, también me pidió que le escribiera a su hermano que le dicen Ramonín, pues el escribe a casa mandándome saludos.

Yo, en el techo de la corrada

Mary y yo fuimos en autobús a casa de los abuelos por parte de padre que viven en otro pueblo, que se llama Puerto Vega. Hay mucho que caminar, donde quiera que vas a ir, pero todo es bonito y verde; y si se anda bien abrigada, mientras no llueva, se siente bien caminando y conociendo.

Los abuelos son muy buenos y atentos, ya me estoy acostumbrando bastante a los asturianos, pero tengo que regresar pronto al cole. Me da como miedo el apegarme a algo que tenga que volver a dejar. No quiero establecer vínculos que, aunque no son de sangre directamente, son de mucha atención y, desde luego, agradecimiento hacia ellos. Me siento vulnerable a todo lo que me haga sentir el calor de una casa de familia.

Viernes. Febrero 21

Anoche regresamos tarde, y en lo que escribía a Mirta, sentadita en mi puesto fijo en la cocina me puse a comer naranjas, enseguida sentí que el labio se me hinchaba. Me acordé de mi alergia a los cítricos. Disimulé para que nadie se percatara, y me fui a acostar. Me da pena darle una preocupación más a esta gente. Gracias a Dios que hoy amanecí bien. Después de desayunar, Mary me ayudó a lavarme el pelo en el fregadero. Sale poca agua de la pila, pero me quedó bastante bien. ¡Qué rico sentir la limpieza en alguna parte de mí cuando le hace falta!

Junto a mi primín Ramonín, y en su moto

Marcial, es un señor que fuma y tose mucho, pero viene todas las mañanas a tomar café y traer la correspondencia. Hoy solo me trajo una carta de una de las españolitas del cole. Él siempre juega conmigo escondiendo las cartas diciendo que no hay, y después las tira en la mesa.

Julio vino a arreglar una de las bicicletas. Corrí a ponerme pantalones, que ya me quedan apretadísimos; me hice las motonetas, y después de los halagos de Julio y la alegría mía subí a la bici y anduve. Que, de recuerdos, por un momento me parecía que estaba en mi barrio. A Julio le gustó mucho mi estilo y yo le coqueteé solo un poquito. No debería de pasar por aquí, está faltando a su novia. Yo lo comenté en casa. Ellos dicen que ella está lejos y él no pierde oportunidad.

Al poco rato de estar montando la bici comenzó a lloviznar y tuve que regresar a casa. Mary tenía que ir a Luarca; y apenas me dio tiempo para ponerme su chaqueta de cuero negra y marchar porque el jefe de la cooperativa que estaba en casa iba para allá y nos podía llevar en su coche.

No hacía mucho frío, pero llovía bastante. Aproveche de mandar las cartas y postales en el correo; y fuimos a las clases de taqui y meca a encontrarnos con Carmencita y una amiga. La maestra resultó ser muy cómica. Cuando escampó un poco, salimos a pasear por el muelle cogidas del brazo. En España se usa que también las mujeres caminen así. Después visitamos una oficina de la cooperativa. Me causó asombro que un chico que estaba ahí con su novia se portara tan galanteador. Dice Mary que en mi físico y forma de hablar se nota que soy forastera y por eso se quieren hacer los graciosos. Igual, él está como casi todos bastante mono.

De regreso nos pilló un frío helado con lluvia. Entré a la casa y subí corriendo a secarme la lluvia y lavarme para cenar. Me hice las motonetas; y cuando bajaba las escaleras, escuché que Marina decía con una calma: «Ahí está Ramonín». Me llevé una sorpresa, pues no podía creer que ese era el hermanito de Mary, del que ella me hablaba tanto antes de dormirnos. ¡Qué mono es! De pronto lo vi como una mezcla de mi hermano, y hasta de Dávila. Lucía una gabardina con su bufanda y mojado de la lluvia. Nos besamos en ambas mejillas como si nos conociéramos de toda la vida.

La familia lo acosó a preguntas, pero el comentario más interesante fue que le habían dado permiso en el colegio para venir a conocer a su tía cubana que estaba en casa por una corta visita. Todos rieron cuando yo pregunté si esa tía era yo.

*Las casualidades son anónimos de Dios
cuando no quiere firmar sus milagros.*

Se notaban muy contentos con su llegada. Cenamos Mary, él y yo más tarde, pues con tanta emoción y conversación no teníamos hambre. Al fin, se marchó, diciendo que ya regresaba. No tardó mucho en regresar con Julio. Conversamos todos y se rieron con mis cosas. Julio le aseguró a mi primo que él me cuidaba en su ausencia cuando él no estaba, mientras me seguía mirando de esa forma extraña. La familia corrigió que «todos me cuidaban».

Llegó la hora de dormir, y subí con Mary y su hermano a la habitación. Él tenía que dormir en otra porque yo le quité su cama. Ellos estuvieron hablando largo rato, mientras yo escuchaba y escribía mi diario. Al fin, se despidió con un «buenas noches, prima». Después de acostadas, regresó, y pidió permiso para entrar a buscar su pijama que guardaba en el armario. Ni siquiera nos miró, pero yo sentí que me ardía la cara de la vergüenza; y no sabía cómo taparme lo único que me quedaba afuera, ¡qué tonta!

Sábado. Febrero 22

¡Cómo me mantengo de ocupada!, no sé qué querían decir con que me aburriría en este pueblín; sería en otro… Hoy recibí un montón de cartas de Cuba: de mi madre y mis primas y de Raúl. La de este fue la primera que abrí. ¡Menuda alegría y sorpresa!

En su carta, mima me cuenta que visitaron a los padres de Alexis y la pasaron muy bien. Son muy agradables, hablaron mucho de nosotras; y la situación de las dos familias. Es que Alexis también tiene un hermano allá en edad militar.

Mirta, más inconsolable que nunca por mi ausencia, me cuenta de Dávila de una forma diferente, que hablaron, que está monísimo, pues se ve más hombre y más cínico. A ella no le parece que él tenga intenciones de escribirme. A pesar de la mezcla de emociones aquí no puedo ni llorar como en el colegio.

Mario me dio la sorpresa de venir a caballo y traer uno extra para que yo montara. Después de las cartas recibidas necesitaba de algo, ya que no podía hacer lo que deseaba: «salir volando». Alguien le había dicho que me gustaría montar a caballo. Así que me vi en el compromiso de hacerlo. Mi primo no estaba. ¡Pero qué bien que Pachín nos dijo de ir con él al molino! Cuando subí al caballo tuve miedo, pero traté de montar lo mejor posible y lo logré, por ser la primera vez. (Recordé cuando Pipo nos llevaba a Barlovento y casi siempre me tocaba un *pony* que no quería andar). De regreso a casa estaba lloviznando, menos mal que es cerquita y corrí a meterme en la casa. Sin dejar de agradecer a Mario por complacerme.

Esta tarde llegó un aviso de Luarca que había llegado un cable de La Habana que dice: «domingo o lunes, esperar llamada». Lo de la llamada no me parece tan bien, me da mucha pena, pues ellos no saben que el teléfono se encuentra en Luarca, a casi dos kilómetros de casa, en la cabina de un restaurante, y es un inconveniente para todos.

Por la noche fuimos Ramonín y yo al plantel, tocamos discos y me enseñó a bailar suelto, que, según él, aprendí bien y pronto. Pero cuando nos tocó bailar suave, su forma de enlazarme por poco me hace estremecer. ¡Esta tan guapin! Me hizo recordar a quien no debo recordar. Tienen la misma edad, pero este es mi primo y somos intocables.

Domingo. Febrero 23

Después de escuchar misa en la única iglesia, que está en Luarca con Mary y Ramonín, nos acompañaron el señor Bueno y Ana María a tomar el vermut. Él es un señor mayor, agradable, presidente de la cooperativa y lleva muy bien su nombre. Él vive en La Granda, otro pueblín al lado de Setienes con su esposa y cuatro hijos sordomudos que trabajan el campo y atienden sus vacas. Ana María es una chica muy dulce que vive en Setienes y, como la mayoría de las chicas de por ahí, se dice que está enamorada de Ramonín desde que eran críos.

Cuando nos despedimos, Ramonín, Mary y yo fuimos a la cabina telefónica a esperar la llamada de Cuba. Después de mucho esperar decidimos irnos a casa. Otras personas necesitaban el teléfono. Me sentí triste por haber perdido de hablar con mi familia, y con pena por causar más molestias.

Después que Ramonín y yo nos fuimos al plantel y bailamos suelto un rato, me mostró cómo servir la sidra a lo asturiano. Se agarra un vaso boca arriba, en la mano izquierda, con el brazo estirado hacia abajo. La botella se agarra un poco hacia abajo con la mano derecha y se levanta el brazo para verter la sidra hacia el vaso. La idea es que el líquido no se derrame pero que haga burbujas en el vaso. Los chicos que estaban en el plantel se burlaron de mí, tratando de aprender. Pero mi primo que estaba muy protector conmigo, pues medio que se enfadó por eso, y les llamó la atención. Escribiré el cuento de cómo servir la sidra asturiana en mi próxima carta para Cuba.

En la tarde, José Ramón nos recogió en taxi a Mary y a mí para regresar a Luarca. Mi sorpresa fue el enterarnos que se había recibido la llamada de Cuba, pero la pospusieron para mañana. Yo me puse muy triste y con pena, pero nos fuimos a la pista lo bueno es que estaba llenísima y así me aturdo. Nos reunimos en una mesa con Ramonín que había llegado en su moto. Todo estuvo bien hasta que llegó Mario a hacerse el centro de la situación. Mi primo puso una cara de disgusto que hasta me atreví a pedirle que bailáramos. Fue solo una pieza, pues con la interrupción por la insistencia de Mario, parece que se enfadó y se fue.

Por fin, acepté bailar con Mario con tremenda cara de aburrida. Pero parece que Juan se dio cuenta y me hizo señas para bailar la próxima. ¡Qué suerte! Entonces me comenta que el chico alto con el que bailé el domingo pasado le dijo que yo le había gustado, al punto que si era necesario iba en su coche a verme a Valladolid, y que no podía venir hoy a la pista, porque tenía juego de futbol.

La verdad es que llegó Mario otra vez para bailar conmigo y para sacármelo de encima bailé con otros chicos. Me sentí agotada, pensaba en la llamada de Cuba. Solo acepté la invitación de Juan a una Coca-Cola en la barra. No se podía hablar con el ruido de la música. Mary me preguntó para irnos y, desesperada, le dije que sí.

De salida encontramos que Ramonín y Gil iban con dos chicas al cine (una que está loca por él). Nos convidaron con cacahuetes, pero no acepté por no sacar las manos de los bolsillos del abrigo porque no lleve guantes.

En eso llegó Mario, la verdad es que no lo resisto, y a Ramonín se le ocurre hacer que me tiraba los cacahuates y yo los atrapaba con la boca, y decir que era su turno de atender a su prima. Lo bueno que a Mario nada menos que se le ocurre pedirme que cantara una canción cubana y a mí se me ocurre: *Aunque quiera olvidarte, ha de ser imposible, porque eternos recuerdos, tendrás siempre de mí...* Mi intención era alejarlo porque esa canción se la dedicaba a mi novio.

Nosotras nos fuimos a casa en taxi y José Ramón en su moto. Ramonín se quedó por ahí. Ya todos dormían en casa, pero me volví a quedar con los novios esta vez haciéndose con cariñitos. Que pena estar ahí, yo no sabía qué hacer... Después de un rato de estar con ellos en la cocina pues pienso que es lo normal, me puse a leer. Cuando me di cuenta de que estaba de más, subí y me acosté con mi botella caliente a escribir aquí. Me parece que aquí, se pueden dejar a los novios completamente solos.

Cuando estábamos acostadas hablando, llego Ramonín. Él anda en su moto, pero una se preocupa. Total, seguramente estaba hasta esa hora con las chicas; ¿y qué con los padres de ellas?

Siento que Ramonín regrese al cole este próximo martes. De buenas a primeras, no me daban deseos ni de irme yo. Cary tiene un primo agradable y educado; unas primas fantásticas, en general, una buena familia asturiana.

Lunes. Febrero 24

Desde el mediodía fuimos Mary y yo a Luarca otra vez, a esperar la llamada de Cuba. Yo estaba sin esperanzas y con mucha pena por la molestia en el restaurante y también con Mary que perdía su tiempo en ese jaleo. Estuvimos ahí largo rato, hasta vimos parte de la cocina con esos calderos grandísimos. La dueña es una señora gorda, pero bastante atenta, que corre de un lado a otro. Por fin comunicamos con Cuba, pero se escuchaba mal, y yo me sentía emocionada y aturdida. Lo peor es que me pareció que mima sonaba nerviosa; y como si llorara. Estaban en casa de Cary y hablé con ella, Pipo, tía Nesty y tío Isidro. Yo no sabía ni qué decir, le tuve que pasar el teléfono a Mary. Le tengo que decir a mima que llame cuando yo esté en el colegio. A pesar de que es otro problema por las monjas, no le puedo decir que mejor sería que no me llamaran, pues no entenderían.

Mary quiso que nos distrajéramos antes de regresar a casa y subimos al Cantoral de Luarca. Una gran caminata por una colina para llegar donde hay una iglesia llamada el Atalaya, el cementerio y el faro. Entramos a la capilla, es como estar en un sueño. La vista al mar Cantábrico es fascinante. No puedes creer tanta belleza antigua y natural. Ojalá fuera verano, porque el viento frío nos hizo marchar muy pronto. Hay que reconocer que Luarca debe su nombre a «la villa blanca de la costa verde».

Una vez abajo, vimos la moto de Ramonín estacionada, y nos pusimos a buscarle sin resultado. Llegamos a casa y él estaba acostado. A Mary le tocó un regaño por llevarme al Cantoral sin suficiente abrigo. Si yo me enfermaba, ¡qué iban a hacer!

La Capilla de San Pedro

Martes. Febrero 25

Hoy me he sentido muy triste, Ramonín regresó a su cole en la Coruña. Eso queda lejos ¿no? En cuanto se marchó me metí en el establo a contarles a las vacas. ¿Ya no le veré más? Mejor hubiera sido que no hubiera venido. Mejor no fuera primo de Cary. No tenemos vínculos de sangre, pero tiene la de Cary, tío Ricardo, tío Ramón: y pertenece a esta familia que es tan buena conmigo. No, no me quiero ir de aquí ahora. No quiero ir a más ningún lado que no sea Cuba. ¿Por qué, otra vez, hay que separarse de las personas que te hacen sentir protegida?

Siento miedo a lo que me espera en otro lugar desconocido. El sentido de responsabilidad por cumplir mi misión me hace sentir contra la pared, atrapada, ansiosa, desesperada y triste. Es que siento terror al apego a algo que tengo que volver a dejar. Ahora me doy cuenta de que viví con demasiados apegos en Cuba y lo difícil que es experimentar la separación, y vivir con ella sin vuelta atrás.

Para colmo recibí del cole un sobre con cartas de Cuba y de Alexis y la China. Ellas me aconsejan que no vuelva al colegio porque las restricciones están de película (muy difíciles). Ahora no se puede guardar comida en las camarillas; y los horarios de trabajo son muy estrictos, etc. Me asombré y entristecí, pero tengo que volver al cole. De acuerdo con cómo estén las cosas regresaría aquí. Pero entonces, hay que despedirse otra vez. ¿Por qué tantas despedidas? Cary me escribe tan lindo que me doy cuenta de cómo me quiere mi prima, hasta Niurka y Ricky me escriben en garabatos; ¡que lindos mis primitos! En mis respuestas les digo que mi única ilusión y la de mis compañeras es volver a Cuba.

Miércoles. Febrero 26

Cuando bajé a desayunar, vi que Julio me había traído el horario del tren para regresar al cole. Él está renuente a que me vaya, pues dice «que no ha podido conocerme bien», ¡qué gracioso! Me imagino por dónde viene. Después que Mary y yo hablamos sobre mi viaje, y ella se marchó a un entierro; llego Santiaguín el primo de Puerto Vega, y la tía Vavila con una señora. Santiaguín se fue a pasear a Luarca.

Con esa forma de hablar tan asturiana, no entendí bien cómo la señora empezó a hacerme preguntas del colegio y de la señora Lourdes, y a decir que ella la conocía por medio de alguien, y no quise ni escuchar que habló bastante mal de ella. Marina, como siempre discutiendo cualquier conversación que me hiciera daño, paró los comentarios diciendo que quizás no era la misma señora que yo conocía del colegio.

De vuelta al cole

Jueves. Febrero 27

Hoy marcho para Valladolid, Mary me acompaña en el Alza hasta la estación del tren en Oviedo. Estoy embullada por la sorpresa que le daré a mis compañeras, pero apenada de marchar de aquí, más cuando Pachín y Palmira me despidieron con lágrimas en los ojos, antes de irse a trabajar.

Si pierdo las esperanzas de volver a Cuba, quizás vuelva aquí para el verano. Debo ser fuerte, Dios debe escucharme y ayudarme a soportar esto con valentía. Marina y yo nos abrazamos llorando. Les dije a todos que tenía que arreglar mis papeles y volvería. Mary vomitó en el viaje, dice que es normal, casi siempre le ocurre, la pobre. Es que el autobús anda por muchas montañas y curvas. Dejamos la maleta en la estación y cenamos en casa de los vecinos.

Nos acostamos con mucho frío en el apartamento que estuve apenas hace un mes cuando llegué a Asturias, pusimos el radio, y vimos fotos. Le comenté que yo me imaginaba a Ramonín como en el cuadro que tiene la foto de cuando hizo la comunión, pero que me sorprendió lo cambiado que lo conocí en persona. Hablamos sobre las distintas formas de cariño y cuando una aprende sobre el amor. Mary es bastante sensata y comprensiva, a pesar de todo.

Viernes. Febrero 28

Como llegamos temprano a la estación paseamos por la ciudad y entramos a tiendas buscando un pantalón azul marino para Mary, pero no lo encontró. Ella viste muy sencillo, pero fino. Nuestra despedida fue difícil, al menos para mí llena de emociones, que no se pueden demostrar ni explicar suficiente. El viaje fue incómodo y largo, dos hombres enfrente y uno al lado. El joven feo sentado frente a mí se dio cuenta de que soy cubana al final del viaje, y me aseguró que no me iría de España. Me bajé corriendo de miedo, y le di un duro a un señor para que me llevara la maleta hasta un taxi lo antes posible.

Mientras llegaba al colegio, miraba a Valladolid con sorpresa de estar aquí. Pero más sorpresa fue para mis compañeras, pues cuando bajaba del taxi, ellas lo hacían desde los coches de los alumnos, y la gritería y los abrazos me aturdieron. Por un momento me sentí feliz. Las monjas me recibieron también con sorpresa. Yo debí haberles informado. Bueno, no paraba de contarle cosas a las chicas hasta metiendo la ropa sucia en el lavadero y organizando la camarilla. Tomé una ducha congelándome, pero la necesitaba. Las chicas me contaron los cambios, lo que más me preocupa es lo de no poder tener comida en el dormitorio. Ya van a apagar la luz.

Recibimiento de las monjas y las chicas

Sábado. Marzo 1

Hice el primer viaje con la China hasta que me ubiquen sola otra vez. Las niñas mayorcitas alborotadas de verme, a medida que subían al coche. Para el segundo viaje ya tenía mi coche amarillo. No hice más que llegar de regreso, y me puse a limpiar bien mi camarilla. Después escribí a Raúl, a mima y a Mirta rapidito. Cuando Alexis y yo llegamos al correo, el señor casi nos echa por el jaleo de enviar tantas cartas pesadas y certificadas y a esa hora.

La entrada al cole, mis compañeras

Domingo. Marzo 2

Anoche, después que apagaron la luz, me puse a leer una novela con una vela para no pensar antes de dormir. Hoy no me pude concentrar en la misa de 12:00 m, así que hare un esfuerzo para ir a la de 8:00 a.m. los domingos.

Después que me pasé el día leyendo, escribo ahora con la vela encendida porque no puedo dejar de hacerlo, necesito este desahogo. Recibí cartas de Asturias que Alexis había mandado para allá. Una de ellas, de Magaly, mi prima quejándose de la vida tan monótona que se vive en Miami. Me dieron deseos de volver para Cuba. Pero ¿cuándo será esto posible Dios mío?

No sé si merezco el orgullo que siente mi gente allá por mi valor y comportamiento en esto que yo llamo limbo, pues a veces me siento verdaderamente desesperada por el miedo que me da el futuro permanente en Nueva York. Me pregunto si habré hecho bien en separarme de lo enteramente mío. Sin embargo, no me puedo arrepentir, porque tampoco era posible seguir viviendo allá. Creo que mayormente me consuela el hecho de pensar que represento un problema menos para mi familia. Bueno, voy a meterme en la cama a rezar porque estoy helada y necesito a Dios cerca de mí.

Jueves. Marzo 6

Ya hace cuatro meses que estoy en España. A veces me parece un siglo; otras, imposible que haga tanto que viva sin mi país y mi gente, pero bueno las cartas de hoy hicieron un equilibrio a la obsesión. Recibí de Nueva York, de mi prima Gladys, con fotos lindísimas de madrina y ella. También de Mary de Asturias, y Ramonín, de Galicia, con fotos suyas. Me impresionó mucho su carta. Él es bueno y escribe intenso.

Para completar, Mirta me escribe que la visitó Dávila para decirle que vio una foto mía donde estaba durísima. ¿No pudo decir otra cosa? No creo que esa sea una expresión, ni un calificativo correcto hacia su noviecita que sufrió tanto la separación, y es tan idiota que le escribe y todavía siente que lo quiere y no lo olvida. No puedo pensar mal de él, solo que su capa de cinismo es para ocultar su despecho y dolor. Pero si no tengo carta suya la semana que viene, tengo que aceptar que no me va a escribir, aunque si lo hace, temo que esa carta se convierta en una descarga de hielo que me caería encima.

María Elena, mi amiga está en estado. ¡Qué emoción y que pena que no estoy cerca para disfrutarlo! Es muy joven, recién casada y medio loquita. Contesté varias cartas, menos la de Ramonín. Ya ha sido mucha la emoción de las cartas por hoy. Encima, Alexis y la China se van a Madrid a esperar a su hermano que con casi 15 años llega de Cuba de improviso. ¡Qué suerte!, al menos es una lucecita de esperanza para el mío. Falta averiguar cómo lo logro.

Domingo. Marzo 9

El viernes escribí a Ramonín y le mandé dos fotos mías del colegio. Ayer despedimos a Alexis y a la China en la estación del tren, con la esperanza de que regresen después de que ubiquen a su hermano. De vuelta limpiamos los baños en grupo y yo mi camarilla, terminé de escribir algunas cartas para llevarlas al correo con Beatriz y Arlene. Lo que nos sorprendió fue que el señor del correo, que creíamos un cascarrabias porque siempre protestaba debido a que llevábamos

muchas cartas cargadas con cuchillas, chicles, agujas, por entrega regular o certificadas, etc., resulto a estas alturas ser buena gente. Por lo menos fue una buena impresión. Cuando regresamos me bañé, ya es un día sí y uno no. Hoy, después de ir a misa de 8:00 a.m., la pasé de vaga leyendo, escribiendo, y en el kínder jugando parchís. Las películas del cine de aquí no valen la pena. Me voy a acostar temprano a pensar.
Santa conoce de nuestro colegio desde Cuba, porque estaba integrada en la Asociación Católica. Elvira y ella se conocían debido a que las dos eran químicas industriales, por casualidad se reencontraron en Madrid y se embullaron a venir para conocer Valladolid y quedarse en el colegio un tiempo.

Miércoles. Marzo 12

El lunes, desde que me levanté, he estado tomando calmantes por un dolor de muelas. Ayer, cuando bajaba del segundo viaje, me dice Marta que tenía cartas de Cuba, eso significó el hecho de correr como una loca para buscarlas. Tuve cartas de mi madre, contándome que ya habían recibido mi primera misiva desde Setienes. También de Jorge y Manolo, los amigos de Mirta y Elena mi prima. Me contentaron, al punto de que esta vez no lloré.

El sistema nuevo de aquí es más bien darnos más responsabilidades organizadas. Para tener comida en las camarillas tiene que hacerse a escondidas, y el único lugar es dentro de mi maleta. Parece que, durante mi estancia en Asturias, las monjas hicieron una inspección de los dormitorios y notaron algo de suciedad y desorden en las camarillas. Como consecuencia llamaron la atención a todas y trajeron un fumigador.

Ayer, cuando desayuné, el dolor de muelas era tan fuerte que las monjas me dieron la información de un dentista en la ciudad. Por la tarde fui con la señora Lourdes, pero con tan mala suerte que cuando llegamos en la puerta había un letrero que ponía que la consulta estaba cerrada por enfermedad. De ahí, fuimos a la droguería a comprar calmantes, y me los tome allí mismo. Me preocupa lo que me cobre el dentista, pero de todos modos tenía que comprarle cintas de canastilla para Clara, mi prima política, y de paso invite a la señora Lourdes a tomarnos un café para pasar un poco el frio.

Como ya me sentía más aliviada fuimos a una iglesia muy antigua y linda. La señora Lourdes me presentó al padre cura que resultó ser agradable y simpático. El me preguntó, entre otras cosas, a quiénes había dejado en Cuba y entre los dos me convencieron para confesarme. Él padre no parecía apurado, durante la confesión me hablaba y hacia preguntas con calma y comprensión. Pero lo que nunca podré olvidar fueron sus palabras sobre mi novio: «Cuando no te ha escrito es porque no te quiere lo suficiente». Con todo el dolor que esto representaba quedé más tranquila. A pesar de todo, no puedo perder las esperanzas de que me escriba. Si no me quería lo suficiente, algo me quería. Regresamos al cole en taxi para no perder la cena. Luego de cantar, mientras Chela tocaba la guitarra, me acosté a rezar el rosario.

Hoy fui con Aurora al dentista, pero tampoco estaba. Entonces nos sentamos en una cafetería a tomar un café y tomarme los calmantes. Aurora es cubana, y llegó al cole hace poco. Tiene 28 años, me recuerda a Cary por su personalidad y que es mayor que las demás, con excepción de Santa y Elvira. Me contó que tuvo problemas con un señor en Madrid, y se vino a refugiar aquí. Tuvimos que irnos rápido por mi dolor. De regreso, la madre Dolores me puso un supositorio y además hielo en la cara. Aurora padece de artritis reumatoide y cuando le da la crisis, lo que le calma ese dolor tan fuerte son los supositorios.

Sábado. Marzo 15

El jueves acompañé a Beatriz y Arlene a que se hicieran unos análisis. Arlene es la niña consentida de la madre Teresa, pues son del mismo pueblo en Cuba. Ella, como Loretta, vive con las internas. Por fin me atendió el dentista, muy amable, me dijo que mis muelas no están buenas, que necesito tomar antibióticos urgentemente y hacerme una placa, y me dio una receta para entregar a la madre María Dolores, es posible que me tenga que sacar alguna muelita.

Ayer, después que escribí varias cartas, tratamos de comunicarnos por teléfono con Alexis y la China, al colegio en Madrid, pero la monjita de allí nos dijo que ellas no estaban en el colegio. Las monjas no pueden dar información si no está autorizada, el caso es que no hemos sabido de ellas.

Anoche, cuando estaba en la habitación de la señora Lourdes, tratando de darle las clases de inglés, a las que no pone atención alguna, una monja me avisó que esperara llamada de Cuba el domingo. Me despedí de la alumna porque entonces era yo la que no podía concentrarse. Me fui al dormitorio y me uní a las otras chicas, para quedarnos en la camarilla de Aurora, hablando de nuestros problemas hasta muy tarde.

Los sábados y domingos me descontrolan, porque tengo más tiempo para pensar. Hoy me tocó bañarme. Ha sido un día de ilusión por la llamada de mañana.

Miércoles. Marzo 19

Estas son las santas horas que no sabemos de Alexis y la China. El domingo recibí la llamada de Cuba muy contenta, pero cuando colgué, sentí un vacío tan grande que me uní a las chicas que estaban cantando en la camarilla de Beatriz, aunque mi canto era con lágrimas. Era tal la depresión que me fui con las que acompañaban a Chela a la estación para su viaje a Madrid. Antes de dormir le escribí al Padre Camiñas sobre unas planillas que se pueden conseguir para reclamar familiares en Cuba. Mi intención es para Mirta, porque si mi hermano no puede salir de mi casa, más nadie sale.

El lunes me acordé mucho de mi hermano por su cumpleaños. Le hice una carta bastante bonita tratando de alentarlo, porque a pesar de que ya estos son sus 16 años, no puede perder las esperanzas de cumplir su ilusión frustrada de salir de Cuba. En la mañana, fui a un lugar a hacerme la placa de la boca, pero de regreso pasé un dolor de muelas tal que pensé que me moría; creí que la culpa era de la placa. Hasta que llegué y conseguí el supositorio, no dejé de sufrir.

Hoy, por celebrarse el día de San José, las monjas nos llevaron a una excursión en un pueblo cerca de aquí, invitadas por el padre de una interna que es dueño del cine. La tristeza de mis recuerdos me acompaña a todas partes, además caminar por el pueblo no era agradable por el frio, no hubo más remedio que entrar en el cine.

Cuando regresamos al cole, me encontré con la respuesta del padre Camina a mi carta, en la que le solicitaba las planillas para la reclamación de familiares en Cuba. Él me explicó muy amable que la última planilla que le quedaba, se la había mandado a una chica de este colegio, y que en cuanto reciba más planillas desde Washington, D.C., me las enviara con mucho gusto. También me especificó que esas planillas son exclusivamente para reclamar a padres, hermanos menores y algún otro familiar que viva en el mismo domicilio que los padres. Esa chica a que se refiere es probablemente Lourditas, pues yo misma la ayude a escribir la solicitud. De todas maneras, estoy contenta de querer hacer un bien.

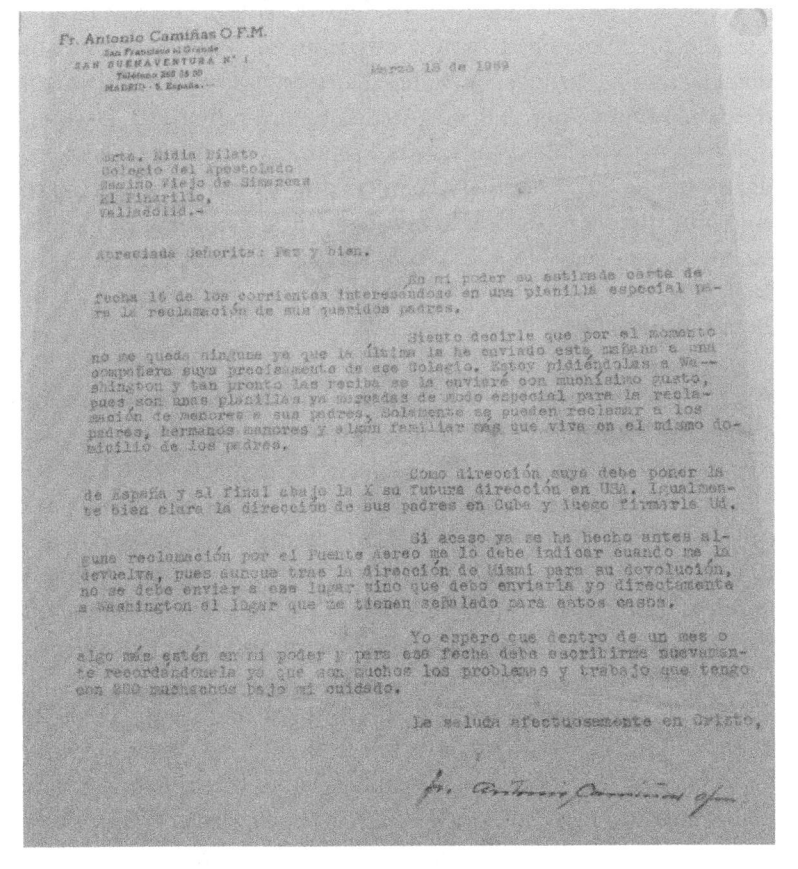

Dios sabe por qué Mirta no puede resolver su salida, este paso es mucho para ella, ni vive con mis padres, ni tiene quién le haga la reclamación desde Estados Unidos. Él sabe que a pesar de todo ella está mejor en Cuba. No todo el que quiere es capaz de afrontar las consecuencias que se sufren dejando su país.

Jueves. Marzo 20

El resultado de la placa de la boca es que tengo tremenda infección en una muela inferior. La señora Lourdes se ofreció a acompañarme hoy mismo al dentista, a sacármela. Mientras esperábamos en la consulta, ella se puso a hablar por mí con dos chicas españolas que ni se conocían entre ellas. Una de nombre Isabel, bastante seria, y la otra María del Carmen, más campechana.
   A Isabel le dejé el número de teléfono del colegio. Con María del Carmen quedé en salir el domingo al parque San Francisco, pues nos dijo que tocaban grupos musicales. El dentista me sacó la muela con tremenda fuerza, pero me porté valiente y ya salí de eso. Después que regresamos al cole, me acosté a reposar y a pensar en la salida del domingo. Al principio me pareció difícil y me dio miedo, pero a medida que fueron pasando los días, lo llegué a desear por poder contar a mis amigos en Cuba lo de los grupos musicales.

Lunes. Marzo 24

Ayer me arreglé muy mona para la cita. Llegué al parque sola y enseguida vi a María del Carmen con tres chicas españolas más. Recorrimos cafeterías por algo de beber hasta que nos dio hambre y nos quedamos para comer en la última. Todo eso era nuevo para mí. Qué casualidad que también estaban cinco chicos en una mesa. Se acercaron y se pararon a hablar con nosotras, porque les llamó la atención mi acento. Son estudiantes de más de 20 años de edad, pero pocos son de Valladolid. Yo fui el centro de conversación, por las preguntas que me hacían del señor Castro.
   Uno de ellos, bien vestido me invitó a dar una vuelta. Después de un rato me preguntó si quería tomar algo. Ya yo estaba nerviosa y con la boca seca, porque de parque y grupos musicales no se hablaba nada. Cuando entramos a un lugar me entró el terror por la oscuridad. Aquí le llaman *boîte*. Nos paramos en el bar y mientras él ordenaba fui al baño. Mi sorpresa fue ver que había una cortina y por lo que pude ver, detrás había cojines en el piso, algunos chicos sentados y otros bailando. Trate de tranquilizarme en el baño, pues estaba temblando. ¿Y ahora qué hago? Le pedí al chico que nos fuéramos, pero la verdad estaba lloviendo a cantaros. Tomé el trago,

pero seguí con la matraquilla de que no podía llegar de noche al colegio. Extrañé a Cuba, a Luarca y no sé a quién más. Finalmente, él llamó a sus padres para que le trajeran una gabardina y un paraguas. Los padres llegaron bastante rápido con el pedido y nosotros fuimos a tomar el autobús hasta la Rubia. Mientras andábamos en el autobús, me preguntó si me acompañaba hasta el Pinarillo, y yo con susto acepté pensando en la caminata oscura que me esperaba desde La Rubia hasta el cole. Yo no podía parar de temblar, por lo acontecido y por la tardanza para llegar. A pesar de todo, él se portó como todo un caballero.

Me cambié rápido contenta de estar en casa, pero cuando nos íbamos a acostar y las chicas me preguntaron como la había pasado, les hice una mueca de indiferencia. De pronto sacaron un biberón y me lo ofrecieron. Yo por fastidiar le puse leche con chocolate que tenía escondida y lo tomé en la cama como si fuera una bebé. ¡Vaya, burlas de las chicas!, decían que mi problema era que ¡todavía no había crecido! Quizás... A pesar de que la vela apenas alumbraba, no pude dejar de escribir a Mirta para contarle de mi experiencia... Me dormí con la añoranza de Cuba, a pesar de lo entretenida que resulta España.

Martes. Abril 1

Hoy tuve cartas de mima y Delia. La alegría de recibir cartas no compensa la preocupación. Resulta que de casa de Pipo Narciso quieren salir los seis. Ojalá estuviera a mi alcance el hacer algo por ellos. También la carta de Mirta, que me dice que quiere venir de cualquier manera. Ya yo llevo cinco meses aquí y no le he podido resolver nada a nadie. Confío en Dios y mi posibilidad para lograrlo.

Recibí carta de Mary, siempre cariñosa y otras de madrina, espero no me abandone, siempre me manda algún dinero. Pero lo triste de hoy fue que la señora Lourdes está como loca, hasta lloró en mi hombro. Yo pensé que le iba a dar un ataque. Es que viene a ser desesperante estar en este limbo, que ni para un lado, ni para el otro. El domingo en la feria monté los carros locos y me herí la rodilla, ¡qué desastre! Tengo miedo de que me dé tétano. Me siento cansada y me voy a lavar un poco para acostarme a pensar y tratar de dormir.

En la confirmación de Lucy Quevedo en la Capilla del Apostolado de San Sebastian

Jueves. Abril 10

La Semana Santa en Valladolid es muy famosa por la procesión. Es impresionante como está de coordinada, como las personas demuestran su fe. Si, en efecto es algo místico. Pensar en el sacrificio que hizo Jesús después que siendo tan bueno muriera asi. Y yo como siempre pensando en Cuba y en nuestro sacrificio. Según dicen, ha sido una suerte el poder participar de ese evento. Pareciera que ahora, cuando escribo aquí, es porque me siento sola. Hoy empezaron las clases. El regreso de Alexis y la China no me causó la emoción esperada, de todas maneras, su plan era de irse definitivamente del colegio. Esta tarde, cuando llegué al dormitorio del último viaje del coche, no había nadie, quizás se fueron a la feria.

El Domingo de Resurrección comimos muy bien con las monjas. Yo sabía que este paso era duro, pero pienso que Dios, o el destino, me señalaron el camino y debo andarlo lo mejor posible y con valentía.

Parece que los viajes a Estados Unidos se ponen cada vez más difíciles. ¡Qué desesperante para todas! Si me voy a Asturias, a esperar la salida, tengo que comprarme algo de ropa, pero ¿con qué dinero? Recibí carta de mima esta semana, que bueno que se siente tranquila por mí, porque la verdad yo no me siento tranquila por nadie.

Lunes. Abril 28

Me siento muy nerviosa porque no he recibido cartas de Cuba, ni la semana pasada, ni esta. A pesar de que el sábado pasado me llamaron y hablé con mima y Juany, y con Tita y Gilbert por su cumpleaños. Necesito las cartas como si me alimentara de ellas o fueran una medicina de corta duración para el espíritu. Allá siguen sin recibir mis cartas, y con tanto que escribo.

Este sábado antes de entrar al correo, les compré postales por el Día de las Madres a mis dos abuelas y a mis dos madres, que la segunda es Tita. En el mismo correo me puse a dedicarlas, pero solo con pensar lo que les iba a escribir no podía contener el llanto. Después que finalmente envié esas postales y otras cartas, aproveché el viaje para comprarme un pantalón *beige*, de pata de elefante que se usan así. A mí no me gustan tanto, pues cuando regresé estaba en el colegio me lo volvía a probar, y son tan masculinos, que parezco un chico. Bueno cuando trabaje en Nueva York lo tendré a mi gusto.

Ayer fuimos con las monjas de excursión a Burgos, es impresionante la historia que hay en esas catedrales, pero también es impresionante el frío. No sé por qué me dio tanta tristeza. Por la noche Aurora y Esther se pusieron a darnos consejos, pues yo me la paso con lágrimas en los ojos. Quizás sea que pienso en enfrentarme a mi vida en Estados Unidos como una mujer y no quiero admitirlo. Tengo muchas preocupaciones, pero también quiero acabar de marcharme a ver qué pasa. Quizás nadie me comprenda y me siento sola a pesar de que no soy la única. Me dormí llorando mucho, tomé la resolución de cambiar mi carácter infantil o alocado por otro que no sé dónde está metido, pero tiene que aparecer por algún lado, a ver qué resultado da.

Lunes. Mayo 5

Primer cumple de mi madre lejos de ella. Pero gracias a Dios con salud. Invité a algunas chicas a beber Cubalibre, churros y café en la feria. La pasamos bien, aunque con muchos recuerdos. Pero a pesar de que hace días que no me da la nostalgia, ayer, que se celebró el Día de las Madres aquí, me dio por hablar sola. Eché de menos a todo el mundo, en cuanto a Dávila, recordarle y llenarme de ternura es lo mismo. Rogué a Dios que me concediera volver a verle, aunque fuera para confesarle que tenía razón en lo que iba a sentir lejos de mi ambiente.

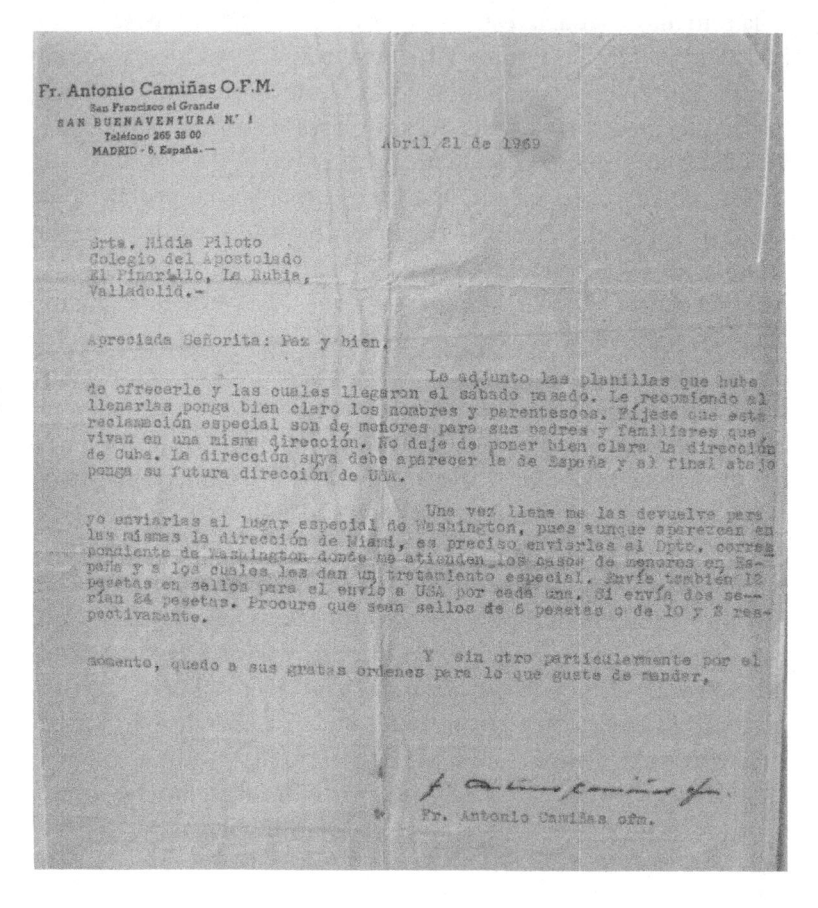

Miércoles. Mayo 14

Tengo que reconocer que me he abandonado de escribir porque ya no me entusiasma tanto. Tengo la cabeza embotada de tanto pensar.

Me vuelven a faltar las cartas de Cuba, esto me quita las fuerzas. Además, pasé unos días de gripe, que aquí le llaman anginas, que me han dejado muy débil. Recién me levanto de estar en cama por días, y a base de inyecciones, supositorios y medicinas por la boca, etc., gracias al cuidado de la madre María Dolores.

Me dio mucha alegría y tranquilidad una carta de Alexis y la China. Siguen en Madrid, pero ahora ya se quedan en casa de una tal María Elena, que tiene dos niños y ellas la ayudan. Están conformes, pues no aguantaban la vida del colegio. Madrid es Madrid.

También llegaron dos cubanitas nuevas, son más compañía. Una se llama Lucila, es muy jovencita, tiene 14 años como Marta. Como es de Oriente habla diferente, y le pusimos «Ma o meno». Ella nos cuenta que, para salir de Cuba, mientras jugaba con las vecinitas la llamó su mamá para decirle que se preparara, que le habían avisado del viaje. Ella viajaba con su hermanito de nueve años. Cuando fueron a buscar la guagua que los llevaría hacia el aeropuerto de la Habana, el chofer les dijo que ya los asientos estaban reservados para los niños y no había cupo para los adultos. Entonces su madre le rogó que le permitiera acompañarlos, aunque fuera, que su esposo y ella llevaran a sus hijos en las piernas.

Al llegar al aeropuerto de Madrid, el padre Gerardo le dijo a Lucila que no podía acompañar a su hermanito porque su destino era solo para niños varones. A ella la llevaron por dos días a un convento de monjas de clausura, y después de hacer las gestiones correspondientes, la mandaron para acá.

Espero carta de madrina con ansias, a ver si ha averiguado cómo apurar mis tramites, y porque necesito dinero para ir a Asturias, si me decido. Cuando Ramonín me escribe me entusiasma para que vuelva para el verano. Es que a pesar de que le he tomado cariño al colegio, a veces creo enloquecer de desesperación. Las chicas nuevas son bastante buenas. Como Mirta no hay otra. ¡Cómo la extraño!

Hoy terminé de leer un libro sobre la historia de la Virgen. Me emocionó al punto de hacerme llorar amargamente; pero al mismo tiempo sentí como si mi fe creciera y hasta me alentó el ánimo y el espíritu. Me hice el propósito y la promesa de que de mi boca no saliera más un comentario respecto a Dávila. Pensaré en él hasta que yo misma me vaya convenciendo de que no es para obsesionarse. Espero que no pase mucho tiempo en que nos volvamos a ver, pues si lo de Estados Unidos no funciona, y le es a mi familia imposible salir de Cuba, le pido al Señor que les dé salud y conformidad, y seré yo la que vuelva, aunque tenga que sacrificar el aspecto material. Es que mis sentimientos por todos allá son muy grandes, y no sé si podre dominarlos.

Sábado. Mayo 17

Hace un rato fui a la capilla y le rogué a Dios con más fervor que nunca; es que recibí carta de Mirta y me dice que Dávila paso por su trabajo y le dijo con lágrimas unas palabras que me conmovieron: «La quise demasiado y ahora solo lo que me queda de ella es el olvido». Si algo me pesa por haberme ido de Cuba es por dejarlo en una etapa de su vida que me necesitaba. Además, haciéndole perder la fe porque su mayor anhelo y sus ruegos eran porque si algo existía en el cielo era que yo no me fuera. Con mi partida habrá perdido la poca fe que tenía y mi cariño. Me siento una traidora porque cuando una quiere no hace sufrir. No puedo ayudarlo ni consolarlo, siendo único hijo y perder a su padre. No sé si deseo que encuentre a alguien que lo quiera y le haga feliz, ya que no puedo ser yo. Por mi parte, no quisiera un compañero con dinero, sino alguien que me quiera, para quien yo signifique tanto como el para mí, lo había encontrado y lo perdí, pero bueno ese es mi destino y tengo que acatarlo porque no hay vuelta atrás. ¡Que sea lo que Dios quiera!

Martes. Mayo 27

Por aquí seguimos muy ocupadas con el trabajo y las cartas. La otra noche vimos una corrida de toros por la tele y el torero era tan parecido a él que casi me da un ataque. No sé si fue porque Beatriz recibió una carta de Carlitos o porque yo estaba pensando en el tiempo que hacía de nuestra separación y me decidí a hacerle un borrador mientras trabajaba en la portería. Un desahogo o ¿la esperanza de recibir contesta? Necesito su comprensión y hacerle saber cuánto lo comprendo. Ahora estamos pagando el precio de lo que sabíamos que pasaría.

Recibí una cariñosa carta de madrina, ya tengo deseos de llegar allá para organizarme y ver que será de mi vida con ellas. Madrina me escribe sobre unos vecinos que le comentan que tienen una parienta con sus dos hijos en un colegio católico en Valladolid. No podía creer que fuera la señora Lourdes. Le contesté enseguida muy emocionada por lo chiquito que es el mundo.

Jueves. Junio 12

Ahora es que me decido a escribir aquí después de tantos días. Antes del lunes estaba bastante animada, pero ese día recibí dos cartas de Mirta que me dejaron atolondrada. Me anuncia su decisión de salir a Estados Unidos por aquí, y yo tengo que conseguírselo. No bajé a cenar, me puse a pensar y llorar, me sentía como flotando. El problema que también me preocupa es su dolor de vientre que no se ha podido averiguar que lo ocasiona.

Al otro día celebramos el cumple de Mao Meno y la despedida de Arlene y Marta la nueva. ¡Fue tanto lo que quise aturdirme, que bebí más de la cuenta, la primera borrachera de mi vida y en un colegio de monjas! Para colmo llegó la madre Elena, a ver que pasaba que se escuchaba una gritería, y me vio en ese estado, ¡qué vergüenza! Fue tal la risa, el llanto y el comportamiento de hacer la tonta que cuando apago las luces y salió, María Ros y Esther me desvistieron y me metieron a la cama. Pero, al no poder soportar tanta majadería mía, tuvieron que buscar hielo para ponérmelo por encima del pijama. Esto me tranquilizó y me hizo dormir.

Ayer, cuando me desperté para acompañar a Marta y Arlene a la estación, me vi en ese estado de la noche anterior y recordé. No podía contener la vergüenza ni dar la cara a la gente. El consuelo es que a Aurora le pasó lo mismo, y ya con avergonzarme no resolvía nada. Pero a la hora de comer, la madre Teresa me preguntó quién era ese tal Manolito, y yo me puse roja y no sabía qué responder, quería salir corriendo o taparme la cara con la bandeja de la comida.

Tampoco el hecho de no poder sacármelo de la cabeza me ayuda. Mirta me cuenta que fue a su casa y le habló mucho de mí y de lo malo que era no poder olvidarme. Somos dos. Me fui a la capilla y me sentí mejor. Pensé que la vida sigue su curso, y yo me metí en esto, me metieron o me tocó y tengo que seguir adelante, pero ¿no me fallaran las fuerzas? ¿No escuchará Dios los ruegos de tantos seres humanos y cambiará la situación de mi país? No hago más que preguntarme en qué parara todo, ni si mi ida de aquí será para bien o para mal, pero anhelo con toda mi alma que sea pronto. ¡Dios mío!

Sábado. Junio 21

Ya ni ganas me dan de escribir aquí, total es sentir lo mismo, locos deseos de acabar de irme a Estados Unidos, pues no puedo regresar a Cuba. Es desesperante el tiempo que me falta aún. Me pregunto si él habrá previsto mi estado de ánimo aquí, pues todo me está sucediendo como lo pronosticó Manolito, y esto hace que lo quiera más. Le extraño desesperadamente a veces, pero ya no hay remedio, porque desde aquí no regreso. Como habría de hacerlo sin antes probar llegar a la meta por mí misma. Además, la situación de Cuba está tan mala que sería una cobardía no alcanzar la meta. Tengo que sobreponerme, confiar en Dios y seguir soportando... No pensé pasar por esto a mi edad. Es terriblemente duro y difícil, solo viendo a los demás y recapacitando o analizando me da un poco de consuelo.

La despedida de Esther nos dejó sin dinero con toda la celebración y regalos. Lo doy por bien empleado, pues es buena chica y bastantes veces que nos prestaba y tenía que esperar para cobrarnos. Ese día me dio por desgarrarme en sollozos. Parece que llega el momento que hay que sacar lo que tienes acumulado adentro.

Domingo. Junio 29

Ayer me sentí triste, desilusionada y enfadada al ver que tampoco recibí carta de Cuba. Así les escribí. Pero cuando salíamos para el correo me avisan que tenía llamada de Cuba. Pasaron mucho trabajo para comunicar, y ni se oía bien, pero al menos supe que estaban bien y escuché la voz de mima, pipo, mi hermano y Mirta. Cuando se puso Mirta al teléfono yo temblaba de emoción, y tuve que aguantar las lágrimas y apretar los puños para resistir. Solté los puños después que colgamos, pues me dijo que ya había recibido mi carta para él, y que me la había contestado. Por fin recibiría carta suya, aunque no fuera más que para insultarme o despreciarme, es suya, y solo de pensarlo, me siento en la gloria.

Esta tarde fuimos a ver una película sobre instrucción sexual, bastante buena, recuerdo tomar una asignatura parecida en la Secundaria. A pesar de anhelar estar en Cuba, es como si me sintiera tan cerca de todo aquello, que siento cierta conformidad. Me acerqué a Dios y hablé con Él en la capilla, le di las gracias en vez de pedir y me siento con buenas esperanzas.

Domingo. Julio 6

Por fin la señora Lourdes y sus hijos se van pronto para Caracas. Aquí hay tremendo revuelo con su metriquilla, pero tengo bastante ánimo y paciencia para sobrellevarla. Parece que las monjas hablaron seriamente con su papá que vive allá y está bien conectado con el clero; y uso sus influencias para las visas, pues para Estados Unidos no le acaban de llegar, y ni las monjas ni ella pueden más con esta situación de larga espera.

Recién termino de escribir en la libretica (mi diario) que me regaló Raúl y empecé en un cuaderno del Cole. Los días están de verano, y una de las noches estuvo una luna... que nunca vi tan bella. Parece que la luna tiene su misterio, pues mi alegría fue inmensa porque recibí carta de mima, pipo, Gilbert y de Mirta donde me cuenta la entrega de mi carta. Por lo visto fue emocionante, del tiro, él le dijo que me contestaba esa noche. Así sigo esperando su carta con ansias. Según ella, se nota que me sigue recordando y queriendo bastante, pues hasta lágrimas en los ojos y roña al mismo tiempo le produce hablar de mí, y será más bien por haber permitido que me le fuera sin haber podido impedirlo. A pesar de lo terrible que me parece, lo comprendo, pues quizás esa sería la solución de retenerme. Por otro lado, me enorgullece y admira que no sucediera, por respeto a todo. Si hasta encontrar la oportunidad de besarnos era casi imposible.

Gracias a Dios no sucedió, porque creo que no se lo hubiese perdonado, es más estoy convencida de que quedaría por debajo ante mí y ante él, y ambos sobre nuestra conciencia y el resto del mundo. Sobre todo, hubiera sido horroroso pensando en mi familia, aunque nunca lo supieran; si acaso yo llevaría ese cargo de conciencia toda mi vida. Sin embargo, a veces pienso si como único medio para quedarme no hubiera sido preferible, me da rabia y vergüenza pensarlo, pero no lo puedo evitar ¿Por qué no hice algo? ¿Será mi estado de ánimo la consecuencia de no impedir haberle dejado? Esta todo tan tranquilo en el cole por las vacaciones de verano que en las noches a veces nos ponemos a ver TV en la cafetería. Una de estas noches, como teníamos hambre se nos ocurrió registrar la despensa. Encontramos la puerta de la cocina abierta y entramos a curiosear. Como estaba oscuro y no queríamos encender la luz para no llamar la atención, empezamos a tropezar con cosas. Beatriz quiso ir más allá y metió la mano en una cazuela con chorizos o no sé qué y del susto pego un grito, porque se ensucio la mano de grasa. No alcanzamos a llevarnos nada por el corre corre por salir, pero nos prometimos volver otra noche en venganza de notar la abundancia de comida, y que a nosotras no nos dejan guardar en las camarillas las chucherías que compramos para no acostarnos con hambre.

Esta tarde estábamos invitadas a merendar en casa de la maestra del *kínder*, pero como no llevamos bien la dirección estuvimos perdidas toda la tarde sin encontrar la casa. Cuando regresamos al colegio, nos pusimos a hablar Marta, Mao Meno y yo. De buenas a primeras, se me ocurrió que Mao Meno escribiera una carta a Mirta dictada por mí diciéndole que me quería hacer monja, a ver si se le quita esa obsesión de venir. Yo, en estas circunstancias, no puedo hacer nada de trámites para ella y no creo que sería capaz de resistir esta situación con su personalidad. La carta me quedó buena, al principio fue un motivo de bonche, pero analizando las consecuencias que podría tener, me parece que no está bien realizarlo.

Consulté con Dios en la capilla pensando que sería un motivo de preocupación para mi primita y demás. Ahora que me cuenta que terminó con Jorge y está saliendo con Edelso, es de uno en otro y eso no es lo que yo pienso de ella. Mima me dice que ella discute mucho con la madre y el hermano. Claro entre la situación del país con las escaseces y mi falta se tiene que sentir mal. Cómo me voy a meter en ese problema de traerla conmigo, si se pudiera. Yo tengo mis locuras, pero tengo que recapacitar a tiempo.

Lunes. Julio 21

Al momento de poner esta fecha recuerdo el cumple de Raúl y siento cierta emoción. He pasado la semana enferma con rubiola.

El viernes me desperté mejor y hasta feliz, pues soñé que estaba con mi familia y había tenido una niña, pero discutía con su padre.

Al otro día, al mediodía, estábamos en mi camarilla con Elvira y Aurora, me quedé dormida y soñé que estaba reponiéndome de la anestesia, pues había tenido un bebé y cuando se acercó el padre a darme un beso, me despierta Aurora con las cartas. Cuando vi la letra y de un remitente desconocido me dio un vuelco el corazón, y no sé cómo me controlé para abrirla, pues mientras la leía me temblaba todo el cuerpo. La carta era maravillosa, amante y radical. Un adiós, como yo deseaba, pues dado lo que lo conozco, no esperaba ni anhelaba otra forma.

Comprendo el hecho de que, si regreso a Cuba dentro de unos años, y ya él no me quiere como es lo más probable, a pesar de que ha dicho que siempre viviré en él, va a estar con otra porque es demasiado joven para no tratar de ser feliz. Lo quiero tanto, que a veces me asusta que no pueda volverme a enamorar, porque su recuerdo me persiga y se interponga ante mi nueva vida. Me siento tan destruida, como dice él que se ha sentido. Cuando terminé de leer, me sentía como hipnotizada. Entonces, apreté los ojos y las manos e incrusté la cara en la almohada para llorar en silencio.

Miércoles. Julio 23

Resulta que le conté a mima que la madre Superiora me había hablado que la madre de unas niñas le había pedido si una de las chicas cubanas podía acompañarlos en sus vacaciones a Málaga. La madre Superiora es un amor, pero más me lo pareció cuando me dijo que pensaba que yo era la apropiada. Me quedé sorprendida, nerviosa, halagada y no sé qué más, y le dije que lo iba a pensar.

Enseguida se lo escribí a mima, porque pensé que era una muestra que era apreciada por la madre superiora del cole entre todas las chicas, y cuando ya ni pensaba en eso recibo un telegrama de mima notificandome que todos por allá estaban de acuerdo. Ya yo hasta le había dicho a la madre Superiora que lo sentía, pero no aceptaba porque me preocupaba ausentarme por tanto tiempo tan lejos cuando tengo que estar pendiente de los papeles del viaje. Aunque me pudiera ir muy bien, no estoy como para irme por unos meses a otra provincia lejana con una familia desconocida. Claro eso no se lo dije.

Ahora me ha dado por pensar que mis compañeras no me tienen en cuenta. Hoy me siento desesperada pues según una carta de Arlene se enteró por la condesa del Comité Internacional de Rescate en Madrid que las cubanas que la fecha de prioridad de salida nuestra de acuerdo con la llegada y la edad seria para fines de año o enero. Nosotras creíamos que lo iban a adelantar más. Estoy tan harta de todo que no sé si podré soportar tanta espera. Me senté en la ventana del baño con ganas de morirme y de estar en Cuba a la vez, y lloré mucho. De allá dependen de mí y yo sin poder hacer nada. Esto parece mucho tiempo y me ha dejado tan desolada y desesperada, que hasta los nervios me están fallando.

Lo que sí he pensado es irme con Beatriz a la pensión donde están Santa y Elvira en Madrid, a pasarnos una semana para averiguar oficialmente en serio sobre nuestros papeles y de paso distraernos. Aquí por ahora no nos necesitan.

La carta de Manolito Davila está adorable. La guardo debajo de la almohada y para dormirme le pongo una mano encima y, al despertarme, la busco y le doy un besito. Su contacto es como una paz y alegría que consuela mi espíritu atormentado. ¡Dios mío!, ¿hasta cuándo estaré así?

La semana pasada recibí carta de Cary, en la que me cuenta confidencialmente que mi madre le dijo que ha pensado que, si dentro de un par de años no se puede resolver su salida de Cuba, lo cual se está viendo bien difícil, me mandaría a buscar, pues es mucho lo que me extraña y no se puede adaptar a vivir separadas indefinidamente.

Sábado. Julio 26

Recordada fecha, que se celebra en Cuba a lo grande. Esta semana tuve la alegría de recibir carta de Esther, de Miami, contándome que había ido con su hermana a visitar a Magaly, mi prima, para conocerla de parte mía y se habían reído cantidad con los cuentos de ella de la Secundaria y las travesuras de Raúl.

Por otra parte, vivo con la preocupación por la decisión de los de casa de Tita. ¿Cómo voy a resolver la salida de cuatro personas y dos criaturas, incluyendo una niña anormal, mi ahijada? Mi madrina aparenta no sentirse comprometida, a pesar de que Tita es su hermana mayor. Yo los quiero tanto, que no me conformo con el hecho de no poder ayudarlos, aunque siento mucha aprensión con los problemas sociales y morales de la juventud en Estados Unidos, que temo no poderme adaptar. Pero también pienso que, si no lo vivo, no lo puedo juzgar. Encima sigue el deseo o capricho de Mirta de que la ayude a venir, pero de esto ni hablar, ya veré en lo que para. En general, sigo sin poder hacer nada por nadie.

    Hace un rato recibí carta de Mirta. Me cuenta que se mudó para la casa de Blanca y Casimiro que vivían frente a mi casa. ¡Que añoranza! Me imagino que mima y ella se miraran buscándome. Raúl tiene novia pedida, lo que no me dice si es de la Habana o de Oriente donde sigue es con el Servicio Militar. Para mí ha significado sorpresa y alegría, pues yo lo esperaba cualquier día, aunque no tan pronto. Lo que siento es que quizás ya no me escriba y haberlo perdido como amigo, que es en realidad como lo he querido siempre y mucho. Ahora lo que más deseo es que Dios quiera que sea una buena chica, que él la merezca y alcance la felicidad que no logró conmigo. ¿La querrá de la misma forma que a mí? ¿Y si me olvida para siempre? No sé por qué esto me inquieta, y no es amor propio, sino pena, porque, aunque no creo que me vaya a dejar por olvidada, no me ha escrito más, y yo en cambio a él sí.

    Ahora pienso en el día que me entere de esto de Dávila ¿Cómo lo tomaré? Ojalá no lo sepa nunca, pero me imagino que algo tendrá entre manos o andará con varias. Pero de esto a que sea con una chica formal, me desespera pensarlo, aunque yo le desee lo mejor.

    Mi hermano me mandó unas fotos que nos tiramos allá, una él solo donde se ve muy mono, otra mía sola y otra de Raúl, Mirta y yo. La verdad que la diferencia se nota, yo me veía flaca y prieta, pero bueno así me querían. En cambio, ahora, ¿de qué me vale la gordura y el cache, si no soy feliz?

    Otro invierno sin ropa apenas y dependiendo del dinero de madrina. Comprendo que me siento protegida aquí, pero tengo que ir a Madrid y de ahí a Asturias, o Madrid, Valladolid y Asturias aprovechando las vacaciones de los chicos. Quizás debía haber aceptado la oferta de ir a Málaga, de esa manera hubiera hecho algún dinero.

Miércoles. Julio 30

Me decido a escribir aquí, porque es uno de los días que me siento más contenta pues recibí cartas de mima y Mirta, nuevas y viejas. Comprendo lo triste que se sienten por mi separación, pero mima me cuenta que está tranquila, porque yo no estoy pasando lo que ellos, y aunque yo sufra ahora, debo reconocer no me siento tan desesperada, debido a que reconozco que mi paso ha servido y servirá de algo.

Estoy tranquila e ilusionada con el viaje a Madrid. Me compré un vestido y unos pulovitos de verano. Me gusta ir a las tiendas, aunque sufra porque nada puedan tener allá, ni yo pueda proporcionárselo. Quisiera retratarme para que él me vea, pero al mismo tiempo, entiendo que debo arrancarlo de mi corazón. Al menos, tengo el tierno contacto de su carta bajo mi almohada y pienso que, con el favor de Dios, el tiempo, la distancia y la juventud se encargarán de todo.

En el verano se celebra La Tómbola del colegio y hay juegos, premios, payasos, etc. Yo que no tengo suerte, esta vez me gané una muñeca preciosa. Tengo que pensar en cómo la voy a nombrar.

Recibí carta de madrina, en la que me dice que va a ver qué puede hacerse para agilizar mis papeles de salida. Me preocupa que no se siente bien de ánimo ni de salud. Esta noche, por distraer a Beatriz, que estaba en baja, y aturdirme, nos sentamos las cubanitas en la escalera de la entrada. Me puse a cantar, pero ninguna canción me quedó bien por las burlas que armaron. Pero cuando llegaron las monjas a poner orden, «*Strangers in the Night*» me quedó bárbara. Ahora quiero aprovechar antes de que apaguen la luz, para escribir unas letricas a mi madre adorada.

Madrid para conocer

Sábado. Agosto 9

Estoy en Madrid en la pensión donde vive Santa. Hace un momento llamé al cole y me informaron que tenía varias cartas, las leeré el lunes de regreso. Lo malo es que después del embullo que teníamos de ir a conocer los mesones, Elvira no quiso, entonces Santa se enfadó y se va a ver el espectáculo de patinaje en hielo. Beatriz y yo nos quedamos en la pensión, pero no pude dormir pues mi cama está al lado de la ventana que da para la escalera de incendio, que no se puede abrir y el calor es asfixiante. Dicen que por eso los madrileños que pueden, marchan a otro lugar durante el verano.

Ayer salimos a hacer diligencias y a pasear por Madrid. Nos tomamos fotos en sitios importantes, como el parque del Retiro, que es inmenso y tiene un lago. Una de las fotos fue en una canoa. Yo estaba mona con la ropita nueva, pero me entra un vacío que nada me conforma. ¿Es que extraño mi país, a mi gente, su olor?, pero ¿qué no extraño? Me da miedo que Dios me castigue por ser tan inconforme. Bueno voy a escribir a Asturias, tengo tremenda pena con ellos, pues hasta me dicen que quizás pueda llegar a tiempo para la fiesta de San Timoteo.

Por fin fuimos a conocer los mesones. Los mesones son como unas tabernas donde te sientas en una mesa a escuchar y ver bailar flamenco, mientras damos palmadas y tomamos sangría. Beatriz estaba contenta porque Santa le presento un chico cubano recién llegado que se llama Joaquín, parece que por un rato se olvidó de Carlos.

Al otro día fuimos a *Holiday on Ice*. Pero que diferente y bello el *show* del patinaje en hielo. Fue algo nuevo para nosotras, pero sin apartar de mi mente a mi gente de tan lejos. ¿Para que los quiero solo en mi mente? Bueno también en mi corazón.

Y siguen las vacaciones

Martes. Agosto 12

Ayer regresé al cole con Beatriz. Ella vino contándome todo el viaje de Joaquín. ¡Qué bueno!, que desde Madrid pude tener una conferencia con mima, pipo y mi hermano, y que se escuchara bien. Ayer encontré dos cartas de mima, donde me dice que inevitablemente leyó una carta mía dirigida a Mirta, en la que le escribo de Dávila. No le gustó lo que escribí. Dice que la distancia y mi situación sensibiliza los sentimientos, claro, como a ella nunca le cayó bien. Ya sé que no me puedo seguir aferrando a lo que no tiene futuro, ni presente, solo pasado. Maldito pasado, que cuando no nos conviene, lo estropea todo.

También había una carta de mima para la madre Superiora, pero cocida, por lo tanto, no la pude abrir. También una de Mirta, en la que me cuenta algunos chismes de las muchachas del barrio que ya van formando su propia familia. Esto me da cierta nostalgia, por no poder estar entre ellas.

Beatriz sufrió una crisis de nervios cuando regresamos de Madrid. Estuvo toda la tarde y noche descontrolada. Yo me quedé impresionada de ver cómo a una persona la pueden descontrolar los nervios de esa manera, la pobre. Me pregunto si eso me podrá suceder a mi algún día. Por ahora tengo que seguir confiando en Dios, para que me ayude a ir con calma resolviendo las cosas con éxito.

Lunes. Agosto 18

Estoy embullada porque la madre Elena y la Superiora nos invitaron a su residencia en San Sebastián, saldremos mañana temprano en autobús. Ayer, tuve conferencia de María Josefa. Están esperándome con ansias, pero no tuve más remedio que aplazar el viaje otra vez.
    He pensado muchas veces que debí haber tratado de llevarme mis diarios de Cuba. Tanto empeño y cuidado, y tanto poner el alma en ellos, para desbaratarlos como si me fuera a morir. Fue como querer huir de mi misma para convertirme en otra persona. La que se va a una nueva vida y entierra la vieja, solo que, en vez de enterrarla, la rompí, entonces ¿De qué me quejo? Tengo que acostarme, a ver si me duermo pronto.

En nuestro viaje a San Sebastián con las monjas

Martes. Agosto 26

Ayer regresamos de San Sebastián. Me encontré con una carta de mima, ella siempre me había pedido sinceridad, parece que notó en mis cartas mi estado de ánimo y el que no tome las cosas con optimismo. ¡La pobre si ella supiera de verdad el huracán que tengo en mi cabeza! Pero eso nadie lo sabrá jamás. Tendrían que penetrar demasiado en mi corazón y mi mente, y no creo que puedan ser capaces de ello. De ahora en adelante será mejor escribir con optimismo, y no mencionar lo que siento que los pueda preocupar. Total, con eso solo lo que resuelvo es amargarlos más.

Los días en San Sebastián nos distrajeron bastante. La playa es muy linda, pero te congelas con solo meter los pies en el agua. Las monjas nos reunieron para proponernos que debemos unirnos a la congregación. Mao Meno pareció considerarlo, pero yo rehusé, alegando por lo de mi misión. Pensándolo bien casi les di a entender que también me gustaban demasiado los chicos.

Más tarde fuimos a un club deportivo a tomar algo y conocimos unos chicos con quienes hablamos bastante, pero nos despedimos definitivamente. En la noche sentimos ruidos en la residencia y resulta que eran ellos, que querían hasta saltar la reja para vernos, tipo Romeo y Julieta. Les dijimos que nos podía perjudicar el ruido y se fueron. ¡Como para considerar el noviciado!

Ahora estoy loca por escribir a Cuba para contar de San Sebastián. Algo que no voy a expresar es que ya me voy acostumbrando a que mi vida sea otra, y mi amorcito tiene que quedar en la que rompí.

Asturias que guapiña...

Miércoles. Septiembre 3

Parece mentira que ya llevé cuatro días en Setienes, y aun no haya dedicado un tiempo a escribir. Las monjas me trajeron a la estación en su coche, porque elegí venirme en el tren lechero que es viajar toda la noche para llegar a Oviedo de mañana, porque Santiago me esperaba y así no hacíamos noche en Oviedo. Ese tren es viejo y lento también, aunque no tanto como el cartero. De la estación de Oviedo fuimos caminando a la estación de autobús para tomar el Alza hasta Oviedo. Todo funcionó como esperábamos, pero lo mejor fue lo bien que me recibieron en Setienes.

Mis amigas asturianas

Puedo decir que hasta ahora me siento bien. Con Ramonín en casa de vacaciones no hay tiempo de aburrirse. Hoy me gustó mucho ayudarlo a vacunar las vacas. Yo lo veo simplemente como un primito guapo del que estoy orgullosa, igual que él de mí. Hasta la letra me sale mejor cuando el estado de ánimo no está tan malo.

A pesar de que tuve cartas de Cuba, me preocupa que de casa de Tita estén preparando todo para salir, no sé cómo hacen, yo los adoro, pero por ahora no puedo ayudarlos. Bueno, ellos tienen familia en Miami por parte de Gilberto, estoy segura que están contando con su ayuda. Raúl y Dávila fueron el mismo día por mi casa, pero por separado. Hasta Cary dice que está monísimo. No sé por qué insisten. ¿No es que tengo que olvidarlo? De esa manera, ¿de qué me valen tantos esfuerzos? Ya no puedo volver atrás.

El 31 de agosto, que fue San Ramón, los jóvenes nos reunimos en el campo. Ramonín aprovechó para decirme que le había molestado mucho el hecho de que yo les hubiera dejado plantados en el verano por irme a San Sebastián. Yo le expliqué que no era así como sonaba, que tenía un compromiso con las monjas.

Después, entre cantos, cuentos, risas y vino parece que lo entendió. Pero yo me quedé pensando... Me impresioné y enternecí cuando de buenas a primeras José Ramón hizo una declaración: «Mary, de verdad que estoy enamorado».

Viernes. Septiembre 12

He estado de fiestas estos días y la he pasado divinamente. Son los festejos de cada pueblo que se le llama romería. La que más me gustó fue la Soledad de Setienes. Las primas de Valtraviezo vinieron temprano y Carmencita me enseñó a montar la *movilette*. Es bastante fácil y rico. Los jóvenes jugaron futbol, Ramonín coló dos goles. Nosotras tan orgullosas de nuestro primo. Después hubo baile, pero más me gustó bailar con mi primo. Me siento protegida, y con las piezas suaves dejo volar mis pensamientos muy lejos. Empecé con él a bailar las sueltas para practicar y luego las baile con otros chicos para que no se ofendan. Estoy hecha un trompo. Deja que le cuente a Mirta.

Pero el otro día, parece que me cambió la vida. De regreso de una romería que queda como en una montaña, estaba oscuro y malo el camino, y yo tropezaba. Mary dijo que tuviera cuidado de no caerme. Entonces me agarré de la mano de Ramonín. Pienso que fue la sangría lo que me hizo creer que quizás no era a él a quien tenía de la mano o quizás me guiaba un ángel, pero yo de buenas a primeras empecé a saltar y cantar, y el a taparme la boca, porque no podía parar. Me sentía libre y contenta bajo las estrellas y acompañada por la familia de Cary.

Anteayer, Ramonín se fue en su *moviette* a Puerto Vega, donde los primos, a otra romería. Ayer no regresó, pues no paró de llover, y hoy no lo ha hecho aún. La verdad que lo extraño horrores. Prefiero tenerlo cerca mortificándome a estar así mustia y aburrida sin él. La última que me hizo, fue que mientras hablaba con unos vecinos en la cocina, al lado de un cordel donde se tienden los trapos, se le ocurrió agarrarme del pelo por las motonetas y colgármelas con dos palillos en el cordel. Marina lo tuvo que regañar, pero ella parece cómica hasta regañándolo.

Yo no quiero que él me vea como una chica cualquiera que llama la atención, para los efectos, él es mi primo, pero ¿cómo me sentiré cuando él regrese a su colegio y yo al mío, de donde ya mis compañeras me reclaman? Es que esta forma de ser que he adquirido aquí, tan parecida a la de Cuba, entre estas personas tan especiales, no la quiero perder. No quiero volver a sentir la depresión, la nostalgia, la falta de familia, que he estado sintiendo a donde quiera que esté.

Logramos una conferencia con mi madre y Cary en Luarca. Yo estaba tan emocionada que se me ocurrió decirles que no me quería ir de Asturias, pero no fue para tranquilizarlas, me salió así. ¡Qué confusión habrán tenido! Mientras tanto, el hecho de saber que ellos están bien ¿Qué más puedo desear, por ahora, sino dar gracias a Dios?

Lunes. Septiembre 15

No sé qué tonterías me provoca mi primo, que ayer esperándolo en la iglesia para asistir a misa estaba tan llena que entramos de último y nos quedamos de pie en la entrada, y él no apareció. Después, mientras el padre hablaba, yo sentía un ruido raro detrás de mí, y cuando por fin miré, él me hacía monerías. Ya no pude aguantar y me eché a reír, entonces Mary me tocó con el brazo, y yo tratando de decirle lo que pasaba, me ponía más nerviosa. Claro esto nos costó un sermón a la salida al que él no le dio importancia, pero yo pasé una vergüenza tremenda.

En la tarde fuimos a una romería y como de costumbre me llovieron los compañeros de baile. Él dice que primero tengo que aprender a decir que NO. Yo le dije: «¿Qué pasa entonces si me quedo bailando con uno solo y los otros se molestan?». Bueno, por suerte y por hacerle caso dije que NO a uno que tiene fama de hacerse el tonto. Pues cuando pensaba que tenía complacido a mi dichoso primo, me dice que tenía que bailar más separado porque podía confundir a los chicos. ¿Mas separado? Si ni siquiera acepto bailar las piezas suaves y en las no tan suaves, cuando intentan apretar, les pongo una llave.

Entonces, aceptó bailar conmigo, como demostración de como se debe bailar. Ahí sucedió algo extraño, por el ruido de la música, le fui a decir algo al oído y rozamos las mejillas, yo sentí las suyas encendidas y no pude evitar sentirme coqueta y acomodarle mis brazos al cuello, como para sentirnos más cerca y en paz. Yo no soy la que me acerco a él, la diferencia es que a él no lo empujo. Después seguí bailando con otros, y él a lo suyo. ¡Alabao, qué manera de darme la lata! Me daba vueltas a cada rato a ver si bailaba o no bailaba o cómo bailaba o hablaba. Entonces, opté por disimular mi nerviosismo haciendo lo posible por ignorarlo a ver si me odia y no me marea. Por un lado, me daba vergüenza cuando los chicos me preguntaban qué pasaba con mi admirador les contestaba que es mi primo que me cuida mucho, por otro me apetece sentir que me está cuidando.

La nueva de él es que me dijo que tengo «debilidades». No sé de dónde sacó esa conclusión. Igual, me sigue pareciendo cómico. Yo no es que quiera ligar en el baile, es más, si se ponen en plan personal, me da miedo. Solo quiero bailar porque me gusta. Es confuso, porque Mary todas las noches cuando estamos acostadas me habla de que somos primos, aunque no sea de sangre, pero que a esta edad los chicos no creen en eso, tengo que ser yo la que lo frene. La verdad es que no sé cómo hacerlo porque si los chicos tienen hormonas... Las chicas, ¿qué tienen?

Bueno, pensándolo bien, no quisiera que mi primín me considerara mala, a pesar de que esta vez sí estoy enfadada todo el día. Si no es una cosa es otra, pero no me quiero imaginar el aburrimiento y tristeza que voy a tener, porque en verdad me hacen gracia sus tomaduras de pelo. Cuando está de buenas, saco algo de él, aunque luego me llame interesada. También dice que siempre le pregunto si hacemos las paces cuando me conviene. De cierta manera tiene razón, porque el otro día, verdad que no nos hablábamos y cuando llegó José Ramón, me antojé de que me diera una vuelta en su Vespa. Él dice que Ramonín me podía llevar, pero le conteste que él no sabía. ¿Cómo no va a saber? Entonces después de mucho rogarle, tuve que optar por pedirle que hiciéramos las pases. Por fin accedió a darme la la vuelta y me pareció riquísimo subimos y bajamos lomas y todo agarrada de él.

Martes. Septiembre 16

Tengo que escribir otra vez sobre la experiencia tan bonita que tuve esta mañana. Me desperté con los gritos de Pachín llamando a Ramonín. Del tiro yo me levanté preguntándome qué había pasado. Me vestí y bajé rápido. Había vecinos en la parte de atrás del establo. Resulta que una vaca estaba pariendo y el ternero se había atascado. Vi a Ramonín ponerse un guante, y en cuanto me vio, le dijo a Pachín que me llevara para dentro de la casa. Yo no entendí por qué, pero obedecí. Entonces se me ocurrió meterme en el establo por la puerta de la cocina y tratar de mirar desde ahí. Mi primín le metía la mano a la vaca por el fondillo o algo así, y le daba la vuelta adentro. Yo no podía escuchar bien pero el problema era que había que ayudar a la vaca a parir dándole vuelta al ternero porque las patas no venían para adelante. Como el veterinario no llegaba, tuvo que hacerlo él, con una mano adentro y la otra acomodando su barriga. La pobre vaca sufría hasta que se escuchó: «Ya viene», entre murmullos. Yo no me pude aguantar más y corrí para verlo salir. El ternerito es precioso, tan pequeño y espabilado, que enseguida se levantó y dio 2 o 3 vueltas.

Después llego el veterinario y lo bauticé con el nombre de Pilotín. Mi primo me regañó por desobediente, pero yo estaba tan orgullosa de él que no me importó y después de desayunar los dos hablando normalmente, fuimos caminando con el caballo a buscar pasto cerca del molino. Él me dejó sostener el caballo de la brida para allá, pero de regreso lo tomó él porque viene cargado y dice que yo no sé dominarlo. Me preguntó si podía confiar en mí para guardarle un cigarrillo y acepté. Pero lo de «mis debilidades» todavía se lo tengo guardado. En la noche, la pasamos bien hablando y riéndonos con Eduardo, su amigo del Colegio. De lo que sí estoy segura es que no quiere que me vaya a Nueva York.

Viernes. Septiembre 19

¡Uf, qué pesadez! Se pasan los días lloviendo, que no se puede salir ni a la corrada. Además, no tengo cartas de Cuba. Si no fuera por los ratos que paso con mi primo jugando como dos críos, sí que me aburriría y me agarraría la tristeza. En estos días se puso a registrar en un baúl de los que enviaba el tío Ramón hace muchos años y encontró unos pantalones que pensó le podrían servir, pues era el estilo que se estaba usando. Mientras se los mostraba a Marina y le daba la lata para que se los arreglara, me puso a escuchar uno de los discos que también estaban en el baúl. De todas esas canciones antiguas, hay una que me gustó mucho, se llama «Te espero en la Eternidad». De tantas veces que le pedí que la tocara me la aprendí de memoria.

Me senté con Marina a conversar mientras cocía a mano y en la máquina. Ella se nota que adora a su príncipe, pero empezó por refunfuñar por su idea de querer arreglar pantalones tan viejos, porque según él se llevan ahora». ¡Ay!, este rapazín tiene cada idea», y movía la cabeza y se quitaba y ponía las gafas. Total, que al final se desvive por complacerlo. Ella es adorable. Me gustan esos ratos cuando ella cose y conversamos.

Luego escuchamos el ruido de un caballo saliendo de la corrada y galopando rápido y me dice: «¿A que es Ramonín?», me asomo a la ventana rápidamente y veo que mi primín salía corriendo en el caballo y pensé que su rapazín era un hombrecito y le quedaba muy bien su estilo de jinete.

Según cartas del cole, cada vez son menos las que quedan de mis compañeras y cada vez son menos los días que le quedan a mi primo para regresar al suyo. Ayer se armó un lío porque él quiere ir a Oviedo a pasar las fiestas de San Mateo, y la madre no lo deja ir si no va ella o no puede quedarse en el departamento de ellos. Y si va ella, tendría que ir yo porque tengo que conocer más de Oviedo. Eso no está bien, porque si fuera así, posiblemente tendría que cargar conmigo para la feria y ya él tiene su plan de chicas conocidas y quién sabe si algo más. Se escucha de una tal Gema. Mary no está de acuerdo con que yo vaya, yo no quiero ir, ni sentirme aguadora de fiesta. Ahora que estamos llevándonos bien, mejor es que no haya razón de complicar las cosas.

En la noche tuvimos un rato de fundamento en el plantel, pues a pesar del buen humor que aparenta, y de su edad es bastante sensato y razonable. Me confirma lo que comenta Mary, y Marina y es que nunca quiso quedarse en casa como vida futura, por eso aprovechó la oportunidad de aplicar para la beca. A pesar de que independizarse de casa, sería casi imposible pues le da mucha pena ver que la familia envejece y no hay quien los substituya, de quedarse, seguiría toda su vida trabajando de campesino. También mi primo tiene problemas y al pobre no sé cómo ayudarlo. Es injusto porque él no tiene el tipo de campesino, y lo pararía de abrirse otros caminos.

Antes de dormir y después de escuchar los comentarios de Mary, reflexioné en mis recuerdos. Ya yo no soy la misma muchacha que nació y se crio en Cuba. Aunque mis sentimientos no han cambiado, aquí he vivido situaciones que no dejan de influir.

Lunes. Septiembre 22

Lo que a mí me sucede es desesperante. Lo mismo estoy tranquila por un tiempo, que todo me sucede a la vez. El sábado recibí carta de Cary, como para que mientras la leía me quedara tiesa con deseos de que la tierra me tragara. Así, de sopetón, me dice que mi ex tiene novia pedida. La leí varias veces como para convencerme. ¿Cómo es que Mirta no me escribió nada? Recordé cuando Cary me pedía que no me fuera del país, que me mudara para su casa... En estos recuerdos estaba cuando me dice Marina que me prepare para irnos a Oviedo. Como un robot subí las escaleras y preparé las cosas. Le conté de la noticia a Mary, y que en esos momentos no tenía ganas de nada. Ella me contestó que tenía que acompañar a su madre porque ella no podía.

Después de llegar a Oviedo, apenas me arreglé, merendamos y salimos Ramonín y yo en la camioneta con Ignacio, el hijo de la vecina. Yo tenía mucha vergüenza con ellos y tristeza conmigo. No sé en qué momento Ramonín se enteró de la noticia de mi ex y me lo comentó. Yo le contesté que dolía, pero era de esperar. Como es costumbre visitamos diferentes cafeterías, pero parece que mi ánimo los hizo llevarme a casa y ellos siguieron su juerga.

Nos levantamos temprano para ir a misa, y la verdad no sé cómo pasó que mi primo y yo anduvimos de manitas todo el día y parte de la noche como una parejita. A pesar de que yo le decía que teníamos que encontrar sus amigos y sobre todo a Gema, que me sentía una intrusa, etc., él parecía no hacer caso. En el baile de la víspera de San Mateo, dijo algo que se puede interpretar como una declaración, pero me hice la desentendida. Luego empezó con que no tengo conciencia y tal. No sé cómo pasó todo esto, pues cada frase, mirada o hecho no era precisamente a mi primo a quien yo creía tener al lado.

No entiendo si yo me embelesé o soy una sucia, pero las sensaciones del baile fueron maravillosas, y lo que, a cada rato, él quería decir y yo parecía no notar me parecieron palabras sinceras, además que con los ojos se dicen tantas cosas… ¿Quién me iba a decir que un año atrás en esta fecha encontré mi primer telegrama de salida en casa que tuve que rechazar por una de mis operaciones? La noticia de la novia de mi ex, no la puedo ignorar, pero no he querido prestar atención por considerarlo de cierta manera una liberación, o con lo que me estaba sucediendo estaba embobada o embrujada.

Esta mañana fuimos mi primo y yo con Santiago de regreso a Luarca en el Alza. Menos mal que Santiago estaba sentado lejos, y nosotros dos en el mismo asiento, pues yo me mareé y tuve que poner mi cabeza adormecida en su hombro. Mientras él me tomaba las manos hasta besarlas o rozaba mi cara de esa manera tan tierna, yo me preguntaba si hacia bien permitiéndoselo o si en realidad en esos momentos no creía que fuera mi primo. No, no lo es, pero lo representa. ¿Y que habrá pensado Marina sobre que estuvimos solos por Oviedo durante tanto tiempo? ¿O ella lo provocó atenida a las consecuencias? ¿Y cómo enfrento a Mary? ¿Y qué va a pasar con nosotros?

¡Tremenda vergüenza! ¡Mejor es que me trague la tierra! ¿Esto es un sueño o una pesadilla? Dios mío, ayúdame. Yo no intento crear un problema en esta familia, pero ¿cómo salir de él? No puedo quedar mal con ellos ni con él. Ya no lo puedo llamar mi primín. El siente tanto volver a la Coruña el día 6. ¿Será por mí o porque se le acaban las vacaciones? ¿Y yo qué voy a sentir mientras tanto? ¿Y después? Esto le pasa únicamente a una persona débil o imbécil, pero al menos sé que no estoy muerta. ¿Será esto una gracia de Dios? Está mal decirlo, pero volví a sentir, se me dio esa prueba. Me estoy curando de un amor imposible y se me aparece otro diferente, pero tan imposible que la separación y la distancia los hace parecidos. Ya no sé qué pensar, pero no creo que pueda soportarlo otra vez.

¡Para colmo!, cuando llegué me encontré un telegrama de Aurora diciéndome que le llegó el permiso de salida para Estados Unidos, pero quiere verme antes. Esto cayó como una bomba aquí, y eso que no es nada en comparación… ¿Cómo me voy así porque me lo pida Aurora? Hasta mañana que llame por teléfono al cole, seguiré sin entender nada.

Miércoles. Septiembre 24

Ayer bajamos Mary y yo a Luarca. Llamé al cole y la madre Carmen me confirmó la marcha de Aurora. Llamé al convento de Madrid a ver si estaba, pero fue inútil. Ha sido una sorpresa terrible, porque no la volveré a ver, pero me alegro de que se le vaya solucionando su situación por fin y confío en Dios que sea sin complicaciones. Recuerdo cuántas veces nos encontrábamos en la capilla rezando. La atracción que siente Ramonín por mí es difícil de disimular, lo noto en sus miradas, que yo esquivo. Además, lo veo extraño, como pensativo, más serio. No es el mismo, me pone nerviosa, al punto que hasta le temo; es que no se puede ignorar lo ocurrido en el viaje a Oviedo. Anoche sucedió algo curioso; mientras todos estábamos en la cocina, y yo trataba de escribir mis cartas me pidió que aguantara el hierro con que se atizan las cenizas del horno. Yo, distraída o despistada sin darme cuenta lo agarré, y cuando me dijo que lo pusiera de vuelta, noté que me había manchado las manos. Tremenda vergüenza y rabia. Solo atiné a subir las escaleras para ir al baño. El dio la vuelta por fuera y me gritaba desde abajo que lo perdonara. Entonces encontré un recipiente mientras me lavaba las manos, lo llené de agua y lo tiré por la ventana hacia la oscuridad sin saber dónde había ido a parar el agua. Cerré la ventana y la puerta y me fui a la habitación.

Me dio miedo, cuando escuché unas pisadas en la escalera mientras me desahogaba arreglando el neceser. Se abrió más la puerta, era él para pedirme que le tocara la espalda. Yo sin mirarlo y nerviosa le contesté que no quería saber nada. Pero cuando levanté la cabeza y lo vi así de mojado, no pude menos que sentir pena y ternura. Le toqué la espalda y le dije que iba a buscar una toalla. Me levanté sin apenas poder caminar, entonces me siguió y me agarró del cuello con esas manazas, me pegé a la pared, me tomó las manos y me las mordió con ternura a la vez que me preguntaba cómo podía ser tan cruel. Yo estaba tan llena de pánico al verme sola con él entre dos camas y verle los ojos, que me puse a gritar por Mary, mientras trataba de zafarme. Entonces le pegué una mordida en el brazo, que lo puse peor, pues con la fuerza que tenía quedé más encerrada en sus brazos. Él pretendía besarme y yo le suplicaba «no lo hagas, perdóname». Logré que me soltara sin que sucediera nada. Puse a secar su Niki negro que llevaba puesto y me encanta. Él desapareció, pero yo no sabía cómo calmarme para bajar a la cocina.

Una vez en la cocina, volvió a sus andadas, pues delante de todos ocupó el asiento que es el designado para mí desde que llegue a esta casa. No había más ninguno y yo que todavía tenía el cuerpo flojo de los nervios, me causó tremendo disgusto el tener que rogarle que me devolviera mi asiento, y casi me pongo a llorar. Cuando subí a acostarme, tuve que pasar al baño y él estaba en la cama con los brazos bajo la nuca, quejándose de frío. Le dije que «si tienes los brazos destapados tienes que sentir frio». Ademas era parte del pecho también, pero eso no se lo mencioné. Salí del baño y le saqué la lengua de despedida.

Después de acostada escuché que me pedía una aspirina, aunque fuera. Entonces le contesté que le podía llevar estricnina. Eso suena a veneno. Me acuerdo de que, cuando él le pide algo a su madre, ella le contesta: «Puñetinas pa ti», pero no me atrevo a decírselo yo.

«Hoy se pasó el día pidiéndome». ¿Hacemos las paces primi? Como él me dice o yo le digo cuando nos enfadamos. Yo le miraba esa carita de cielo y le huía, pero ya casi al oscurecer no pude más y acepté hacer las paces. De todas maneras, él lo hace guiado por no sé qué y yo en cambio cómo explicar mi reacción. Hasta ahora las cosas están en calma.

Viernes. Septiembre 26

Mary no me ha comentado lo que pudo haber pasado en San Mateo, pero la noto preocupada. Cuando nos acostamos me habla de las hormonas de los chicos, que ocasionan atracciones pasajeras.

Hoy Ramonín me hizo sufrir una decepción, o dolor en el corazón o no sé qué. Anoche hablando desde su habitación a la mía, no sé qué bobadas dije y medio que se enfadó. Yo no sé qué hacer, pues después de lo que nos sucedió por San Mateo no nos quedamos solos para hablar con fundamento. Estoy con los nervios de punta y cuando está cerca es peor, aunque me hago la indiferente, estoy temblando por dentro. No sé qué actitud tomar, encima tengo a Mary presente con lo de las hormonas y otros comentarios que se sienten como indirectas.

Cuando estábamos por empezar a comer llegó mi primo de Luarca, y me dice que Mercy, la hija del cocinero me manda recuerdos. Esta chica tiene fama de ser muy mona y fina es la hija de los dueños del restaurant que tiene la cabina y nos conocemos por medio de Mary. Yo solamente conteste: «¡Ah sí!». Entonces me zumba la pregunta fríamente, de si a mí me gustaban las mujeres o algo así. Yo no quisiera ni recordarlo, mejor borrarlo de mi mente, pero en ese momento pegué un chillido y le di un manotazo.

No sé cómo pasamos el resto de la comida. Marina se puso a hablar de las chicas de Luarca, que si una era costurera, que si la otra iba a bachillerato... Ahora, escribiendo aquí, recuerdo que, por mi actitud de verdadero enfado, él está apenado y le doy vueltas en mi cabeza a ver cómo podemos aclararlo. Perdonarle no me es fácil. Quiero que comprenda que no soy de piedra, pero que no puedo demostrar sentimientos que creen problemas a las personas que tengo tanto que agradecer. Que no quiero decepcionar a mi familia que está lejos causando un disgusto a la de aquí, que bailo con todos por aturdirme, y que él forma parte de esos a quienes no quiero herir, porque eso sería matarme a mí misma. Que estoy desesperada por tantas lejanías y por las que me faltan... Que si pudiera me levantaría en las mañanas y me acostaría en las noches dándole un abrazo y miles de besos a mi familia de Casa Pariente incluyendo a las vacas, pero no a él porque hay peligro de que me enamore.

Domingo. Septiembre 28

Fuimos los tres a misa como de costumbre. Pero después de comer, Ramonín se vistió muy guapo para ir a la romería de Villa Uril. Él hacía días que me decía que, si yo quería ir, me llevaba, pero cuando llegó el momento, Mary dijo que no, porque en la *movilette* era un peligro ir dos y ahí empezó la discusión. David el vecino estaba delante y es tan bueno que se fue a su casa y para evitar disgustos se apareció con su moto que es más grande para prestarla. La cosa se puso peor, cuando Mary se enfadó hasta con David, porque siendo un hombre mayor, no pensar que estaba poniendo su moto y la vida nuestra en peligro. Mi primo me reprochó que no dijera nada, ni siquiera que yo quería ir cuando a mí se me complacía en todo. Al final se fue solo en su *movilette* no se sabe a dónde por la mala cara que tenía.

Nosotras nos fuimos a casa de Vavila, y total, no estaban en casa ni Carmencita ni Juaquina. De ahí bajamos a Luarca al cine con José Ramón y Gil, ¿quién va a estar de ánimos para ir a la pista? Pienso mucho en cómo estará Ramonín, y no me puedo dormir sin antes sentir el ruido de su *movilette*.

Martes. Septiembre 30

Hoy hace un año de mi operación. Lo he recordado mucho, tanto como el día del ingreso que fue cuando mi novio se peleó conmigo. En el momento que él salió y Mirta llegó a verme y con ella me vino aquel llanto que me hizo tanto bien. Así necesitaría llorar en estos días que me siento tan melancólica. No sé si me siento así por una carta triste de mima con fotos donde la encuentro bastante desmejorada y delgada, o ¿porque cada día que pasa es uno menos para estar con Ramonín? ¿Qué será en realidad lo que él siente por mí? Me imagino que solo sea la novedad o como dice Mary las hormonas, que después pasa. Pero sea como sea, me dijo que la paso muy mal en Villa Uril.

Hicimos las paces, después de mucho lío y darme a entender que lo que me dijo sobre Mercy fue en broma y que se notaba que de veras me había hecho mal. Ahora me inquieta nada más que mirarle a los ojos y ver su cariña seria, se nota cambiado, pues se porta cariñoso, me toca la barbilla y me llama cielo y me recuerda que tengo una cara que de tan pequeña parece un punado. También el otro día me dijo delante de todos que ojalá que no me fuera nunca.

Lo atormenta el hecho de decidir su futuro porque se tiene que hacer cargo de esta casa, o porque no puede aspirar a lo que él quiere. Él quería saber si yo aceptaría ser la mujer de un campesino y tal. Él no acaba de entender que mi caso es también de familia por una misión que tengo que cumplir y que quiero reunirme con ellos a como dé lugar. Todo es un tormento y una preocupación.

Anoche cuando yo bajaba las escaleras y él las subía, traté de devolverle el anillo que me dio a guardar antes de ir a trabajar al campo. Yo lo llevaba en mi dedo gordo y cuando me lo fui a quitar, me dijo que olía bien, y yo sin pensar le puse la mano en la nariz y le dije que no era yo, pero la crema. Nunca pensé que me fuera a besar la mano, como lo hizo, me turbé tanto que solté una risita nerviosa y terminé de bajar las escaleras a mil.

Estuvimos en el plantel en la noche, me parece que me deja ganar jugando al *ping pong* como los otros chicos. En realidad, no es que sea tan mala en el *ping pong*, porque en Cuba teníamos un juego en casa y jugaba con mi hermano y Mirta en la mesa del comedor.

Después de cansarnos y discutir el juego, nos sentamos a tocar discos y de buenas a primeras escucho una canción por Los Dinámicos (Manuel y Ramón) y el cantándola al tiempo que ellos que se llama «Caprichosa». No sé qué motivos le he dado para que piense eso de mí. Quisiera no ser tan fría e interesarme por lo que le pasa y poder ayudarlo a no tener esa carina de preocupación, pero si Mary, que habla tanto con él no puede, menos podré yo. Sí, porque anoche entró a la habitación cuando Mary me hablaba de él y paramos la conversación.

Esta mañana me llamó guapina y me tomó las manos para preguntarme de que hablábamos anoche, pero yo imperturbable le dije que nada de importancia y, por mucho que insistió, no hablé. Yo comprendo que Mary lo adora, y no hay cosa que no haga por él; y lo conoce tan bien que posiblemente entrevió algo de nuestra atracción o embullo, pero no lo expresó directamente, lo achaca a la novedad como pienso yo, y a que se deja impresionar antes que nada por lo físico y luego se decepciona. Qué casualidad que yo hago lo posible por decepcionarlo. Me pregunto qué haría otra chica en circunstancias como esta. Otra actitud no puedo adoptar, aun a sabiendas de que me estoy domeñando y haciéndome la tonta constantemente.

Domingo. Octubre 5

Fue hoy cuando en el plantel, y como despedida hablamos de mi salida de Cuba con vistas de cosas materiales, como coches, ropa, etc., porque dándole la razón no paré hasta que lo noté desilusionado. Anoche mientras mirábamos la tele vi lágrimas en sus ojos, después de hablar de nuestros respectivos problemas. El pensando en mi caso se había puesto en mi lugar y me ha compadecido. Me pareció maravilloso de sensible y sentimental.

Caminando de vuelta a casa, a pesar de que yo demostré frialdad, en uno de esos explotes de ánimo, se me cayó la careta y le hablé de una manera que parece que lo enternecí porque puso su cariña de niño bueno y me beso la mano que teníamos cogidas por la oscuridad y las piedras del callejón. Entonces me dijo que: «soy un cielo de prima». Lo sucedido en ese ratico mágico me impresionó de tal manera que me hizo recapacitar.

Martes. Octubre 7

Me he sentido muchas veces impulsada a escribir aquí, pero al parecer me dominaba la idea de que mi primín tenía que marchar y me iba a sentir tan sola, acongojada y aburrida como ni yo misma sé explicar. Lo que sé es que noches antes de su ida de ayer, me desvelaba llorando como hacía tiempo que no lo hacía, como si algo se desgarrara dentro de mí. Estas despedidas me están destruyendo.

Ayer en la mañana fuimos al molino a llevarle algo a Pachín. ¡Dios mío!, ¿qué es lo que me pasa? ¿Por qué tenía que adoptar con Ramonín aquella manera de ser tan absurda hasta el punto de haberlo desilusionado? Mientras caminábamos hacia allá, me llamé frívola y egoísta en sus narices y traté de actuar como tal con ironías y cinismos y después cuando quise recapacitar y justificarme era muy tarde para que él me comprendiera. No entiendo por qué estoy adoptando un carácter y una actitud exterior distinta por completo a la que llevo dentro.

De regreso comencé a notar, ahora de su parte frialdad e indiferencia. Primero me asombró y después me dolió. Pasé toda la mañana con una tristeza terrible, pensando que sería la última vez que lo vería y que toda mi alegría se habría terminado. Sentía que no había sido sincera con él ni con nadie, pero mucho menos con mi misma. Apenas comí, tenía un nudo en la garganta que ni las palabras me salían.

En el momento de la despedida, me dejó para última y me besó con una ternura tan desconcertante que quedé como una estatua. Conteniendo tanta emoción atiné a entregarle el marcador de libros que cuando una tarde leía como de costumbre sentada en la mesa, me preguntó qué era eso. Yo lo llamé un tarequito, esto le hizo tanta gracia que no me dejó terminar de explicarle que era del Canadá y me lo habían dejado mis primas americanas cuando fueron a Cuba. Esta vez quise decirle que lo guardara como un recuerdo de su prima cubana que un día lo hizo reír con sus dichos, pero no me salían las palabras. De todas maneras, parece que le hizo ilusión. A mí me daba pena perder el tarequito, pero ¿y perderlo a él ...? Cuando marchó, ya no pude disimular más, y subí y me encerré en el baño a llorar como una loca. Mary me llamó y tuve que abrirle, la forma en que me habló me calmó, aunque por un buen rato me seguían corriendo las lágrimas. Otra despedida, pero diferente; al menos, en esta pude llorar. Nunca podré olvidar ese día. Ahora lo que me queda de mi primín es escribirle y esperar sus cartas, si me contesta.

Miércoles. Octubre 8

Con la marcha de Ramonín, a veces siento como si mi estancia aquí hubiera perdido todo sentido; y de contra pensar que se marchó con un mal concepto de mí. Otras veces siento que he sido: «la novedad» o como para provocar las hormonas, como decía Mary. Duele, pero parece lo más lógico, además, ella me lo ha dicho tantas veces que me conviene creérmelo.

Desde que me desperté le estoy echando de menos o me parece que lo voy a ver de un momento a otro, sobre todo a la hora de la comida, que ahora es silenciosa y triste. ¡Tan distinto a cuando él estaba! Todos se dan cuenta que yo siento ese vacío tanto como ellos.

Mientras tanto, sigo ayudando con los libros de la cooperativa, con bordar los manteles o las fundas, acompañando a Marina mientras cose, pero nada me distrae lo suficiente como para controlar mi melancolía.

Por ahora seguiré esperando con vistas a que mi meta de salida está más próxima y acercándome más a Dios para encontrar su consuelo. Ayer después de la descarga de llanto que Mary trató de consolar como una angustia contenida por tanto tiempo, escribí a Mao Meno, a la condesa de la agencia en Madrid, a ver cómo van las cosas y a mi adoradísima madre, ¡cómo la añoro, Dios mío!

Viernes. Octubre 10

Todavía no se ha recibido carta de Ramonín. Le preguntamos a Isabel la novia de Eduardo y nos dijo, muy disgustada, que de él tampoco. Yo le dije para consolarla que seguramente los chicos tenían mucho trabajo después de las vacaciones. Yo sé que Mary ya le escribió y por mi parte ayer ya no pude más y le escribí largo, más bien algo juiciosa, pero un poquito juguetona. Ojalá le guste y halle un fondo de bondad en mis palabras, después que me porté tan mal en su presencia.

No sé cómo en el pueblo se conoce tanto de las personas, aunque no lleves viviendo aquí tantos años. Una vecina, no muy conocida, vino a decir que a su hijo le habían suspendido la materia de inglés en el colegio y preguntaba si la americana le podría ayudar. Yo acepté repasar al niño, pero rehusé cobrar por la ayuda. Este trabajo me va a ocupar algunas tardes y estoy contenta por hacer algo por los niños del pueblo.

También he aprendido a deshojar el maíz. Esto consiste en que cuando le toca a la familia de una casa del pueblo a cosechar su siembra de maíz, algunos vecinos se reúnen en esa casa para cooperar. Como aprendí en esta casa, por primera vez, estoy colaborando con las demás que lo necesitan. Qué bueno que no ha aparecido ningún bicho entre los montones de maíz y de hojas.

Lunes. Octubre 13

Los días pasan cada vez más feos y fríos, y yo cada vez me siento más sola, triste y aburrida, aunque con resignación y conformidad; no sé si por mi fe de que Dios está conmigo y lo que estoy pasando no es en vano. ¡Todo era tan distinto en mi casa! Ahora he aprendido a aceptar las cosas como vienen, porque no me quiero detener a pensar. Todas las noches oigo el reloj dar las 2:00 a.m. y trato de que mis pensamientos se dirijan a algo positivo de mi nueva vida. Yo sé que mi familia de Cuba está pendiente de mí, sobre todo mi madre. Confío en que Mirta no me olvide, pero también a veces pienso que total, todo lo que se ha hecho a costa de sufrir ellos por mi ausencia y preocupación desde allá, y yo por ellos, y no noto el beneficio aún. Confió en que Dios me lo irá demostrando poco a poco.

Me siento tan niña con las ilusiones que me hago, a ver si con esto me doy ánimo, como por ejemplo trabajar y estudiar en Nueva York y volver algún día aquí de vacaciones, con mi propio dinero y mucho caché. Claro, primero están los $1,000.00 de la salida de mi hermano y la salida de los seis de casa de Tita. Por conversaciones con Mary me doy cuenta de que es normal a esta edad plantearnos dudas y problemas, y que Dios nos puede ayudar a salvarlos. En la vida, todo tiene un motivo y todo llega.

Viernes. Octubre 17

He recibido dos cartas de mima, una es en contesta a la tan franca y confidencial que envié desde Madrid. Tengo una madre adorable y bendigo a Dios porque ahora me quiera más y me comprenda, aunque yo mejor que nadie reconozca sus fallos. ¿Cuándo la volveré a ver, Dios mío? Ahora recibo muchas cartas de ella tan cariñosas e interesantes, como solo mi madre es capaz, y como solo Dios y yo sabemos lo que ella significa para mí desde siempre. Anoche recordé mucho mis días con ella en la quinta, cuando las operaciones y lloré amargamente.

Recordé los pocos, pero maravillosos días viéndome a escondidas con mi noviecito, y me retorcí de desesperación mientras Mary dormía profundamente. Poco a poco me fui tranquilizando y me dormí para soñar con nuestro cariño, y no tener deseos de despertar jamás. Él sí me quería por mí misma, no como mi primín: «que si la novedad, que si el físico, que si es un crío, que si las hormonas, que si todas están enamoradas de él, que si el futuro...» Todas las noches rezo para que Dios me siga dando fuerzas y conformidad, para que pronto me llegue la salida a Estados Unidos, y definir mi vida.

Aquí me siguen demostrando cariño. Después de comer me siento con Marina mientras cose en la máquina y a mano y me cuenta cosas de la familia. ¡Qué buena es conmigo! También Mary, es magnífica dentro de sus tosquedades españolas, y me ha demostrado una gran confianza. Hablamos mucho de su hermano, él tiene el defecto de ser engreído, (pero tiene por qué), es guapo y tiene otras cualidades que lo justifica. También decían lo mismo de Dávila, y fue capaz de rebajarse al amor, que le conocí. A mi primín le puede pasar lo mismo cuando se enamore, pues es sensible y de buenos sentimientos. Poniéndome en su lugar, en la situación por la que está pasando, de la dirección en que va a encaminar su vida no es para menos sentirse atormentado.

Vamos a ver si se digna a escribirme. En cambio, le escribe a Davisín, el hijo de David, que tiene siete años, y me menciona atrevidamente. Lo perdono por ponerse a la altura de los niños o por acordarse de mí. Bueno, siempre encuentro motivos de perdón para todo.

El que me hace pensar también es mi hermano. Quisiera poder ayudarle, reconozco su edad, el ambiente social, su carácter, pero me encuentro muy lejos. Está mejor allá con el apoyo de su familia, él no hubiera podido resistir.

Lunes. Octubre 20

Por fin, tuve la alegría, un poco disimulada de la primera carta de mi primín es que sí que me emocionó. Yo no esperaba carta suya de ninguna manera determinada, pero esta me dejó perpleja, más con esa manera de escribir tan parecida a la de mi ex. Hasta en eso tienen que parecerse, Señor. Escriben de esa manera como abstracta, con palabras apenas apreciables y comprensibles, pero que trato de comprender y por esto no puedo juzgarle mal. La carta no demuestra para nada su forma de tratarme personalmente, pues de cariñosa nada. Se le nota que no tiene el ánimo nada bueno, cuando así escribe.

Yo le contesté llenando siete cuartillas de una forma cariñosa, sincera y comprensiva. Veremos cómo reacciona ante este testamento. La de su prima Carmencita para él le llevó ocho cuartillas, y Mary no para de escribirle, aunque al parecer esto no surge efecto satisfactorio; sigue encerrado en sí mismo, sin saber lo que quiere. Esta información le llega a Mary por carta de la secretaria de su mismo colegio.

Ahora tengo la ilusión de volverle a ver para el fin de semana de los Fieles Difuntos. Solo quedan 12 días y merece la pena esperar aquí; pues ya estoy otra vez bastante adaptada, no es al cole donde quiero ir, sino obtener ya mi salida a Estados Unidos. Esta espera, desespera.

Miércoles. Octubre 22

Esta noche subí a acostarme dejando a Mary y a José Ramón solos. Como otras veces, no he podido evitar cierta envidia de ver que pueden quererse sin problemas ni imposibles. De paso me puse a leer algunos pasajes del Nuevo Testamento, y me encontré con el de San Mateo, el apóstol. Mi actitud de esos días en Oviedo me dejó tan aterrada que me lo estaré reprochando siempre. Aquello fue inevitable, pero lo de dejarle mis manos en el Alza fue un símbolo de verdadera debilidad y de entrega.

Ahora soy tan cara dura que le escribo en «calidad» de prima-consejera, como si fuera Carmencita, con la mayor inocencia del mundo. Si tuvo oportunidad de aprovecharse de las circunstancias fue porque le di motivos, sin decirle que entre nosotros no podía existir nada, que estábamos ligados por un parentesco, aunque no de sangre, si de convivir en la misma casa, y yo tenía que darme mi lugar, que una relación más allá tendría un futuro imposible porque en cualquier día nos dejaríamos de ver para siempre. Ya mi corazón no aguantaba más de distancia y desapego.

Desde luego, está escrito que me tienten los imposibles y pienso con horror si será siempre así. Por otro lado, al leer o recordar lo que pasó entre él y yo, no puedo hacerlo con indiferencia, pues algo en sus ojos y gestos demostraron que lo que sintió por mí no fue parentesco, ni novedad, ni hormonas. Yo, en mis pocos arranques de cariño y dulzura, le debo haber demostrado algo que tampoco fue parentesco. Creo que ya mi frialdad no va a demostrarse más, porque son tantos los deseos de volverle a ver... aunque me apena el hecho de pensarlo. ¡Qué barbaridad Dios mío! Pensará que soy una descarada o confirmará que me controlan las debilidades y no tengo conciencia. Pero estoy dispuesta, si se da la oportunidad, a tratar de aclarar las cosas y defender mi actitud y honor; aunque lo hecho, hecho está. ¿Eso sería como justificarme? mejor es dejar las cosas así.

Martes. Octubre 28

Esta semana recibí la noticia de la condesa de que no nos iríamos hasta enero, contando a partir de un año de la fecha de prioridad.

Lo tomé con bastante calma o resignación porque yo sé que ya no puedo hacer otra cosa, pero de haber sabido esta demora ni me hubieran dejado venir por España, ni yo hubiera aceptado. Ahora me estoy preguntando si regresar al cole, pero es que no puedo gastar sin necesidad, de todas maneras, las Navidades las quiero pasar aquí, y con el dinero del viaje mejor me compro algo de ropa de invierno para ir tirando.

El domingo la pasamos bastante bien en la pista. El hermano del que toca la batería me sacó a bailar, pero al final me comentó que tenía cara de niña buena, y que, si seguíamos bailando, era posible le tumbara el brazo. ¿Que se cree que por estar emparentado con uno de los músicos le voy a permitir que se aproveche? Todavía dice mi primo que tengo debilidades. Sería que por él se me escapaban.

Ya soy muy diferente a la cubanita del principio. No bailé con Mario. Se acabaron los compromisos. Ahora sí que escojo bien. Lo que me hizo ilusión fue que Isabel me dijo que quizás Ramonín y Eduardo vinieran para el fin de semana. Pero luego también dijo qué: «Sería bueno que fuéramos a la pista y me quedara bailando con él toda la noche». Yo que me quedé sin saber qué decir y ella siguió: «Que sí, mujer, que un día es un día, pobre con lo loco que está contigo» La que está más que loca soy yo, pues encima en la carta que escribe para la casa, me manda un fuerte abrazo. ¿Habrá algo que yo no sé o no quiero saber ni que se sepa? Pero qué bueno que vinieran el viernes, el día del cumpleaños de mi primita Mirta.

Sábado. Noviembre 1ro

La idea de si viniera Ramonín me ha estado obsesionando tanto, que la noche anterior apenas dormí. Hablaba con él en la imaginación, hasta pensar que yo viviré enamorada del amor. No sé si esto es cosa de novela, porque yo quise a Dávila sin apenas vernos, y porque como dicen fue lo primero, pero ya voy sintiendo que pertenece a un pasado al que no puedo seguir atada. El tiempo borra las heridas y no puedo seguir viéndolo en mi primo. Esto confunde mis sentimientos.

Ayer día del cumpleaños de Mirta recibí un par de cartas de ella. Qué casualidad que me hace alusión a nuestro primo en plan de una relación romántica. Le contesté que olvidara eso, que no tenía sentido. Yo no me volveré a enamorar jamás de un chiquillo, para chiquilla yo, a su tiempo necesitaré que sea de un hombre que me quiera y proteja.

Domingo. Noviembre 2

Esta mañana, cuando Mary me despierta para decirme que los chicos habían venido en el coche de la secretaria, no lo podía creer. Cuando desperté del todo, sentí una alegría tan grande como no había sentido en todo el tiempo que llevo en España. Hasta me dio pena haberlo expresado tan infantil delante de Mary. Ellos llegaron de madrugada, y como su hermano necesitaba descansar no lo llamó para ir a misa. Me levanté y vestí lo más rápido que pude y cuando bajé me encontré con Eduardo y lo abrasé y besé con tremenda emoción.

Cuando las chicas estábamos reunidas fuera de la iglesia, hasta que comenzara la misa, vemos llegar a Ramonín en su *movilette*. La primera en correr a besarle fue Mary, yo quede imposibilitada de moverme, mientras las chicas me decían que después de Mary me tocaba a mí. No sé cómo logré caminar a echarle las manos al cuello diciéndole, que no le iban a alcanzar los brazos. Luego siguió besando a las demás. Lo encontré guapísimo, creo que me llegó a faltar el aire de la emoción.

Entramos a misa, no sin Mary advertirnos: «A portaros bien, eh». Yo lo que no veía las santas horas de que acabara la misa para verlo y tocarlo y sentir que era real. Pero ahora todo está derrumbado. Lo siento frio y cambiado en su forma de tratarme, como si ya no me profesara ni siquiera el cariño de prima. Me ha dolido horrores. ¡Ya pasó la novedad! Solo hemos podido estar cerca a raticos.

Me enteré de que ya en el pueblo creen que existe algo entre nosotros, y hasta tuvo problemas con un vecino porque le dio a entender que tenía relaciones con la cubanina. Bueno, pues no, no hubo ni hay nada con la cubanina, pueden estar tranquilos.

Solo queda el día de mañana para que los chicos estén aquí. Mientras tanto no sé cómo disimular ni a mí misma mi desolación. Mañana veré si cambia su actitud. Ya por carta le dije que había renunciado a mi comportamiento anterior, pero parece que no me supe explicar porque ni yo misma me entiendo.

Estando con Mary y José Ramón en Luarca nos encontramos con Tinina, la vecina, que fue noviecita de Ramonín y todavía está loca por él. Aunque no me cae bien la niña con naturalidad la ayudé a averiguar dónde estaba. Será porque sé que él no la quiere. Ella entró a la pista a esperarlo y una vez ahí le dije que los chicos con un coche, aunque fuese prestado no se iban a quedar su última noche en Luarca, andarían por ahí de juerga. A los demás no nos apeteció entrar a la pista y fuimos al cine.

Lunes. Noviembre 3

Dios mío, tengo que confesar que quiero a Ramonín, no como a un pariente, me gusta como un chico. Ya sé que no es correcto, y que es un crío, pero. No puedo evitar lo que me hace sentir. Al menos me contó que me recordó en una clase haciendo el cuento de la estrinina que le dije aquel día que le iba a dar porque me daba la lata. También cuando le dirigí la carta llamándolo «Señor fiscal».

Ahora la que parece sosa soy yo, y es que me he dado cuenta de mis verdaderos sentimientos y no se lo puedo expresar. Como voy a manejar esta situación, porque antes había creado la fuerza para combatirlo, pero después que marchó al colegio el mes pasado es diferente. Él también está muy triste, aunque lo trate de disimular. Yo no puedo verlo triste, se me rompe el corazón. Ahora, pensar que se marchan en el coche que alquilaron, porque lo del coche de la secre fue un cuento.

Los vecinos tan tiernos que me dio de despedida, los estaría recibiendo toda la vida. Lo que me apena es comprobar que el amor verdadero no existe, porque entonces de Dávila no estuve enamorada. ¿Cómo se pueden cambiar los sentimientos así tan rápido, y con la persona equivocada? Además, lo otro llegó a ser demostrado de ambas partes, esta vez es un problema sentir, provocar y no poder corresponder.

Sábado. Noviembre 8

Mi deseo sería anotar aquí mis impresiones sobre el aniversario de mi salida de Cuba y llegada a España, pero solo tuve ocasión de escribir una carta a casa que dice así:
«Mi adorada mima y flia. Me parece imposible que un día como hoy, el año pasado me encontraba en el cuarto del colegio de Madrid,

dando fin a mi diario comenzado en el avión, y escribiendo mi primera carta para ustedes, que por desgracia no llegara. Ahora, me parece verme allí, como si en realidad no fuera yo, sumida como en un sueño y con el corazón lleno de emociones, ilusiones y, gracias a Dios, porque en realidad todo iba saliendo mejor de lo que yo pensaba de esa desconocida llegada a España.

Hasta con guantes trataba de escribir porque sentía las manos entumecidas por el mayor y primer frío de mi vida. Que valiente y decidida me sentía a pesar de toda la angustiosa separación, mi herida sin curar, el pelo cayéndose a montones, etc., me parece mentira que ya haya transcurrido un año de todo eso, y todavía me despierte sorprendida a veces porque me parezca que estoy soñando. Si por aquel entonces, me dicen que tenía que pasar un año en España, lo hubiera considerado absurdo, porque ahora mirando que en realidad ha transcurrido, algunas veces no lo concibo por lo rápido, pero la mayoría del tiempo, siento como si un siglo me separara de ustedes...».

Ayer me desperté con la obsesionante idea o pensamiento y bajé a mirar el almanaque para confirmar el aniversario. Traté de parecer serena con todos, aunque algo me estrujaba el corazón y hasta perdí el apetito. Pero Mary, comprendiendo, no dejó de hablarme en todo momento y hasta me daba algo que hacer. En la tarde, Carlos un chico de una montaña más arriba, me trajo unas novelitas ilustradas. Después de cenar nos acostamos Mary y yo a leer, pues hacía un frío y una ventolera como ráfagas de ciclón. Traté de enfrascarme en la lectura, pero se fue la luz y venga Nidia a tratar de dormir, pero no podía dejar de escuchar las campanadas del reloj cada media hora y recordar: «Un año sin ver a mima, pipo, etc. Un año de aquella despedida de Tita y pipo Narciso, antes de irme al aeropuerto y uno, de despedirme de seres tan queridos en ese mismo aeropuerto. ¡Feliz aniversario!

Me parece que terminé esa carta como si me volcara en ella. No sé por qué tengo que tener este estado de ánimo, que sufro con tanta facilidad, estas altas y bajas, cambios de ideas y pensamientos, como si en vez de tener derecho a pensar y razonar por mí misma, me dejara llevar por algo que no me aclaro, es como un volcán lo que tengo en mi cabeza. Decididamente no soy normal.

Ya me va quedando menos para cumplir parte de la meta. En vez de perder la fe y fortaleza de espíritu, necesito que sea mayor cada día, me doy cuenta de que no estoy tan sola interiormente como me debiera sentir. Me siento más madura. Tengo que recordar a mi familia como si la tuviera cerca o fueran a aparecer de un momento a otro. Pienso en Dios y tengo a mi alrededor el cariño que son capaces de ofrecerme nuevas personas. Entonces, ¿de qué me quejo? Oh no, si no me quejo. Reconozco que hay muchas personas que a mi edad han experimentado muchas calamidades. A mí no tenía por qué serme siempre todo tan fácil y agradable, además no he sido tan buena como para merecerlo, creo yo.

Jueves. Noviembre 13

La víspera de mí cumpleaños recibí una alegría tan grande como inexplicable con una carta de Ramonín de ocho cuartillas, tan cariñosa y comprensiva como nunca creí me escribiría. Su carta y él son un encanto, casi me hacen llorar de emoción, pues hablándome de Dávila, comprendió tan bien lo que le conté que defiende su actitud. Tiene que buscar su ideal en otra persona y tratar de encontrar en ella lo que no pudo tener de la otra, (como tendré que hacer yo con él dondequiera que vaya). El final de la carta es como una despedida, a pesar de que me dice que me quiere mucho, más que nunca. Esto fue lo suficiente para que al otro día no me sintiera tan sola. ¿Lo sabría él y esa sería su intención? Ayer le empecé una carta que quiero terminar hoy, pues cuando estoy en eso la idea de lo que voy a escribir me obsesiona. Debo tener cuidado, porque ya no le puedo escribir lo que pienso hacer con mi amor por él.

Ya tengo 19 años, casi no me lo creo, excepto mirándome al espejo lo que he cambiado en un año. Como me desvelé despidiendo los 18, me levanté casi a la 1:00 de la tarde. A pesar de que aquí los santos son más importantes que los cumpleaños, recibí un abrazo de Mary, dulces y fricase de conejo, una comida especial, que nunca había cocinado porque Marina está en Oviedo. Yo de pensar que era de un conejito de la corrada casi no podía comer. De buenas a primeras me avisan de una llamada de Cuba. Todo fue muy rápido para llegar a Luarca. Una vez allí, cinco horas de espera, pero hablé muy serena como trato siempre. Espero sea la última llamada desde aquí. ¡Qué amargas me sonaron esas felicidades! Cuando llegamos a casa era de noche y encontré telegramas de Cary y familia, y tía Nesty e Isidro y otro de Marta y Beatriz, de Valladolid. ¡Qué bueno que me recordaron ese día especial!

Ramonín en el colegio

Ahora estoy leyendo los libros de Martin Vigil sobre la psicología del adolescente. Es un buen educador, importante para la crianza de los muchachos, sobre todo cuando se pasa de niña a mujer o de niño a hombre. Estamos acostumbrados a la educación del colegio y a que no nos falte lo imprescindible en casa, pero ¿cuántos padres educan el alma? Hay que estar preparados para traer un hijo o demasiados al mundo, o buscar ayuda profesional, más allá de la escuela si es necesario. Estos libros existen por una razón, y si en un lugar como este, el libro mencionado ha caído en mis manos es para hacerme entender que nunca es demasiado tarde para instruirse.

Lunes. Noviembre 17

Estoy para no pensar en otra cosa que no sea en Dios, después de leer el *Diario de Ana María* que retrata mi adolescencia, y como tal la de muchas chicas. Este libro ha dejado en mí como una purificación. Aprendí cómo debo ver la vida para hallar consuelo cuando esta se nos hace difícil, y como tomar el amor, que siempre busquemos el bien para el ser amado como propio. El inconveniente está en no sentirse correspondido. Si en esa edad difícil las chicas tuvieran ese tipo de libros a su alcance para interpretarlos como es debido, no estarían tan locas por verse envueltas en una pasión prematura que les pueda hasta pesar después.

El otro día en Luarca nos encontramos Mary y yo con un señor cubano que me dijo que mi salida tiene que estar próxima. Sentí que se me comprimía el corazón y no podía disimular las lágrimas. Aproveché de llamar al cole y las compañeras me dijeron que ellas no sabían nada, pero que ellas me necesitan. Soy una egoísta por no ofrecerles mi presencia, que es lo único que me piden.

Pensándolo bien, no me puedo quedar aquí hasta las Navidades, mi deber está allá en el colegio. Por mi parte prefiero estar aquí con la familia esperando la larga espera del viaje a Nueva York. No, no me puedo ir de aquí, a no ser que otra cosa más fuerte me obligue.

Miércoles. Noviembre 26

Habría querido escribir antes, pero una por falta de oportunidad y otra de bolígrafo se va pasando el tiempo. Hoy decidí no esperar más. Estoy apenada de estar dando molestias, pues me cubren los gastos y no me puedo negar. Hace muchos días que no recibo carta de mima, me da la sensación de que cada vez me echan más al olvido. Yo trato de huir de mis recuerdos y he logrado no estar tan aferrada a ellos, pero tuve carta de Mirta y me hizo sangrar el corazón al decirme que Dávila había pasado por su casa antes de ir a ver a la novia y ni había preguntado por mí. Lo primero es que me arrebata de celos, y lo segundo su actitud me decepcionó porque la catalogo de cínica y cobarde. No sé si eso contribuirá a llevarme de la desilusión al olvido. Es preferible.

Junto a la carta de Mirta, recibí dos pequeñitas de Raúl, el amor imposible de Elena mi prima y su amigo Rafael, anunciándome que habían sido padres de un niño y una niña. Que alegría y casualidad.

Hace días no se reciben cartas de mi primín, y yo no tengo ganas ni de ir a la pista. Mañana es el cumple de Cary, ya le había mandado una postal aprovechando las vistas de Luarca. La verdad que le debo mucho a mi prima, si no fuera por tío Ramón y ella, no hubiera conocido este lugar y a su familia, no hubiera sabido lo que es una familia asturiana.

Domingo. Noviembre 30

Esta tarde me llamaron de la gestoría para informarme que tenía que salir urgente para Valladolid a arreglar mi residencia española, pues por mi despreocupación, mi legalidad en España se había complicado y hasta me podrían meter a la cárcel. Esto no lo encuentro tan malo como tener que marchar de aquí y no volver ni a pasar las Navidades. Espero que, por medio de enchufes de gestoría, aunque cueste un poco más, el papeleo quede resuelto.

Le escribí a mi primín pidiéndole que no deje de escribir a la casa por tanto tiempo, ellos lo quieren mucho y no merecen esa preocupación, además, es una razón de alegría para ellos saber que, aunque lejos, al menos les recuerda. Mary, por el contrario, recibió respuesta a una carta que le envió a la secretaria del colegio donde está él.

Ella me la dio para que la leyera y se me llenaron los ojos de lágrimas, pues la verdad es que su hermano sufre horrores. Dios mío o es un malcriado o su problema le está haciendo un mal efecto que ni de salir tiene ganas. Yo quisiera saber, aparte de la preocupación del futuro, quién es la chica que lo tiene así, porque entre tantas locas por él tiene que tener inclinación por alguna. Tinina no es, podría ser Gema o la de Madrid. Claro que, según me dijo una vez, él no se decidía por ninguna por temor a no tener mucho que ofrecerle. Me da pena comprenderle tan bien, pero que él no responda a las personas que le toman interés…no está bien. A Carmencita ni le ha contestado, ¿será tonto o despistado?

Esta noche, Mary y yo nos quedamos solas en la cocina, mientras calentaba el agua para subirla a la cama. Ahí me dijo que volviera cuando solucionara los papeles de residencia y también me dijo palabras cariñosas. Yo que a veces me creo insensible, no pude contener el llanto y ella no paraba de consolarme. Creo que siente de veras que me vaya. ¡Es tan buena! Lo son todos conmigo, es comprensible que les haya tomado tanto cariño.

Valladolid diferente

Miércoles. Diciembre 3

Ya estoy de regreso en el colegio hace un par de días. Al poner esta fecha recuerdo el cumple de mi ex. No sé cómo pues cada día le recuerdo menos o con menos amor si cabe.

Anoche, después de enterarme que tengo fecha de salida para el mes que viene, pensé con desesperación que haría lo imposible por regresar a Asturias ante el temor de que se adelantara mi salida para este mes, pues el orden de la cuota había avanzado. No sé qué me pasa, ¿será miedo? Pero bien sabe Dios que quiero pasar las Navidades con la familia de Asturias, que posiblemente no vuelva a ver, pero al menos llevarme ese recuerdo de una fecha tan familiar.

Aquí en el cole noté que mis compañeras están un poco desequilibradas. He perdido hasta el apetito y solo quiero regresar cuanto antes a Asturias. De allá me fui llorando y ahora los echo de menos. También me sigue atemorizando Nueva York, hasta el punto de que, si mi primín tuviera más años y estuviera establecido, le preguntaría si se quería casar conmigo, para poder quedarme. Claro si me acepta como su esposa, lo querría más y se lo podría demostrar. Yo creo que no son solas mis compañeras las que están desequilibradas pues ¡yo pienso cada cosa!

Esta tarde me visitó un agente de Emigración para entrevistarme para la residencia española. Muy amable, me dijo que no tengo problemas para quedarme en España. Qué alivio, quien sabe. Pero por ahora no tengo tiempo que perder para regresar a Asturias,

Asturias hechicera

Viernes. Diciembre 5

Pedí de favor a Marta que le enviara un cable a Ramonín felicitándolo por su cumple mañana pues el domingo no se podía.

Cuando llegué a la estación de tren de Valladolid acompañada por Teresita y Beatriz decidida a marcharme, no había pasaje. En esa conversación estábamos, cuando se me acercó una chica a decirme que, si quería unirme a ellos, que eran tres y se irían en taxi hasta la estación de León, y allí tomarían el tren hasta Oviedo. A pesar de lo que Beatriz me pidió que no me fuera, acepte ir con ellos. Cuando me vi subida al taxi mi corazón empezó a latir de temor pensando mil disparates de desconfianza. Recé en voz baja para que todo saliera bien porque no quería tener que arrepentirme. Los acompañantes eran la chica con un señor y otro señor más joven. El viaje se me hizo larguísimo, pero me distraje cuando la conversación se tornó sobre política guiada por mi tema sobre Fidel Castro.

Llegamos a la estación de León sin novedad y tomamos el tren para Oviedo. Suspiré y di gracias a Dios. Pero mi preocupación no terminaba ahí, Santiago me esperaba en el tren directo de Valladolid que llegaba más tarde. Como no tenía manera de avisarle, cogí un taxi en la estación de Oviedo que también me dio bastante miedo para el apartamento.

Bueno, ya estoy aquí sana y salva, casi a mitad del viaje, pero con mi familia protectora. Lo triste es que Marina está en cama con anginas, y a ellos, quienes me cuidan tanto, tuve que contarles la odisea. Esos malos ratos me sirven para espabilarme, ahora lo que quiero es llegar a Setienes lo antes posible.

Martes. Diciembre 9

Tengo que apurarme, pues Mary esta al subir a acostarse. Ayer llegué a Luarca, en un viaje en Alza, que no parecía terminar nunca. Me sentía con temor de que mi regreso no causara alegría y sentirme esta vez como algo aparte, a pesar de que cada vez trato de integrarme más. Por una parte, quiero que llegue enero, para marchar a comenzar mi otra vida, y por otro, le temo a las vacaciones de mi primín porque no disfrutaré de esta tranquilidad, y volveré a inquietarme. En cuanto a mi ex, me pregunto si aún lo querré, creo que mucho menos, hasta el punto de que su recuerdo es vago y lejano. El pertenece a otra mujer, ya no significó nada. A veces me reprocho el que me parezca que nunca existió algo entre nosotros, o que soy otra persona, y es cuando tengo que admitir el olvido.

Recibí carta de madrina con $50.00 por las Navidades, y de Mirta contándome que tiene novio pedido, que se conocieron bailando en el antiguo Casino Deportivo donde fuimos socios antes de la Revolución y pasamos tan buenos ratos disfrutando de la piscina y la playa en nuestra niñez. Me alegra mucho por su felicidad y porque es alguien menos de la que tengo que preocuparme. En cambio, María Elena, mi prima, terminó con el suyo. Debo tener paciencia y dominio para no sentirme desencantada de todo y encontrar a alguien que recompense las dudas y sufrimientos. No sé si tengo ganas de volver a ver a mi primo, si dentro de unos días volveré a dejar de verlos a todos para siempre. El no poder considerar nada mío y duradero por temor al desapego es lo que me hace sentir como si un demonio interior me torturara.

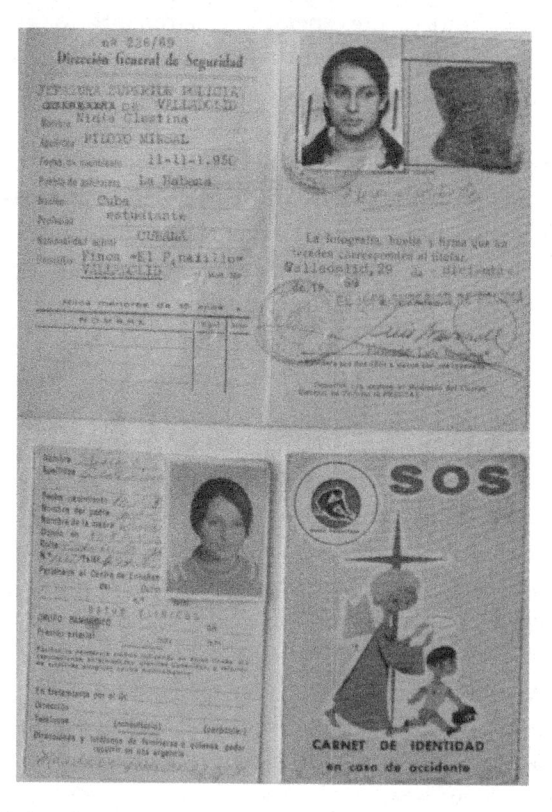

Lunes. Diciembre 15

Cada día tengo que admitir que soy una mujer hecha y derecha, y esto me apena. Quisiera ser la niña de la secundaria básica otra vez. A esa edad se sufre, pero te sientes protegida. Ahora me veo independiente, pero sola y alejada de mi familia de toda la vida.

A veces todo me parece absurdo, como si Dios no me oyera; y esa sordera de Dios hacia tantos seres humanos les hará daño como para destruir sus vidas. A veces me siento como si me pesaran los años y fuera viejita, será de tanto leer libros que me gustan precisamente porque me hacen pensar en realidades. He llegado a sentir como una rebelión o crisis de fe al mismo tiempo. No puedo dejar caer mi ánimo, que es cuando más lo necesito, porque estoy al final de la espera, y al comienzo de esa nueva vida.

El libro que estoy leyendo trata de tres chicas y me veo representada en cada una de ellas. Una de sus inquietudes es la duda sobre la fe, que es algo que me he preguntado. Los misterios de la vida, que cada vez parece más estúpida y absurda como, por ejemplo, ¿para qué nacer si vamos a morir?, y ¿para qué vivimos, si nos vamos a condenar? Por muy bien que queramos obrar, todo nos conlleva a eso. ¿Por qué los religiosos padecen enfermedades tan horribles que los llevan a la muerte? Si la vida es tan corta, porque para dejar de existir, hay que sufrir tanto en el transcurso de esta vida y en el paso a la muerte. ¿Cuál es nuestro objetivo en la tierra? Si pienso mucho me voy a volver loca, o a estar peor de lo que estoy, angustiada, desconcertada, pesimista y desencantada de todo.

Domingo. Diciembre 21

De mi fe no quiero desprenderme, tengo que confiar que Dios me ayude porque yo creo en Él, pero no con esa entrega y firmeza absoluta que debería tener. Esto me preocupa, sobre todo que en misa mi espíritu está en todos los sitios, menos donde debía estar, que es en la presencia de Dios.

Ayer recibí carta de Cary y me cuenta que Elena, nuestra prima, ya está en Nueva York. Ella cumplió su castigo de trabajo obligatorio en el campo, criando conejos, sembrando y cosechando no sé qué para ganarse el permiso de salida. El tenerla en Estados Unidos me hace ilusión.

No teníamos la certeza de que el príncipe de la casa llegaría anoche y la verdad que le temía. Trataba de disimular tanta inquietud y subí a lavarme los dientes después de comer algo, pues ni apetito tenía. Pero en el baño tuve un presentimiento y bajé las escaleras lo más tranquila posible, tarareando una canción. Abrí la puerta y vi la cara como en suspenso de los que terminaban de comer, faltaba Mary. Cuando miro para el lado le encuentro de pie con la carina picara y sonriente. Yo no sé cómo, expresé sorpresa, alegría, mientras el corazón o el estómago se contraían, sentí la cara roja y solo me salió un: «¡Eh!». Él sonrió más cuando me vio y sentí la mirada de todos hacia mí, y quizás de mí hacia él, me flaqueaban las piernas. Fue él quien camino a darme un beso y un abrazo, y yo apenas le podía corresponder.

Yo enamorada no estoy, desde luego, entonces, ¿por qué esas idioteces? Soy tonta de remate, eso ya lo sé. Luego fuimos al plantel y caminando para allá, le pregunto si había recibido mi telegrama por su cumpleaños, y me dice que, por teléfono y tan simple, como «Feliz cumpleaños. Besos». No entiendo por qué le pedí a Marta que lo mandara el mismo día de su cumpleaños y que le escribiera «Felicidades y un vecino con motonetas», lo más sencillo y gracioso posible, pero ni tan sencillo como le llegó. Yo pensaba que lo llevaría el cartero personalmente, y le pregunté si era posible eso de enviar telegramas por teléfono, porque yo no tengo el teléfono de su colegio. Hasta le iba a preguntar a Marta si le habían preguntado en el correo como lo quería enviar. Bueno así pasamos mucho tiempo preguntándome qué quería decir el telegrama y me aturdía y confundía y me daba pena decírselo. Al final, me di cuenta de que su intención era tomarme el pelo para no perder la costumbre.

Hoy, en la pista, sí que parecíamos tontos bailando un tango instrumental. Él no siente algo serio por mí, porque, aunque parezca que no, razono después que hago bobadas. Pero no sé si se le habrá ocurrido algo posible entre nosotros, porque a veces roza el tema como con disimulo, pero no me pasa desapercibido. ¿Pero cómo podría ser? Él no comprende mi situación, ni siquiera si la familia me aceptaría en plan de novios, que no es lo mismo que de primos. Pero como controlarme si cada vez que regresa está más mono, más bello, le brillan más los ojos y me provoca más.

Navidades 1969-1970

Jueves. **Diciembre 25**

Lo que me gustó y emocionó de Mary es que una noche de esta semana me fui con Palmira a deshojar el maíz a casa de David. De regreso vi a Mary acostada, pero sin dormir. Según me dijo, estaba pensando en mí, analizando cómo era conmigo, quizás me demostraba un carácter mandón o brusco. De veras es extraordinaria, pues si algún fallo tuvo en ese aspecto, lo comprendo. Esta vez nos pusimos tan sentimentales que lloramos las dos.

Mi madre me escribe en una carta que mi hermano está en la escuela al campo otra vez y está enfermo. Los alumnos y maestros van a pasar las Navidades ahí trabajando. Esto aumenta mi pena porque pienso en el asco que es la vida, no sé si merece la pena. Es mejor no haber nacido. No se puede estar tranquilo. La desgracia, la infelicidad y la muerte lo están acechando a uno paso a paso. ¿A quién se le ocurre tener a unos estudiantes trabajando en el campo por Navidad? Mejor no escribo más, porque todo parece absurdo, como si proviniera de la nada.

Por algún lado tenía que venir. El martes me acosté sola mientras Mary y su hermano escribían postales de Navidad. Me sentía como sonsa, como si necesitara algo que me hiciera reaccionar. Al principio fue pensar y atormentarme, después fueron lágrimas de desesperación y angustia. De Dios me sentía tan lejos que no podía ni rezar, y me imagino que de ahí provenía todo. Cuando Mary entró y me vio así de abatida, no se acostó hasta que casi, sin poder le expliqué algo de lo que me pasaba, pero si yo no me entiendo, cómo podía demostrarle lo que estaba pasando en mi interior. Su fe es digna de envidia por ser tan divina. Es muy buena esta Mary, y yo soy una tonta por disgustarla, pero de serlo mis motivos tengo. Por fin, me quedé dormida más tranquila y rezando.

Ayer fue Noche Buena, al parecer día y noche de nostalgia para mí y para muchos. Yo me sentía como si fuera algo aparte de esta casa, a pesar de que el desahogo de la noche anterior me hizo bastante bien. La cena fue como para no considerarla Noche Buena ni en España, aunque claro había abundancia de comida (pollo, patatas, pescado, turrón y sidra) pero ese sello festivo de familia cubana, el entusiasmo, la forma de servir la mesa en mi casa, el trajín, el hambre y la emoción lo sentía mucho...

Recordé mi última Noche Buena en Cuba, con Raúl y Dávila y los amigos de Elena, mi prima. Yo tenía puesto, el «se me cae», color azul marino y el *jersey* rojo de mima y lucia muy mona. Entonces anoche también me puse un *jersey* rojo y una falda azul marino de Mary, y me hice las motonetas con cintas y medias rojas, parecía una colegiala. Mientras cenábamos, yo desee apartar de mí todas las penas, pero madrina Teresa se puso a llorar, al parecer acordándose de los seres queridos que perdió. A mí, el nudo en la garganta se me hizo más fuerte pues mientras Santiago cortaba el turrón, me pareció ver a mima, pipo y mi hermano frente a mí. Me parecía ser la Nidia de allá todavía, aunque en realidad soy muy distinta. ¡Dios mío!, yo nunca pensé que se sufriera tanto por la distancia y el tiempo que no parece que pasa para volver a lo mío.

Parece que notaron los pucheros porque Ramonín se levantó y me dijo: «vámonos de aquí primina». Eso fue ir al plantel con Mary y bailar, y reírnos, por los deseos de aturdirme y los efectos de la sidra. Luego, Mary me dijo que había un hombre que no me quitaba los ojos, porque con la cara que yo tenía bailando con Ramonín era para matarme. Decirme esto y delante de Ramonín me dio tremenda vergüenza, ese fue el mismo que lo provoco diciéndole que había algo entre nosotros viviendo juntos. Por fin él con su tipo de borracho se fue y terminamos la Noche Buena en paz.

Pues hoy después de comer, regresamos al plantel, pero sin Mary, que lo prefiero porque me siento menos cortada. Mientras veíamos jugar *ping pong*, empecé con mi lío de siempre de marchar a Estados Unidos… Entonces, me dice Ramonín que me voy porque quiero. Él no me comprende o se hace, sería más positivo esto último. ¿Cómo no va a entender? Empezó por decirme que yo iba a tener muchos tropezones, aunque me gustaban las cosas delicadas como a él. Y el muy cruel me dice que pensaba ir a mi boda con un americano si yo lo invitaba, que de pensarlo le daba pena de mí. Luego me preguntó que, si yo había leído la carta de Cary, que ella está tarara, que se la contestó y tal; la verdad es que no entendí lo que quiso decir de tantas cosas, pero algunas parecen repetidas de otra persona.

Más tarde fuimos al cine con Mary y José Ramón y que bien que nos sentamos juntos los cuatro. Él me dijo que estaba muy guapa con mi gorro y pantalones nuevos. ¡Qué pena que yo no le pueda decir lo mismo cuando él lo está!, que es siempre, pero me sobrecoge y me quedo muda; en realidad, solo se decir tonterías. La película se llama *Vivir por vivir*, filmada en París, protagonizada por Candice Bergen. Se trata de una americana que se hace amante de un francés que es casado. La casualidad es que en una escena sale con el pelo hecho motonetas. El señor hasta se divorcia por ella, pero eventualmente ella quiere regresar a Nueva York, alegando que es muy joven para formalizar su vida y tal. Él le predice lo que le espera en Estados Unidos, entre otras cosas, casarse con un americano como ella, tener hijos, viajes, coches, etc. a cambio de un hombre que ha sido y será capaz de todo por ella.

A mí la emoción me tenía subyugada, no podía mirar para mi primín porque temía que él no supiese interpretar lo que estaba pasando dentro de mí. Pero para mi sorpresa, él se levanta y sale al pasillo. Supuse que había ido al baño, pero demoraba mucho. Tuve que morderme el dedo fuerte porque no había otra manera de desahogarme. ¿Sería posible que estuviera pensando lo mismo que yo? Me estaba sintiendo terriblemente mal y temblaba de nervios. A la salida, ese temblor se confundió con el del frio, cuando él se acerca para preguntarle a Mary que, si no había visto a su prima retratada en esa chica americana, porque el de la impresión había tenido que salirse del cine.

Yo no podía creer que mi primín fuera tan cielo como para sensibilizarse con el tema de la película. Jamás olvidaré ese gesto. ¡Puf!, si no fuéramos tan jóvenes y con tantas responsabilidades, regresaría de Nueva York, si algo tan hermoso como un amor como ese me reclamara, no me importaría tener que convertirme en una aldeana, seria eso o la vida en Nueva York, que veo tan cercana, a esta le tengo miedo, mucho miedo.

Ahora mismo tuve que esconder esto bajo la almohada, pues alguien subía y presentí que era mi primín. Así fue, cuando entro y me dijo «primita» (me cambió el nombre del asturiano por el cubano), ¿qué haces, no duermes? Sentí que me había puesto roja, rígida y muda, solo le mostré el libro que aparentaba leer. Añadió: «Hasta mañana». No conteste.

Sábado. Diciembre 27

Hoy, precisamente, en el cumpleaños de Pipo, estoy desesperada y creo que no tengo fuerzas ni para escribir, pues encontraba a Mary rara y presentía que era por mí, y el motivo no podía ser otro que su hermano. Cuando barría la habitación, que entra Mary, cierra la puerta y me pregunta si le había escrito a Cary, temí que algo iba a comenzar y comenzó.

Yo hubiera querido que la tierra me tragara antes y después de la conversación, y de llorar delante y detrás de Mary. Ramonín había ido a comprar una gabardina a Oviedo, y ella aprovechó para hablarme, más bien regañarme porque: «Ramonín está enamorado de mí, sufre por mí, y todo su desconcierto de este tiempo en La Coruña, se basó en mí. La chica que dice que le dijo a Rosa María que le gusta, pero no puede tener, la que tararea que ve venir de lejos y es algo distinto, la que le desvela, atormenta y ocupa su pensamiento ¿Quién crees que es?»

¡Ay, Dios! ¿Por qué me tengo que ver envuelta en estos jaleos y hacer mal sin intención? Dice que su hermano es sensible a las cosas monas, pero que a pesar de que también soy buena, no he obrado bien, y a ella le ha dolido el sufrimiento que he causado a su hermano, por lo mucho que le quiere.

Ni siquiera puedo sentirme feliz por saber que él no me quiere solamente como a una primina, aunque en mi interior lo deseara como algo maravilloso. He pagado a esta familia, que ha sido tan buena conmigo, ¿con disgustos? Me siento culpable, pero ¿qué he hecho? Le he dado este disgusto a Mary con lo mucho que la quiero, me ha regañado, me ha llamado coqueta y esto como continuará, cómo lo trato cuando regrese de Oviedo.

Mary se mostró dura conmigo al principio del regaño, en su forma de hablar se le notaba la rabia que sentía contra mí, aunque al final del regaño no dejo de mostrarse comprensiva. Me dijo que me quería mucho, pero adoraba a su hermano, que yo soy guapa, pero no debería sacar partido a esto, como la cara que ponía cuando bailábamos el día de Noche Buena, porque todo esto hace daño a los jóvenes. Hasta Gil estaba eclipsado conmigo, y yo con mi forma lo que consigo es atormentarlos.

La culpa también la ha tenido Cary, por una carta que escribió y Mary escondió después de leerla. Pues decía algo sobre una posible boda entre sus dos primos. ¡Esta prima mía! ¿Por qué tuvo que enredar la situación sin querer? Las dos sabemos que mi futuro no está aquí, que tengo una misión en Estados Unidos y que todos saben que esa es la razón por la cual estoy aquí. Ahora me siento culpable y no sé cómo voy a actuar cuando el regrese de Oviedo. Para colmo me preguntó en una carta desde el colegio cuando estaba de exámenes que con que lo iba a recompensar, si sus notas eran buenas; le contesté que dependía de si eran excelentes. Entonces me pidió un beso muy fuerte, claro no especificamos donde. Justamente, se recibieron las notas y sí que son buenas. Y ahora, ¿qué hago? Debería marcharme ahora mismo.

Domingo. Diciembre 28

Ya de noche, fuimos Gil y yo al plantel. Cuando más pensativa y preocupada estaba, apareció Ramonín. Con el propósito de parecer normal, porque se me había medio que paralizado el corazón, fui a su encuentro sonriente y delante de los críos que jugaban *ping pong* me pego dos besos españoles, pero más fuertes de lo normal, que me dejaron atontada. Nos fuimos enseguida porque vino con hambre del viaje y había dejado a Marina preparándole de comer con el compromiso de que me traería de vuelta.

Anoche, Mary y yo, ya acostadas, volvimos a hablar un rato. Para no variar, volví a llorar, no sé de dónde me salen tantas lágrimas. Me siento un asco de persona, pues armo los jaleos inconscientemente, pero mientras tanto me la paso bien, luego me pesa, pero no quiero reconocer que solamente sea mi culpa. Le dije que lo mejor era que me regresara al colegio, pero me dijo que no era el momento, solo tratara de evitar estar con Ramonín. Yo no soy coqueta con cualquiera, quizás solamente cuando me siento en confianza, bueno pensándolo bien, cuando la otra persona me provoca y me cae bien.

Después que mi primo regresó de Oviedo, me trata diferente. En vez de tomarme el pelo con sus travesuras actúa con delicadeza y ternura. Esto me desconcierta, es como si ese corto viaje lo hubiera madurado. La verdad es que continuo triste y pensativa, no sé cómo actuar, no sé si marchar al colegio ya, pues lo que sucedió hoy ha sido apoteósico.

Esta tarde me puse muy mona para ir a la pista, pero cuando mi primín llegó de casa de Gil, ni me miró; pensé que estaría enfadado, pero ¿por qué? Mary y José Ramón me dejaron en la pista por irse solos.

Enseguida me reuní con Carmencita y otras chicas, mientras conversábamos y reíamos con las ocurrencias de Rosa María, se acercó Ramonín y me pidió que bailáramos. Yo no podía decirle que no; y olvidándome de lo que Mary me reprochó y me aconsejó por el bien de él, me dejé llevar.

Menos mal que había bastante gente, pues antes de empezar a bailar me separó y me miró con admiración, sin decir palabra, y bailamos mucho de esa forma tan turbadora que no podíamos evitar.

No sé cómo fue, pero mientras los músicos pararon de tocar, él me dijo que lo esperara y se fue a hablar con Carmencita a solas. Luego ella se acercó a mí y me dice que Ramonín me llama a la mesa. Lo vi ahí tan solo que me temblaron las piernas, pero valiente y decidida me senté con él. Le pregunté qué pasaba que no quería bailar más. Me contestó que saliéramos de ahí. Yo, con el calor que hacía ahí dentro, me sentía congelada de miedo, pero miedo, ¿a qué? A no poder disimular más, tartamudeaba y me sentía la cara caliente y la espalda encorvada. Le pregunté: «¿Pero a dónde?», me contestó: «A la *boîte*». A mí no me salían las palabras, pero comenté: «No, No», pero insistió con su pregunta: «¿Pero, por qué? Y ¿por qué te apuras tanto para hablar?». Yo le contesté que no podía, pero no que no quisiera.

Yo alegaba que qué dirían en la pista al vernos salir solos, y que Mary no aprobaría. Al fin acepté con la condición de que saliéramos solo para tomar aire, porque adentro el calor era asfixiante. Cogimos los abrigos y por suerte me agarró de la mano, como si me arrastrara porque las piernas no me daban. Salimos y apenas respiramos el aire frío a unos pasos de la pista cuando ¡Chas! Mary y José Ramón aparecen por arte de magia. Por arte de magia quise desaparecer y que él me soltara la mano, pero no lo hizo y ella mirando para ahí preguntó a dónde íbamos de manitas. Él le contestó tranquilamente, que a dar una vuelta. El enfado que se le notaba a ella, daba miedo.

Yo estaba aterrorizada, Ramonín frustrado y José Ramón no podía aguantar la risa y solo pudo decir: «Mary, déjalos de una vez»
Mejor fue tomar el taxi ella y yo para casa de una buena vez pensando que mejor hubiera caminado sola, aunque me atacaran los lobos. Al bajar del taxi, le pregunté si estaba enfadada y me contestó que mucho. Yo no me tengo que sentir culpable, pues no hice nada malo, ninguno lo hicimos... Pero para Mary reñirme fue poco. De todas maneras, me dice que no es cuestión de irme ahora. Entonces, ¿cómo voy a manejar esta situación? Estoy desesperada. Tampoco puedo fingir, ni demostrar tanta inquietud. No puedo decir que me voy así en plena Navidad. ¿Y los motivos? ¿Qué pensará Marina y los demás? No sé si Carmencita sabrá la verdad de todo esto. Al parecer todos saben de todo.
Ya no sé si queda poco o mucho para estar juntos, o alegrarme que esto termine. ¿Alegrarme? Me tendría que arrancar el corazón. Ya que esto se ha convertido en una tortura, voy a tener que sacar fuerzas para hablar sinceramente con él, porque continuar, sí que es absurdo, los dos estamos sufriendo como condenados, y que él sufra, no lo puedo resistir.
Mary esta abajo en la cocina, con su novio, seguro se está quejando de mí. Hace un ratico Ramonín subió y, como tengo la luz encendida, tocó y abrió la puerta. Como vio mi expresión, hice un esfuerzo para decirle que Mary me había reñido por lo que él sabe. Me dijo que no me preocupara, que durmiera tranquila y se fue a acostar a la habitación de frente a la nuestra que tiene una sola cama.
Cuando menos lo esperaba me pareció escuchar un sollozo; solo pensar que estuviera llorando, me han dado unas ganas locas de correr a abrazarle. Quizás fue solo tos, pero si fuera lo que me imaginé, no tendría yo lágrimas suficientes para compensar las suyas.

Año nuevo 1970

Miércoles. Enero 1

Otro año que empieza y el pasado parece que fue muy de prisa a pesar de que han sucedido muchas cosas y he sentido muchas emociones. La vida cambia, casi sin percatarnos, como nuestros pensamientos porque maduramos, adquirimos experiencias, alegrías, tristezas. El año pasado por este tiempo, yo no conocía a Ramonín, ni pensaba que existiera y aquí me tiene trastornada, pues unas veces creo que es muy niño, y otras me siento loca por él. Ni conocía a la familia de Cary que ha significado tanto en mi vida.

El lunes por la mañana, Mary seguía seria conmigo, hasta que se puso a enseñarme unas cartas de Gino, un primo de Carmencita, por parte de padre, guapísimo, que estuvo por ella, porque era la única mujer a la que no la trastornaba su físico. Ella lo hizo con el propósito de demostrarme cómo a un chico bueno puede echarlo a perder una o más mujeres porque sea guapo. Yo estoy de acuerdo con ella en que esto más o menos le esté ocurriendo a Ramonín, porque él sabe que es guapo y se cree merecedor de todas las conquistas. Yo no sé por qué diablos seré así, que después de hacerme ver eso y otras cosas, consigue desencantarme de él y sentirme estúpida por haberme hecho alguna ilusión. Pero no es que sea mono lo que me atrae de él solamente, hemos compartido la casa, la familia, los juegos, las risas, bailar, pasear... ¿cómo no lo voy a querer?, si a veces lo he visto hasta como un hermano.

A propósito, esta noche él salió en la *movilette* con su gabardina nueva todo emperifollado, pero sin decir a dónde iba. Nosotras fuimos al cine, pero estas son las santas horas que no ha llegado y me preocupa y me inquieta. ¡Que maravilloso es sentirse querida y poder corresponder a la vez! Me cepillé el pelo con esmero. A ver cuándo me crece el pelo nuevo y puedo llevarlo sin motonetas. Anhelo que abra la puerta y me diga: «Buenas noches, primina». Sin embargo, ya no es el mismo de antes conmigo, sentimos como que cada vez, algo nos separa más, y soy tan idiota que no me atrevo a tocarle el tema, ninguno de los dos somos sinceros y esto puede que haga que nos alejemos más.

Creo que estoy decidida a marcharme al cole cuando él se vaya al suyo, a ver si allí logro tranquilizarme. Cuando él se vaya, que será para no volvernos a ver, no podre resistir continuar aquí, sin que me parezca que se me cae el techo encima ¿Por qué me reprocho las ganas de coquetear con él?

Anoche no bajó a Luarca, es verdad que llovía, pero creo que prefirió quedarse conmigo en el plantel. Él estaba enfadado con su hermana y yo venga a escucharle y aconsejarle, pero sin tocar nuestro tema. Ni siquiera bailamos, porque ya de por sí teníamos puestos ojos y oídos indiscretos en nuestra conversación. Entonces nos movimos a ver la tele, un programa de Rafael. En algunas canciones, al parecer estábamos pensando lo mismo, pues me miraba y preguntaba, ¿te gusta? Yo apenas le contestaba, pero ahí comenzó a preguntar sobre mis relaciones pasadas y lo sucedido entre Dávila y Raúl que posiblemente Mary ya le había contado, pues me hizo un comentario y hasta me llamó vanidosa. Como me sentí ofendida, le contesté que si pensaba eso de mí era porque no me conocía lo suficiente.

Después de pedirme perdón me dijo que le había escrito a Cary contándole cosas nuestras y que esperaba la opinión de nuestra prima en común. Menos mal que Isabel y Eduardo pasaron a buscarnos y nos fuimos a casa de Isabel. De regreso a casa llovía bastante y para taparme con el paraguas, me pasó el brazo por los hombros. Yo me hubiera quedado así caminando lejos, lejos, y hablar de cualquier tema que no nos complicara y sentir su beso en la cara o en la mano y yo corresponderle. Sin embargo, trate de refugiarme en mi frialdad para ahuyentar cualquier pensamiento fuera de lugar.

En casa nos esperaba Mary, no puedo olvidar el compromiso que hice de cambiar mi actitud de coqueta y cariñosa. Es muy difícil, soy una falsa, porque ahora quisiera que, si de verdad siente algo por mí, que no sea solo novedad, si eso es posible me lo diga, pues ya faltan pocos días para dejarnos de ver para siempre.

Claro que yo hubiera querido entrar a la *boîte* cuando Mary nos atrapó y bailar en esa intimidad y demostrar nuestros sentimientos sin que nadie nos reprochara. ¿Cuándo podré amar sin miedo de que estoy haciendo algo incorrecto en el presente y que me puede complicar el futuro? Anoche recordé mucho a mi gente. Cuando marche de aquí tendré más que recordar y añorar. Son casi la 1:00 am y ese niño majadero no acaba de llegar.

Martes. Enero 7

Ya mi primín se marchó y ha dejado mi cabeza y mi espíritu con mil sensaciones. Todo se ha resumido en que ninguno de los dos fuéramos completamente sinceros y habláramos con claridad. Yo quisiera ser de una forma con él y me sigo expresando de forma contraria.

Para el domingo, Marina me había terminado una falda a cuadros preciosa cocida a mano por el modelo de una de Mary. También consiguieron un *jersey* cuello de tortuga blanco igual que el de Ramonín que era posiblemente de Mary. Me estrené la combinación muy contenta para ir a la pista, con los lacitos rojos en las motonetas y las medias rojas. Cuando terminamos de vestirnos, Ramonín apareció luciendo tan de parecidos en la ropa que yo no pude disimular la sorpresa y admiración. Éramos como un sueño.

Cuando entramos a la pista los cuatro todos nos miraban. Él ya estaba disgustado no sé por qué, se puso peor porque Mary no nos quitaba el ojo de encima. Yo quería que estuviéramos cerca, pero dadas las circunstancias, bailé con otros chicos para distraerme pensando que este sería mi último baile en la pista.

Lo que compensó fue que Mary salió con José Ramón y nos quedamos libres los dos. ¿Qué sentía yo, Dios mío? Una pena inmensa que esta sería la última vez que bailaríamos juntos. Nos lo dijimos, y esto bastó para acercarnos más, para yo no poder rechazar su forma tan tierna y apasionada a la vez de apretar mi cintura, tener que hacer un esfuerzo máximo de separar mi mejilla de la suya. Jamás olvidaré que la última canción fue «Cuéntame» de los Formula V, al terminar bajo su mano aguantando la mía en una caricia. Mientras yo hubiera deseado con toda mi alma dejarle hacer y corresponderle, recordé que no podía ser, que nos estaban mirando, que no estaba bien, que no era posible, mi mano quedó rígida y me separé. De camino a la mesa a buscar los abrigos para marchar, sentí sus manos en mis hombros como una caricia y a la vez un gesto de protección, que me hizo creer que yo era suya y en mi fantasía, lo fui.

Ya al llegar a casa, me encerré en el baño maldiciendo el hecho de ser mujer, débil y dejarme provocar esta debilidad. Sentí una furia terrible conmigo misma y sentí que lo odiaba a él una y otra vez. Para colmo, José Ramón tampoco vino con nosotras y Mary se acostó al mismo tiempo que yo. Cuando Ramonín llegó, lo sentí comiendo en la cocina tuve unas ganas bárbaras de bajar y arañarlo, y decirle que era un malvado por despertar estas cosas en mí que no podían ser ni podía controlar. Pero en realidad si hubiera bajado, ¿me hubiera portado así?, eso habría que verlo. Su prima se hubiera seguido aguantando tantas emociones y demostraciones de agresividad o cariño, porque es una tonta embrujada. Cuando lo sentí subir, lo besé con la imaginación y me dormí.

La víspera de Reyes tuve cartas de mima, Mirta que abrí de noche tarde. También Marta, del cole, que me informaba que el día 26 tenía que estar en Madrid para las gestiones para viajar más o menos el Día de los Enamorados.

Mi reacción fue aparentar tranquilidad, aunque por dentro se me estrujara el corazón y temblara como una hoja. Esperé a que subieran Mary y Ramonín que se habían quedado en la cocina y le comuniqué a Mary primero, y después a él. Me salió así, sin emoción. El pareció extrañarse primero y luego se retiró tranquilo. ¿Qué pensaría en esos momentos? Mary, antes de acostarse me entregó un libro de Evangelios con una dedicatoria tan emotiva que me hizo llorar, pero más que nada lloraba tratando de desahogar tanta emoción y pena.

El Día de Reyes recibí muchos regalos, incluyendo el disquito de Víctor Manuel con La Romería y Paxarinos igual al que tocan en el plantel, puro asturiano. La tarjeta, en nombre de la cooperativa firmada por el presidente, dice algo como para no olvidar: «Señorita Nidia: Cuando estés al otro lado del mar, mira con tus bellos ojos este hórreo chiquitín, y contempla la cantidad de cariño que hay dentro. Si lo haces, así te sentirás contenta al mirar la simpatía que dejaste en Setienes. Con todo cariño, José Bueno».

Pero el que más me gusto fue la dedicatoria del primin: «Hoy, Día de Reyes, intento imitar a Melchor, pero no puedo de otra forma más que a lo material. Quisiera tener libertad para ofrecerte regalos más delicados. Un Melchor que se aleja, por causas circunstanciales, de una niña a la que no puede ofrecerle nada más, aunque lo intente». Su firma. ¿No es una manera de expresarse lo más delicadamente que pueda un chico con una chica? Esto me produjo una emoción bárbara, es como para comérmelo a besos, pero nada, solamente la he leído tanto que me la sé de memoria.

El final de qué, ¿de un cuento? Será que las despedidas son el final, pues NO, solo en algunos casos. Yo tengo experiencia de ello. Hay situaciones en la vida que se llevan bajo la piel, no sé si el tiempo logre hacerla salir, pero para dónde. ¿Para el corazón? Igual siguen adentro, de debajo de la piel al corazón y de ahí a todas partes del cuerpo.

La despedida más difícil en España

La despedida con mi primín fue algo maravilloso, nunca la olvidaré, bueno no creo que olvidaré nada, eso es lo difícil... Él me dejó para última, como siempre, y por primera vez, me besó casi en los labios, yo miré sus ojos empañados y tristes, como diciéndome cuánto lo sentía. Sentir su primer beso de esa forma, me llegó al alma, y tuve que hacer un máximo esfuerzo para que no se me notara la emoción, porque sentía los ojos de Mary clavados en nosotros. Devolví el beso calladita y rápida. No sé cómo podía aguantar las ganas de abrazarlo fuerte, que no me soltara, besarlo mucho y decirle que no se fuera que yo no iba a poder seguir sin él. Pero ya todo terminó. Me queda marchar y llevar conmigo otra despedida que se siente en todas partes del cuerpo.

Viernes. Enero 9

Tengo necesidad de escribir, pero no sé ni de qué. Acabo de cerrar una carta para Cuba. Mary no para con los sermones y recordarme que las chicas como yo, hacen daño en sus relaciones. Yo creo que ella tiene un problema con llamar la atención a los demás. Yo en Cuba me consideraba flaca y fea, que si era prieta, que si el pelo muy lacio, que si los dientes grandes, y resulta que ahora porque me ven lo contrario hago sufrir a los chicos. Que si soy la novedad, que si soy coqueta. Yo debería saber defenderme mejor, pero no estoy en situación para eso. Y con todos los problemas que uno crea o se crea, la verdad mejor es no nacer.

Domingo. Enero 11

Hubiera querido que la última vez en la pista fuera cuando estuve con mi primín, pero «donde manda capitán...». Y el capitán es Mary. De todas formas, le recordé y eché de menos muchísimo. Cómo no, si Rosa María, la amiga de Carmencita, que nos tenemos tanto cariño, me contó que le había dicho todo lo relacionado conmigo, pero que era un problema que yo le gustara tanto viviendo en la misma casa. Cuando le dije que él a mí no me había dicho nada serio, se dio cuenta de que había metido el pie. Resulta que lo nuestro ha tenido más importancia de la que yo me he creído. Todo el mundo sabe algo sobre nuestra relación, que no fue de primos, y yo disimulando y tratando de evitarlo.

Trate de hablar con Carmencita, pero no sabía cómo empezar, ella comprensiva me dijo que no me preocupara y lo diera por dicho. Pero era importante que habláramos, y como esta semana viene a despedirme, trataremos de hallar una ocasión para hablar de esto que me tiene de lo más intrigada, pues no pensé que nuestro primo le hubiera dado tanta importancia, ni que confiara en ella sobre ese tema.

Ahora sí que siento como si algún día tuviera que volver aquí. Es más, creo que mis sueños, para cuando pueda disponer de dinero, sería venir de vacaciones con mima o si ella no está, si la familia de Tita y Pipo Narciso estuvieran en España los visitaría. Bueno, yo que me había propuesto no soñar, no paro de hacerlo.

Si yo fuera al cielo y no encontrara rastro tuyo entre la gente que allí viviera, pecaría y pecaría para poder ir a buscarte en otro lugar cualquiera.

Miércoles. Enero 14

Se va acercando mi viaje y, con ello, mi despedida de aquí que me pone nerviosa y angustiada. Ya tengo fecha para el día 16 de enero, en el Alza. Gracias a todo lo ocurrido en este lugar de Asturias, se me hace angustioso por tener que marchar hacia lo desconocido, otra vez dejando lo que se quiere, me llevo esta experiencia inolvidable, que ya el tiempo confirmará.

Parece que hubiera vivido muchos años en Setienes, y comprenda que es allí donde mejor estaba y me arrancaran de golpe también. Pienso mucho en la despedida, los regalos, las demostraciones de cariño. Las visitas, casi diarias, de Gil, terminaron en que me construyera un barquito de madera hecho con cuchillo y cordel. En la pista me pidió que le escribiera, que él me contestaría, porque chicas como yo, ya no habían».

Carmencita vino a despedirse, pero no pudimos hablar. Quizás sea mejor así, es que Mary no nos dejaba a solas ni un momento.

COMITE INTERGUBERNAMENTAL PARA LAS MIGRACIONES EUROPEAS
(C.I.M.E.)
Montalbán, nº 5 - Madrid
Tlf. 232.61.20

C. I. M. E.

Nº __127__

INSTRUCCIONES PARA EL VIAJE A NUEVA YORK

VIERNES 13 DE FEBRERO DE 1.970

1º.- SALIDA DEL AEROPUERTO

A las 08:00 de la mañana deberán estar en el terminal de IBERIA (bajos del Hotel Palace) Plaza de Neptuno, con todo el equipaje, incluso el de mano, dispuestos para salir de viaje.

Para subir a los autobuses de IBERIA deberán presentar esta hoja donde se indica el número de los pasajeros.

2º.- FACTURACION

Al presentarse al empleado de la Compañía, en el aeropuerto, para la facturación del equipaje, deberán indicar el número o los números que se consignan en esta hoja.

OBSERVACIONES

-.- El visado, la documentación necesaria para salir de España y para entrar en los Estados Unidos y el pasaje, les será entregado a cada pasajero en el aeropuerto inmediatamente después de la facturación del equipaje.

-.- Si algún pasajero lleva botellas (sólo está autorizado 1 por persona mayor de 21 años) se aconseja que las metan en las maletas, entre la ropa, para que no se rompan.

-.- Cada pasajero puede llevar 30 kilos de equipaje y 400 cigarrillos de marcas que no sean cubanas.

-.- La salida del avión está prevista para las 11:00 (hora de Madrid).

-.- La llegada a Nueva York está prevista para las 14:00 (hora de Nueva York) al aeropuerto Kennedy.

-.- La Compañía Aérea es WORLD AIRWAYS.

INSTRUCCIONES PARA EL VIAJE

Madrid, 6 de febrero de 1.970

ADIÓS A LA CASA PARIENTE, A SETIENES, A LUARCA

Domingo. Enero 18

El viernes día del viaje para Valladolid, recorrí toda la casa a solas, le iba agradeciendo a cada habitación por tenerme aquí, y pidiéndoles que no me olvidaran; incluso fui al establo a despedirme de las vacas.

Me acompañaron muchas personas a Luarca, a la estación del Alza. Esta vez no necesité que me acompañaran en este mi último viaje. Suficientes molestias he dado y no podía o no quería estar a solas con Mary por última vez. Al llegar a Oviedo tomé un taxi para la estación de trenes. Parece, que me hubieran dado cuerda para realizar este viaje como autómata sin preocuparme ni sentir nada.

Despedida del cole

Llegué al cole y para sorpresa mía encontré que casi todas las cubanas se habían marchado a Madrid. No sé si sería el encontrarme tan sola, pensar tanto en los últimos días en Setienes y echarle tanto de menos, que cuando llegué me entregaron una postal tan cariñosa de Mary que la leí en la primera aula que encontré vacía.

Mientras hacía esfuerzos por contener las lágrimas llegó la madre Superiora a saludarme, yo en cambio solo pude correr a sus brazos y llorar con tremendos sollozos. Ella trató de calmarme, dándome palmaditas en la espalda hasta que dijo que sabía que algo estaba pasando por Asturias, que iba a estropear mi viaje a EE. UU. Esto me puso peor, pero apenas sin poder hablar, le dije: «No debía haber vuelto». Pero en silencio me pregunté: ¿A dónde, a Asturias o al colegio? No sé si ella entendió mis palabras, yo no.

Me fui a la camarilla, dejé mis cosas, corrí a la capilla, pero no conseguía parar de sollozar. Recé con desesperación, pero cada vez me ahogaba más. Las lágrimas fluían unas detrás de otras, como si nunca me fuera a consolar, como si tuviera que pasarme el resto de mi vida llorando de esa manera tan constante y necesaria. De regreso a mi camarrilla traté de distraerme con una u otra cosa, todo inútil. Le contesté a Mary en ese estado, pero esto no sirvió de nada para consolarme. Tardé mucho en dormirme, pues al parecer el llanto me ahogaba.

Aún hoy me siento desesperada, que no sé cómo voy a pasar los días que me faltan hasta el sábado que me marcho para Madrid a tramitar mi viaje. Escribí a Casa Pariente agradeciéndoles por mi estadía y tratando de expresar mi cariño y a mi casa llorando. No recuerdo haberme sentido nunca así de nerviosa y cansada de todo. Trato de enfrascarme en leer, hasta novelitas tontas, pensar en los demás, en los que están peor que yo, pero no consigo consolarme. Si Dios me escuchara y me diera fuerzas, valor, serenidad, fe en que este estado de ánimo va a cambiar, es tanto lo que lo necesito que no sé si en vez de ayudarme, se enfade conmigo y todo me salga peor. ¿Por qué ahora casi al final es que me siento tan desolada y falta de fuerzas? No soy la misma que al principio, que sin esperanza de marchar pronto me sentía más adaptada y conforme. No quisiera que llegue la noche y tener que acostarme a pensar en la despedida de Setienes, en los vecinos, en las demostraciones de cariño, los regalos, el maldito «Adiós».

Lunes. Enero 19

Nada tiene sentido, y esto me obsesiona y desespera. Necesito escribir ahora, ¡cuánto lo necesito! Aunque en vez de desahogo, quizás logre una mayor desesperación por lo que siento. No sé qué hacer con este desequilibrio moral. Además, no tengo apetito y cuando me obligo a comer, la comida no me pasa. Quizás al llegar a casa de madrina consiga recuperarme.

Es como si temiera algo a cada momento, que hasta creo llegar a volverme loca. Me oprime el corazón está soledad y desasosiego, como si hubiera vivido muchos años en Setienes y comprendiera que es allí donde tengo que estar y me arrancaran de repente. Siento una nostalgia terrible al pensar que ya no volveré. ¿Para que conocí la familia de Cary? ¿Para que insistir en las despedidas?

Viernes. Enero 23

Hoy esperé al cartero en la portería con ansias, pues es mi último día en el colegio. Por suerte recibí una carta de madrina con el *affidavit* y un cheque. También me escribía la noticia de la muerte de abuela y que por la fecha me di cuenta de que coincidió con mi marcha de Setienes.

    Lo escribo y me parece mentira la muerte de mi abuela. Ya era de esperarse porque estaba viejita y enferma, pero es difícil aceptar que un ser tan querido como ella esté ahí, solita, bajo tierra deshaciéndose y desapareciendo para siempre. Siento que a una persona tan buena con todos no le di la atención que merecía. Pero es un consuelo que viviera muchos años, criara nueve hijos más una hijastra y fuera una mujer valiente. Siempre la recordaré con cariño y admiración. Además, me consuela pensar que haya tantas personas jóvenes que se van del mundo, dejando seres que las necesitan.

De Madrid a Nueva York

Domingo. Enero 25

La despedida del cole fue emotiva, las monjas deseándome lo mejor. Me regalaron un cuadro del corazón de Jesús, como recuerdo, mas a pesar de que son muchos los que llevo en mi corazón. Ayer llegué a Madrid, pero no al convento, sino a una residencia católica recién construida. Está muy mona, se divide en varios dormitorios para cuatro estudiantes cada uno con dos literas. De la estación de tren tomé un taxi, pero como este lugar está apartado de la ciudad y es un barrio nuevo, el taxista se perdió y me asusté mucho, menos mal que era de día.

He adelgazado bastante, pero hoy empecé a comer mejor, es que aquí la comida es más apetitosa, además que mi estómago extraña la comida de Asturias. Me sigue el dolor en el pecho y pasado mañana toca hacernos la placa de los pulmones que se requiere para obtener la visa americana.

Mi compañera de cuarto es una cubana recién llegada, que ya hoy llegó a la residencia con olor a bebida. Dice que, para ahogar las penas, hay que beber. Se llama Ana Rosa, como mi prima y amiga. La verdad que me avergüenza esta clase de gente, porque además no es femenina; menos mal que toca la guitarra y esto nos distrae. Ella cuenta que se inspira porque extraña el novio que dejó en Cuba ¿será novio o novia?

Martes. Enero 27

Hemos estado muy ocupadas con las gestiones para el viaje. Hoy nos hicieron la placa, pero este lugar es tan desconocido que es difícil conseguir un taxi para salir y para regresar, el taxista siempre se pierde y da un montón de vueltas, casi llegamos tarde, suerte que cuando decimos de dónde venimos y mencionamos a las monjas nos dan buen trato.

En el barullo de la ciudad, echo mucho de menos la paz de Setienes, pero me sigo diciendo que eso ha quedado atrás y tengo que vivir el presente y mirar hacia el futuro, aunque no esté preparada. No puedo perder las esperanzas de regresar a Cuba, esto me mantiene, aunque me sienta que he cambiado y que rechazaría el ambiente y la situación de allá que, según tengo entendido, cada vez está peor, pero por volver con los míos sería capaz de cualquier cosa.

Domingo. Febrero 1

Quién diría que ayer, por no quedarme sola y triste fui con un grupo de compañeras a una sala de fiestas, a celebrar nuestros últimos días en España, Necesitaba salir, aturdirme o tratar de conseguirlo porque al parecer el viaje sería para el día 12 de febrero. Beatriz vino. También vinieron una pareja de cubanos y la tal Ana Rosa. Casualmente, Julia está en la residencia para despedir a las cubanas y se unió al grupo. Ahora se ve triste cuando dice que nos va a extrañar, o va a descansar del alboroto de las cubanas para poder estudiar.

No imaginaba un sitio tan bonito y la música fenomenal, y lo mejor fue que cantó Julio Iglesias. Me sentí intimidada y me quedé al lado de Julia, mirando el espectáculo. Me encanta Julio Iglesias, pero cada canción era como un martirio que me hacía querer tener a mi primín a mi lado.

Cuando llegué a la residencia, me dice una monja que tenía dos cartas de un chico. Subí las escaleras como loca, y en efecto, el remitente del sobre decía Ramón. Con tremenda emoción las abrí, pero a medida que iba leyendo más espanto y sufrimiento me provocaban. Se expresa así, tal y como es él, confesándome lo mucho que me quiere, me dice cosas como para llenarme de ilusión, por un lado, y desgarrarme el corazón por otro, ante la imposibilidad de corresponderle. Yo pensando que era un chico acomplejado por su situación de campesino, sensible a las novedades, pero que pronto se le pasaría este capricho con su prima cubana y resulta que su sensibilidad encaja con la mía, aunque nunca se lo haya demostrado.

Me sorprendió cómo expresó su sentimiento por la muerte de abuela que para eso estaba dirigida una de las cartas. Me imagino se habrá enterado por Mary. Mientras yo me angustiaba por todo lo pasado y por venir en mi vida que hasta físicamente me sentía mal, y él apenado por mí. Hasta me pide que lo llame, que quizás podamos vernos antes de marchar. Estoy tan nerviosa y angustiada que no sé qué pensar, ni qué decidir.

En la otra carta se llena de valor para escribirme cuánto me quiere, y lo difícil que es manejarse con los estudios en esa situación.

Miércoles. Febrero 4

Mientras mi corazón está apretado y me sigue el dolor en el pecho, hemos tenido días de jaleo, con las despedidas, hasta de las monjas y tal. Pero cuando regresaba de la despedida en la pensión donde vive Santa a la residencia, sola con la tal Ana Rosa, el taxista se extravió por no hacernos caso sobre la dirección. Yo estaba muerta de miedo en esa oscuridad, y más que se sospechaba que la Ana Rosa es invertida. Ya en la pensión media borracha me había dicho mientras tocaba la guitarra que me iba a extrañar. Para colmo en el taxi me pasa el brazo por los hombros y trata de consolarme como si fuera un hombre protector. Así me dio más miedo todavía, entonces un angelito me aconsejó que rezáramos para que el taxista encontrara pronto el camino.

Cuando por fin llegamos a la residencia, le traté de explicar a la monja tartamudeando la razón por la que yo no quería compartir la habitación con Ana Rosa empezando por que ella quiere tocar la guitarra tarde, que, si yo me desvelaba, que no me sentía bien, etc. Hasta que la monjita comprendió la verdad sin tener que decirla.

A todas estas, Elvira conoció a un señor cubano que se retiró temporariamente de sus estudios teológicos para encontrarse a sí mismo. Una noche me invitaron a dar un paseo por Madrid en coche porque ella quería que la acompañara y mi opinión de que le parecía. Ella tiene un amigo que la espera en Nueva York, parece que todavía está casado. La pasamos bien porque ella es encantadora y el muy educado y agradable. Cuando nos quedamos solas, le dije que no dejara que él volviera a la teología, antes de que se diera cuenta de que uno nunca se encuentra así mismo. Que hacían una pareja muy bonita, que se notaba un caballero y que me había caído muy bien. Se rió mucho con mi opinión, le brillaban los ojos.

Sábado. Febrero 7

Ya ni sé cómo me siento, podría estar agotada de tantas emociones. Recibí más de una carta de Mary, diciéndome que sabe que Ramonín me iba a escribir expresando sus sentimientos por mí, pero ella me ruega que como prueba de agradecimiento y cariño, que pude haber sentido por su familia, que le responda que está equivocado si creyó que yo lo quería de otro modo que como un hermano o un verdadero primo. Que si mis demostraciones hacia él lo habían ilusionado me perdonara, pues no fue con esa intención. Que no le haga caso si me pide verle o hablarle por teléfono, que ya a él se le pasará pronto porque es muy joven. Que me acuerde de todo lo que hablábamos ella y yo sobre la novedad, pues de otra manera algo entre nosotros sería un absurdo. Parece que Mary nos estuviera mirando de lejos. ¿Vería también cómo son mis noches debatiéndome en mil pensamientos de amor, soledad, culpa, nostalgias, etc.? Pues consiguió lo que siempre intentó: «Hacerme sentir: culpable». Además de no ser sincera a cambio de quedar bien con la familia o con ella. Con él pude expresarme por carta, pero no lo que sentí y siento, sino lo que me pidió su hermana en secreto. En mi carta me acusé de coqueta e inconsciente. Aunque pensándolo bien, las hay peores, y no han tenido que contenerse de dar rienda a sus sentimientos viviendo en la misma casa y admirándole por actuar sin llegar a mayores. Pero él se debería haber puesto en mi lugar y hablar claro de una vez, pero ambos tuvimos miedo. No lo podré ver ni hablar por teléfono, porque voy a flaquear, qué desilusión para él y qué angustia para los dos.

Te amo con un amor sin nombre, sin explicación, como un rio
que no puede explicar su curso, solo seguir adelante.
No importa el tiempo, ni la distancia,
si es voluntad de Dios, sucederá.

Jueves. Febrero 12

Son las 6:00 a.m. Beatriz y yo viajamos Estados Unidos a las 11:00 a.m. Ella sigue para Miami pues es su destino. Hubiera escrito anoche, pero la monjita no me dejó. Ya todo está listo. Ni yo misma puedo creer que en unas horas estaré con madrina y las niñas. He tenido la mente en blanco de tan ocupada que la debía tener. Días de ajetreo, que no sabía cómo arreglármelas para escribir. Tuve mucha indecisión para escoger la ropa del viaje, después de visitar diferentes tiendas lo logré. Decidí vestirme de los colores de la bandera cubana que son los mismos que la americana: pantalón azul marino, *jersey* blanco de cuello de tortuga, y chaqueta tejida roja y una bufanda que tiene los tres colores. Ya el abrigo no gusta tanto, pero es el que tengo y hay que llevarlo, pues allá es mucho más frío.

Bueno, es hora de despedirme de España. No sé qué decirte España querida, quizás que has significado una parte importantísima y conflictiva de mi vida, pero de gran experiencia y madurez como cuento en mi diario. Te agradezco el habernos acogido, ayudado y comprendido. A pesar de mis quejas y llantos, me marcho con mucha pena ¡Adiós! o ¡Hasta siempre!

Mi madre siempre mencionaba una frase de Jose Marti: «El sol tiene manchas, los desagradecidos ven las manchas, los agradecidos, ven la luz».

EPÍLOGO

Después de mi primera despedida de España, mi vida en New York transcurrió como era de esperar. Viví con mi tía y primas por seis años hasta que me casé. Al llegar, tomé la habitación de mi padrino, debido a que él aprovechó para mudarse a otro lugar. Él estuvo muchos años casado, no obstante, su matrimonio hubo de fracasar.

Mi primera experiencia fue comenzar a trabajar en su factoría, yendo y viniendo en subway (metro) con largas caminatas y mucho, mucho frío. Llegaba a casa y cenaba rápido para enseguida ir a tomar un ómnibus hasta la *high school*. Durante las clases lloraba disimuladamente. Al regreso, esperaba el ómnibus en una esquina oscura y helada. Ahí se me congelaban las lágrimas porque era el mes de febrero.

Un fin de semana conocí a Angelita, la sobrina de la señora Lourdes, que se había mudado a media cuadra de la casa donde fueron vecinos de mi madrina. Tanto ella como su familia fueron encantadoras. Angelita trabajaba en un banco en Wall Street y el fin de semana se quedaba en su casa esperando por el novio, quien se había quedado en Cuba cumpliendo el Servicio Militar Obligatorio.

Un par de semanas más tarde, Angelita me propuso ir a trabajar a un banco en el que ella también había trabajado antes, y que quedaba cerca del suyo, así podíamos ir y venir juntas. Con cara de asombro, empecé a ponerle peros por mi falta de experiencia, hasta que me convenció de ir a una entrevista. Ese fue un día terrible para mí, pues yo creía que sabía inglés, pero, en realidad, no entendía nada. Y no había traductora, ni para informarme que estaba aceptada.

Desde ese día, mi vida cambió. Entré al departamento internacional. Un chico americano, que hablaba demasiado rápido, me enseñó cómo reemplazarlo. Así y todo, cuando sonaba mi línea de teléfono, yo esperaba en vano por si alguien más lo contestaba. Conocí chicas cubanas y otras latinas a la hora del *lunch*. Mientras tanto, en el mismo banco tomé clases de inglés para perfeccionar lo que sabía. Dejé el *high school* y me matriculé en la escuela que me había dado la visa I-20. Después de un año fui trasladada a una sección de 11 empleados y tras otro año más me convertí en la asistenta de mi supervisora. Esta promoción provoco envidia y maltrato por parte de empleadas de color, que habían empezado antes que yo gracias a la Ley de Derechos Civiles. Un sábado, que había ido a trabajar extra, tuve una discusión con el asistente del jefe del departamento, quien era de Jamaica y se creía Sídney Poitier, y me fui.

El lunes, cuando me llamó a su oficina el jefe principal, me imaginé que estaría despedida. El solo me pidió que le explicara la razón por la cual había abandonado mi trabajo el sábado. Me quedé esperando su comentario. Cuál no sería mi sorpresa, cuando me contestó que había pensado en mí para un puesto de supervisora. De inmediato le dije que no estaba capacitada para ese trabajo, entonces me preguntó que quién yo creía que había estado haciendo ese trabajo, si no era yo misma.

Mi vida transcurría con mucha nostalgia por Cuba y por España, pero también siempre me ocupada mucho con los estudios, con el trabajo, con la nueva familia y las amistades, y no dejaba de tener más cosas que hacer.

Cierre del puente aéreo – abril de 1973

En la década de los años setenta, empieza a crecer en Estados Unidos una reacción a los inmigrantes, dentro de una compleja situación política nacional e internacional, marcada por el aumento de incertidumbre económica en esa nación. Estas condiciones provocaron que el presidente Richard Nixon cerrara el puente aéreo con Cuba. Debido a esta decisión, se llevó hacia atrás el acuerdo migratorio establecido desde 1965 entre los dos países, el cual obligaba a miles de cubanos, que habían aplicado para la salida del país, a quedarse en Cuba.

Consecuentemente, se reduce la válvula de escape para el Gobierno cubano, y ocasiona el aumento de la ansiedad y la frustración por parte de todos aquellos que pretendían emigrar, y dejar de sentir la represión por parte del sistema. Pero los deseos de buscar la libertad fuera de su país no cesan, y entonces se incrementan las salidas por terceros países, así como por vías ilegales, especialmente, en las típicas balsas que se lanzaban a cruzar el estrecho de la Florida.

Ley de reunificación familiar - 1979

Con la llegada de Jimmy Carter, como presidente de paz de Estados Unidos, se suavizan las relaciones con Cuba. En los días 21 y 22 de noviembre de 1978, representantes de la comunidad cubana en el exterior y representantes del régimen cubano logran un diálogo, con la finalidad de un nuevo enfoque en su política de relación y unificación familiar.

La agenda de la reunión incluía discutir la pena de castigo tan larga de los presos políticos cubanos y su situación. La reunificación familiar por medio de la posibilidad de que cubanos residentes en el exterior visitaran sus familiares en Cuba; y que residentes en Cuba con familiares de vínculo directo en el exterior obtuvieran el permiso de salida permanente.

La comunidad

A este reencuentro en Cuba de familiares residentes en el exterior se le llamó «la Comunidad». A partir de enero de 1979, la Comunidad empezó a viajar a Cuba en grupos controlados, y asimismo por un tercer país. Las emociones encontradas de ambas partes fueron positivas; de gran ayuda sentimental por la nostalgia vivida por parte de los que visitaban; además de la ayuda económica y material a los familiares y amigos que habían dejado. El impacto psicológico y sentimental fue grande para los que se quedaron, por el reconocimiento de que se puede vivir mejor en otro lugar, aunque no sea tu país de origen. El concepto anterior a la decisión de los que dejaron su país se les llamaba «pasar a mejor vida», porque lo dejaban todo en un viaje sin regreso. Esta vez, el concepto había cambiado: «Al parecer les valió la pena».

Con mis padres y mi hija en Cuba. Parque frente a la casa

Con mi madre, mi hija y una prima en la playa de Varadero

Había llegado el momento de mi regreso a Cuba. Tan pronto pude viaje con mi niña de un año y medio, y al llegar, la emoción por parte de los familiares y amigos fue inmensa. Todo estaba prácticamente igual a cómo lo dejé, pero yo había cambiado, aunque el amor estaba intacto. Cuando regresé al aeropuerto John F. Kennedy de New York, di gracias a Dios y a este país por estar en casa.

Mi nostalgia por Cuba fue disminuyendo y un día escuché que cubanos habían asaltado la embajada del Perú, en la Habana, y se iban asilando miles de personas. Me enteré de que entre ellos estaba mi hermano y su esposa. Fueron horas de desasosiego hasta que logré viajar con mi madrina a Miami. Allí, nos encontramos con su sobrino que viajó de Puerto Rico y partimos para Cayo Hueso. Finalmente conseguimos un camaronero llamado *Metamorfosis* que nos llevaría a Cuba. Éramos 11 hombres y cuatro mujeres. Yo dejaba a mi niña, mi esposo y mi trabajo de 11 años, sin saber lo que me esperaba.

En la Habana, nos quedamos casi todos los pasajeros en un hotel, mientras hacíamos las respectivas reclamaciones de familiares. Al menos, nos pudimos bañar, comer y contactar a la familia por teléfono, después de 14 horas de travesía. Del barco al hotel, nos trasladaba una lancha ida y vuelta.

Luego, los militares nos informaron la cantidad de familiares que nos tocaban, de acuerdo con cuánta escoria ellos habían asignado que nos teníamos que llevar para Estados Unidos. Entre estos, iban presos políticos y comunes, pacientes de sanatorios mentales y homosexuales.

A mis padres los fueron a recoger sin aviso, y una vez fuera, sellaron la casa y el carro. Más tarde, recogieron a la suegra de mi hermano. A ellos no les hicieron actos de repudio, porque eran muy queridos en el barrio. De ahí los llevaron a la playa El Mosquito, en el Mariel, donde el régimen había construido carpas para quedarse, hasta que los barcos o lanchas los recogiera.

Regresamos mis padres y la suegra de mi hermano, porque la esposa y él habían sido enviados en un camaronero aparte. El viaje de regreso fue más largo, debido al peso que traía el barco. La trayectoria fue como de 16 horas y con olas tan altas que cuando el barco bajaba parecía que no subiría más. Los familiares íbamos amontonados en la cubierta y los demás pasajeros en otros compartimentos. Llegamos a Cayo Hueso y empezamos a bajar del barco con bastante orden, ayudados por agentes del puerto de Estados Unidos. Para entretener a los otros pasajeros, les dije que en la bodega del barco había comida. Para allá bajaron, pero parece que no encontraron el abridor de latas, tuve una desagradable sorpresa al ver a uno de esos desconocidos pasajeros tratando de abrir una lata con los dientes.

Celebrando la llegada de mis padres y el Día de las Madres, New York, 1980

Todo estuvo muy organizado, pasamos la noche en un hotel y al otro día nos recogió una de mis primas, con la que viví en Nueva York, y que ahora vivía en Miami. Regresé, mientras dejaba a mis padres gestionando su estadía, junto a mi hermano y familia. Cuando me encontré con mi niña y esposo, parecía que todo había sido un sueño.

Viajé a España de visita unas cuantas veces. La primera en una excursión con mi madrina y una de mis primas. Visité el colegio y a mi familia asturiana en varias ocasiones. La última fue para reclamar a la hija de mi prima Mercedes y familia. Mi esposo actual es Raúl. Parece que nunca es tarde…

Canción

Es nuestro amor eterno, es como cielo y mar, sé que tú siempre fuiste, bondad, solo bondad. Sé que en la primavera renace la ilusión y que, este nuestro amor eterno, por siempre vivirá.
Hace tanto tiempo que te quiero, desde aquel encuentro juvenil, sé que tú has sentido, lo que siento, esta gran ternura por amor.
Y hoy que llegó el invierno, y estamos al final, sé que me iré primero, **Te Espero en la Eternidad.**

ACERCA DE LA AUTORA

Nidia Piloto

Salió sola de su país a los 17 años para emigrar a EE. UU. en la llamada «Operación Madrid». Vivió en un colegio católico y pasó días de descanso en Asturias. La estancia en España se prolongó por más de un año para llegar a Nueva York donde trabajó en un banco en Wall Street.

Por muchos años conservó el diario de su estancia en España hasta que después de superar un derrame cerebral decidió publicar esta historia que es parte de una generación de niños que abandonaron Cuba en solitarios con la esperanza de un pronto reencuentro con sus padres. A Nidia le tomó 11 años.

Otros títulos

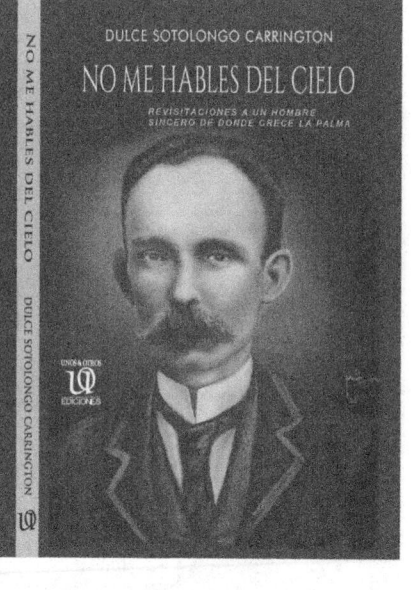

NO ME HABLES DEL CIELO

DULCE SOTOLONGO CARRINGTON

REVISITACIONES A UN HOMBRE SINCERO DE DONDE CRECE LA PALMA

No me hables del cielo es un libro hermoso que recoge muchas facetas de la vida de José Martí en forma de relatos literarios, cual piezas sueltas de un diario. Entre cartas, poemas, ensayos, se deja traslucir una vida de viaje odiseico. Todo lo que aparenta ser angustioso y *naïf* en Martí no lo es: sólo el místico, el Maestro, el grande hombre, cae en momentos de angustia cuando faltan los medios que indiquen una señal sobre la verdad. Y este libro por amor a la patria, y no ridículo a la tierra, ha ganado el pan.

Ángel Velázquez Callejas

No me hables del cielo, muestra una visión diferente sobre un Martí que renace con cada fracaso, cada logro, cada búsqueda, cada hallazgo. Es un bello libro de textos biográficos, comprendidos en relatos, fragmentos de cartas, poemas que revelan momentos, pasiones y aspectos muy íntimos y espirituales de la vida del Maestro.

Diana Fernández Fernández

La autora hace gala de una precisa documentación de la vida del que llama familiarmente José Julián, rompiendo las demarcaciones de lo biográfico, lo histórico y lo ficticio. Y así también el José Martí fosilizado en centenares de bustos por toda Cuba, rompe el yeso y adquiere por fin compleja y merecida humanidad.

Verónica Vega

BRINDIS POR VIRGILIO

RODOLFO ALPIZAR CASTILLO

UN LIBRO QUE TE ATRAPA DESDE SUS PRIMERAS LÍNEAS HASTA SU FINAL.

Una joven es seducida por un poeta alcohólico y nace una intensa relación amorosa, pero también su dependencia al alcohol que la lleva a los niveles más bajos de degradación física, psíquica, moral y espiritual.

Una historia donde convergen el erotismo, el amor de madre, el bajo mundo y las esperanzas.

«La idea de la novela surgió durante la visita a un grupo de Alcohólicos Anónimos donde conoció a una mujer que le contó la intensa relación amorosa que sostuvo con un poeta alcohólico que se suicidó, y le dejó en herencia la avidez por la bebida. A partir de esta revelación, Alpízar se interesó más por la problemática y comenzó a asistir sistemáticamente a las reuniones del grupo y a compartir experiencias hasta sentirse uno más entre ellos. «Quise rendir homenaje a esos alcohólicos que están enfermos y son conscientes de su enfermedad y se esfuerzan por salir de ella, personas que merecen todo nuestro respeto y ayuda», cuenta el autor.

DRAMATURGAS CUBANAS DEL SIGLO XIX
En *Dramaturgas cubanas del siglo XIX*, sus autores rescatan un tema poco tratado en la literatura cubana: la mujer en el género teatral. Son cinco autoras conocidas por sus aportes en la poesía, la novela y el periodismo en los finales del siglo XIX y principios del XX en Cuba, pero con escaso reconocimiento en las artes escénicas: Aurelia Castillo de González; Virginia Felicia Auber y Noya; Catalina Rodríguez de Morales; Eva Canel; Pamela Fernández de Lande.
El principal mérito de estas autoras es haber roto con el canon de lo que se consideraba la literatura femenina del momento, es decir: poesía amorosa, demasiado lírica o edulcorada. Para la mujer se reservaba el espacio privado, el hogar, la familia o bien, la vida religiosa en el encierro de un convento. Su honra constituía para ella el mayor tesoro y debía preservarlo a toda costa. Los temas filosóficos, políticos, sociales, eran reservados para el hombre. La mujer veía constreñido su intelecto. A pesar de ello, como vemos en este caso, un grupo de osadas damas escapan al estereotipo y someten a cuestionamiento la realidad cotidiana.
UNOS & OTROS EDICIONES
DRAMATURGAS CUBANAS DEL SIGLO XIX
DRAMATURGAS
CUBANAS
DEL SIGLO XIX
RAMÓN MUÑIZ SARMIENTO
ROXANA MENA FONSECA
UNOS & OTROS EDICIONES

CATÁLOGO DE LA LOCURA
LIBRO ILUSTRADO
El erotismo como actor en la mayoría de los relatos, la marginalidad, las carencias materiales y/o espirituales, divergencias políticas, el humor y la sátira, las (des)ilusiones y (des)propósitos frenados por el drama psicológico interno de los personajes, que los lleva a guiar sus historias con ritmos y perspectivas desafinados, absurdos o erráticos, componen este volumen de cuentos, donde la locura goza de su atractivo *sui generis* al desorganizar, con caprichoso juego de emociones en pugna, la funcionalidad existencial de cada protagonista. En *Catálogo de la locura* el autor, apoyándose en sus conocimientos como psicoterapeuta y escritor avezado construye, con caligrafía singular de *character driven*, un tentador y contradictorio universo que hará que los lectores, ante los cuales se exhiban estos textos, comprendan por qué la locura, siempre la locura, sigue celebrando sus naufragios, incertidumbres, la inagotable fuente del presagio.
Dulce Sotolongo Carrington
UNOS & OTROS EDICIONES
Catálogo de la locura Reynaldo Duret Sotomayor
CATÁLOGO
DE LA LOCURA
Reynaldo Duret Sotomayor

En *Los últimos días de Jaime Partagás* se relatan las extrañas circunstancias del asesinato del tabaquero catalán radicado en Cuba acontecida en 1868. A través de la crónica novelada, el autor intercala en la narración progresiva de los acontecimientos, las entrevistas a que fueron sometidos los sospechosos del atentado dirigido contra Partagás, así como elocuentes fragmentos de documentos contenidos en la auténtica investigación criminal con pasajes de la vida y del quehacer empresarial del notable comerciante de una de las marcas de tabacos más afamadas y cotizadas de Cuba. Sugestiva y dinámica narración de carácter histórico, animada por el creciente suspenso de una trama policial, dondese mezclan, de un modo sutil, los artificios de la literatura y el periodismo, para ofrecernos una fiel semblanza de Jaime Partagás, destacada figura del comercio habanero y uno de los precursores de la industria tabaquera cubana.
«Esta obra, escrita con una agilidad y dominio de la materia sorprendentes, no es, a mi entender, una novela en el estricto sentido del género, sino algo quizás más interesante. Algo que entronca con un género, o subgénero, muy de moda y muy difícil: el denominado nuevo periodismo *new journalism* o periodismo narrativo»
Félix Fojo
UNOS&OTROS
EDICIONES
Miguel Sabater Reyes
LOS ÚLTIMOS DÍAS DE
JAIME PARTAGÁS
El asesinato del tabaquero:
Una historia de éxito,
pasiones, misterio,
venganza y amor

244

Catalina Lasa
La extraña dolencia que consume a la bella cubana Catalina Lasa perturba la tranquilidad y el sueño del doctor Domínguez Roldán. Entre los últimos médicos, llamados a la cabecera de la enferma en su casa de París, acude Roldán sin dilaciones, intrigado por la rareza del padecimiento que la aqueja y por el halo de leyendas que reviste la existencia apasionante, escandalosa y trágica de esta mujer adelantada a su tiempo. Pero los desvelos y el tesón científico del galeno fracasarán en su intento por descubrir y detener el mal e impugnar el mito que atribuye a hechizos y brujería el quebranto físico y la inevitable muerte de la otrora espléndida dama. Se enfrenta entonces, tras el triste deceso, a un nuevo dilema, inesperado y no menos inquietante.
Al recrear con profusión de imágenes y apuntes descriptivos los contextos históricos, sociopolíticos y culturales de la Cuba de las luchas independentistas y de la Francia de entreguerras, los ambientes familiares, las costumbres, el hablar y el gracejo de la época, el autor logra una visión plena y fluida del escenario en que vivieron los protagonistas de esta fascinante historia, estampada por un enigma que permanece impenetrable en nuestros días.
UNOSOTROS
La misteriosa muerte de Catalina Lasa
LA MISTERIOSA MUERTE
DE CATALINA LASA
FASCINANTE HISTORIA, ESTAMPADA POR UN ENIGMA
QUE PERMANECE IMPENETRABLE EN NUESTROS DÍAS.
UNOSOTROS
FELIX FOJO

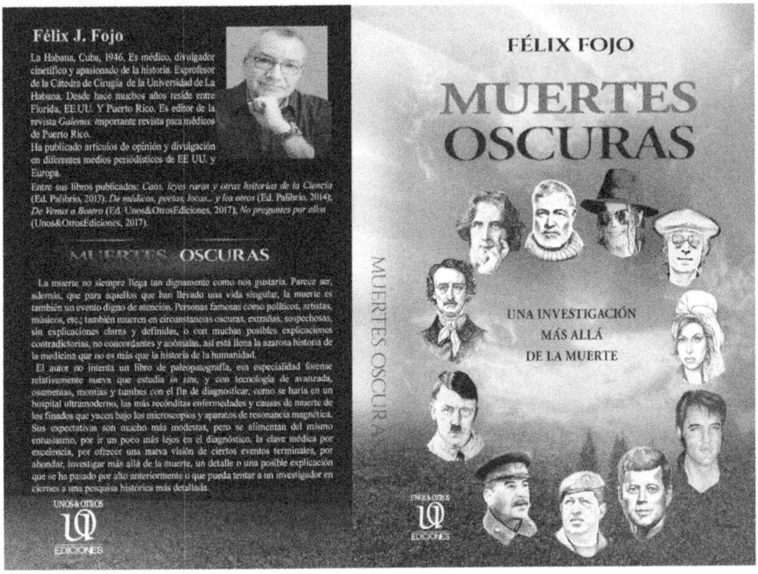
Félix J. Fojo
La Habana, Cuba, 1946. Es médico, divulgador cinetífico y apasionado de la historia. Exprofesor de la Cátedra de Cirugía de la Universidad de La Habana. Desde hace muchos años reside entre Florida, EE.UU. Y Puerto Rico. Es editor de la revista *Galenus*, importante revista para médicos de Puerto Rico.
Ha publicado artículos de opinión y divulgación en diferentes medios periodísticos de EE UU. y Europa.
Entre sus libros publicados: *Caos, leyes raras y otras historias de la Ciencia* (Ed. Palibrio, 2013); *De médicos, poetas, locos... y los otros* (Ed. Palibrio, 2014); *De Venus a Botero* (Ed. Unos&OtrosEdiciones, 2017), *No preguntes por ellos* (Unos&OtrosEdiciones, 2017).
MUERTES OSCURAS
La muerte no siempre llega tan dignamente como nos gustaría. Parece ser, además, que para aquellos que han llevado una vida singular, la muerte es también un evento digno de atención. Personas famosas como políticos, artistas, músicos, etc.; también mueren en circunstancias oscuras, extrañas, sospechosas, sin explicaciones claras y definidas, o con muchas posibles explicaciones contradictorias, no concordantes y anómalas, así está llena la azarosa historia de la medicina que no es más que la historia de la humanidad.
El autor no intenta un libro de paleopatografía, esa especialidad forense relativamente nueva que estudia *in situ*, y con tecnología de avanzada, osamentas, momias y tumbas con el fin de diagnosticar, como se haría en un hospital ultramoderno, las más recónditas enfermedades y causas de muerte de los finados que yacen bajo los microscopios y aparatos de resonancia magnética. Sus expectativas son mucho más modestas, pero se alimentan del mismo entusiasmo, por ir un poco más lejos en el diagnóstico, la clave médica por excelencia, por ofrecer una nueva visión de ciertos eventos terminales, por ahondar, investigar más allá de la muerte, un detalle o una posible explicación que se ha pasado por alto anteriormente o que pueda tentar a un investigador en ciernes a una pesquisa histórica más detallada.
UNOS&OTROS EDICIONES
MUERTES OSCURAS
UNOS&OTROS EDICIONES
FÉLIX FOJO
MUERTES OSCURAS
UNA INVESTIGACIÓN MÁS ALLÁ DE LA MUERTE

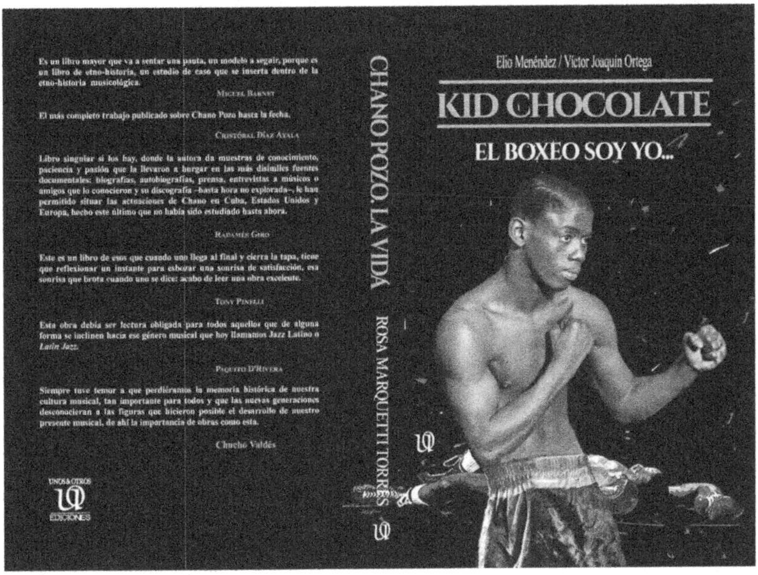
Es un libro mayor que va a sentar una pauta, un modelo a seguir, porque es un libro de etno-historia, un estudio de caso que se inserta dentro de la etno-historia musicológica.
Miguel Barnet
El más completo trabajo publicado sobre Chano Pozo hasta la fecha.
Cristóbal Díaz Ayala
Libro singular si los hay, donde la autora da muestras de conocimiento, paciencia y pasión que la llevaron a hurgar en las más disímiles fuentes documentales: biografías, autobiografías, prensa, entrevistas a músicos o amigos que lo conocieron y su discografía –hasta hora no explorada–, le han permitido situar las actuaciones de Chano en Cuba, Estados Unidos y Europa, hecho este último que no había sido estudiado hasta ahora.
Radamés Giro
Este es un libro de esos que cuando uno llega al final y cierra la tapa, tiene que reflexionar un instante para esbozar una sonrisa de satisfacción, esa sonrisa que brota cuando uno se dice: acabo de leer una obra excelente.
Tony Pinelli
Esta obra debía ser lectura obligada para todos aquellos que de alguna forma se inclinen hacia ese género musical que hoy llamamos Jazz Latino o *Latin Jazz*.
Paquito D'Rivera
Siempre tuve temor a que perdiéramos la memoria histórica de nuestra cultura musical, tan importante para todos y que las nuevas generaciones desconocieran a las figuras que hicieron posible el desarrollo de nuestro presente musical, de ahí la importancia de obras como esta.
Chucho Valdés
UNOS&OTROS EDICIONES
CHANO POZO, LA VIDA ROSA MARQUETTI TORRES
Elio Menéndez / Víctor Joaquín Ortega
KID CHOCOLATE
EL BOXEO SOY YO...

www.unosotrosediciones.com

infoeditorialunosotros@gmail.com

UNOSOTROS
EDICIONES

UnosOtrosEdiciones

Siguenos en Facebook, Twitter e Instagram:

www.unosotrosediciones.com

Made in United States
Orlando, FL
05 July 2024